MÃE DAS INVENÇÕES

CB054481

KATRINE MARÇAL

MÃE DAS INVENÇÕES

COMO BOAS IDEIAS SÃO IGNORADAS NUMA ECONOMIA CONSTRUÍDA PARA OS HOMENS

Tradução
Rosane Albert

ALTA BOOKS
GRUPO EDITORIAL
Rio de Janeiro, 2023

Mãe das Invenções

Copyright © 2023 da Starlin Alta Editora e Consultoria Eireli.
ISBN: 978-85-7881-627-8

Translated from original Mother of Invention. Copyright © Katrine Marçal, 2021. ISBN 978-0-00-843077-1. This translation is published and sold by permission of HarperCollinsPublishers, Inc, the owner of all rights to publish and sell the same. PORTUGUESE language edition published by Starlin Alta Editora e Consultoria Eireli, Copyright © 2023 by Starlin Alta Editora e Consultoria Eireli.

Impresso no Brasil — 1ª Edição, 2023 — Edição revisada conforme o Acordo Ortográfico da Língua Portuguesa de 2009.

Todos os direitos estão reservados e protegidos por Lei. Nenhuma parte deste livro, sem autorização prévia por escrito da editora, poderá ser reproduzida ou transmitida. A violação dos Direitos Autorais é crime estabelecido na Lei nº 9.610/98 e com punição de acordo com o artigo 184 do Código Penal.

A editora não se responsabiliza pelo conteúdo da obra, formulada exclusivamente pelo(s) autor(es).

Marcas Registradas: Todos os termos mencionados e reconhecidos como Marca Registrada e/ou Comercial são de responsabilidade de seus proprietários. A editora informa não estar associada a nenhum produto e/ou fornecedor apresentado no livro.

Erratas e arquivos de apoio: No site da editora relatamos, com a devida correção, qualquer erro encontrado em nossos livros, bem como disponibilizamos arquivos de apoio se aplicáveis à obra em questão.

Acesse o site **www.altabooks.com.br** e procure pelo título do livro desejado para ter acesso às erratas, aos arquivos de apoio e/ou a outros conteúdos aplicáveis à obra.

Suporte Técnico: A obra é comercializada na forma em que está, sem direito a suporte técnico ou orientação pessoal/exclusiva ao leitor.

A editora não se responsabiliza pela manutenção, atualização e idioma dos sites referidos pelos autores nesta obra.

Dados Internacionais de Catalogação na Publicação (CIP) de acordo com ISBD

M313m Marçal, Katrine
 Mãe das Invenções: como boas ideias são ignoradas numa economia construída para os homens / Katrine Marçal ; traduzido por Rosane Albert. - Rio de Janeiro : Alta Books, 2023.
 264 p. ; 13,8cm x 21cm.

 Tradução de: Mother of Invention
 Inclui bibliografia.
 ISBN: 978-85-7881-627-8

 1. Economia. 2. Mulheres. 3. História. 4. Invenções. I. Albert, Rosane. II. Título.

2023-4076
CDD 330
CDU 33

Elaborado por Vagner Rodolfo da Silva - CRB-8/9410

Índice para catálogo sistemático:
1. Economia 330
2. Economia 33

Produção Editorial
Grupo Editorial Alta Books

Diretor Editorial
Anderson Vieira
anderson.vieira@altabooks.com.br

Editor
Ibraíma Tavares
ibraima@alaude.com.br
Rodrigo Faria
rodrigo.fariaesilva@altabooks.com.br

Vendas ao Governo
Cristiane Mutũs
crismutus@alaude.com.br

Gerência Comercial
Claudio Lima
claudio@altabooks.com.br

Gerência Marketing
Andréa Guatiello
andrea@altabooks.com.br

Coordenação Comercial
Thiago Biaggi

Coordenação de Eventos
Viviane Paiva
comercial@altabooks.com.br

Coordenação ADM/Finc.
Solange Souza

Coordenação Logística
Waldir Rodrigues

Gestão de Pessoas
Jairo Araújo

Direitos Autorais
Raquel Porto
rights@altabooks.com.br

Assistente da Obra
Gabriela Paiva

Produtores Editoriais
Illysabelle Trajano
Maria de Lourdes Borges
Paulo Gomes
Thales Silva
Thiê Alves

Equipe Comercial
Adenir Gomes
Ana Claudia Lima
Andrea Riccelli
Daiana Costa
Everson Sete
Kaique Luiz
Luana Santos
Maira Conceição
Nathasha Sales
Pablo Frazão

Equipe Editorial
Ana Clara Tambasco
Andreza Moraes
Beatriz de Assis
Beatriz Frohe
Betânia Santos
Brenda Rodrigues

Caroline David
Erick Brandão
Elton Manhães
Gabriela Nataly
Henrique Waldez
Isabella Gibara
Karolayne Alves
Kelry Oliveira
Lorrahn Candido
Luana Maura
Marcelli Ferreira
Mariana Portugal
Marlon Souza
Matheus Mello
Milena Soares
Patricia Silvestre
Viviane Corrêa
Yasmin Sayonara

Marketing Editorial
Amanda Mucci
Ana Paula Ferreira
Beatriz Martins
Ellen Nascimento
Livia Carvalho
Guilherme Nunes
Thiago Brito

Atuaram na edição desta obra:

Tradução
Rosane Albert

Copidesque
Bia Nunes de Sousa

Revisão Gramatical
Mariana Naime
Vera Moraes

Diagramação
Cesar Godoy

Capa
Amanda Cestaro

Editora afiliada à:

ALTA BOOKS
GRUPO EDITORIAL

Rua Viúva Cláudio, 291 – Bairro Industrial do Jacaré
CEP: 20.970-031 – Rio de Janeiro (RJ)
Tels.: (21) 3278-8069 / 3278-8419
www.altabooks.com.br – altabooks@altabooks.com.br
Ouvidoria: ouvidoria@altabooks.com.br

Para Guy

Sumário

INVENÇÕES

1 Como inventamos a roda e, depois de 5 mil anos, demos um jeito de juntá-la a uma mala — 11
2 Como aprendemos a dar a partida no carro sem fraturar a mandíbula — 29

TECNOLOGIA

3 Como sutiãs e cintas nos levam à Lua — 51
4 Como aprendemos a diferença entre cavalos de potência e poder feminino — 71

FEMINILIDADE

5 Como foi feita uma grande invenção em Västerås, e persistimos na caça à baleia — 91
6 Como influenciadoras ficam mais ricas do que hackers — 111

CORPO

7	Como o cisne negro acaba por ter um corpo	135
8	Como Serena Williams derrota Garry Kasparov	155

FUTURO

9	Como acabamos nos esquecendo de perguntar a Mary	175
10	Como decidimos não pôr fogo no mundo	200

Agradecimentos	225
Notas	227
Bibliografia	249

INVENÇÕES

1

Como inventamos a roda e, depois de 5 mil anos, demos um jeito de juntá-la a uma mala

Bernard Sadow era um homem de família do Massachusetts que trabalhava na fabricação de objetos para transportar bagagem – alguém pago para se sentar diante de uma mesa, dia após dia, para pensar sobre o ramo de negócios de malas[1]. Aos 40 anos, ele era vice-presidente da US Luggage, e não era um gestor ruim.

O ano era 1970, e Sadow estava voltando para casa depois de passar férias em Aruba com a mulher e os filhos. Nos meses de inverno, essa ilha holandesa no Caribe era o destino escolhido por uma onda de estadunidenses em busca de um clima mais quente.

Sadow saiu do carro diante do pequeno aeroporto e pegou as malas da família. Uma mala de 70 centímetros tinha capacidade para cerca de 200 litros de bagagem e pesava por volta de 25 quilos, assim, carregando uma em cada mão, ele tentava equilibrar o peso entre elas enquanto caminhava bamboleando até o balcão para fazer o check-in.

Isso no tempo em que era possível chegar ao terminal 20 minutos antes do embarque. Os mais de trinta sequestros aéreos anuais que aconteciam nos EUA[2] ainda não tinham levado à instalação de detectores de metais ou ao contrato de pessoal para evitar que você embarcasse levando uma arma no bolso de trás.

Em compensação, o problema que Sadow enfrentava em sua viagem de volta para casa era aquele que forças-tarefa criadas pela maioria dos grandes aeroportos do mundo tentavam resolver. Os passageiros ficavam suados e irritados por precisarem carregar as malas na chegada e na saída dos aeroportos e por todos os intermináveis terminais.

Mas a ajuda estava à mão: por uma pequena taxa, carregadores tomavam conta da bagagem, sendo a única alternativa uma rede complexa de carrinhos. Os carregadores, entretanto, muitas vezes não estavam disponíveis, e, para ter acesso ao sistema dos carrinhos, era preciso descobrir onde ele ficava, por isso Sadow fazia como a maioria dos viajantes: pegava a bagagem da família e a carregava.

Mas por quê?

Essa era a questão que Sadow responderia naquele dia e que mudaria sua empresa para sempre.

Enquanto estava na fila da alfândega, ele viu um homem que presumivelmente trabalhava no aeroporto[3]. Ele estava movimentando uma máquina pesada sobre um estrado com rodas. Conforme o homem manobrava rapidamente à sua volta, o empresário viu as quatro rodas rolando pelo chão do aeroporto. Sadow olhou para as próprias mãos, com os nós dos dedos esbranquiçados pelo esforço de suportar o peso das malas, virou-se para a esposa e disse: "*Já sei do que essas malas precisam: rodas!*".

Quando chegou em casa, em Massachusetts, desparafusou quatro rodízios de um armário e fixou-os em uma mala. Depois acrescentou uma correia à sua engenhoca e passeou alegremente com ela pela casa. Aquilo era o futuro[4], e ele o inventara.

Tudo isso aconteceu quase um ano depois de a Nasa ter lançado três astronautas no espaço no maior foguete já construído. Usando como combustível milhões de litros de querosene, oxigênio e hidrogênio líquidos, a Apollo 11 livrou-se da atração gravitacional da Terra. Avançando pelo espaço a uma velocidade de mais de 32 mil quilômetros por hora, os astronautas entraram na órbita mais fraca da Lua, atravessaram a escuridão sem vento e deram os primeiros passos da humanidade sobre a poeirenta superfície lunar que cheirava a fogos de artifício queimados.

Quando Neil Armstrong, Buzz Aldrin e Michael Collins voltaram à Terra, pegaram suas malas pelas alças e carregaram a bagagem como tinha sido carregada desde o surgimento da mala moderna em meados do século XIX. A pergunta então não é por que a ideia de que as malas deveriam ter rodinhas ocorreu a Bernard Sadow. A questão é: por que ninguém pensou nisso antes?

A roda é considerada uma das invenções fundamentais da humanidade. Sem a roda não haveria carroças, carros ou trens, nem rodas d'água para gerar energia, nem rodas de oleiro para fazer potes de água. Sem a roda não teríamos rodas dentadas, motores a jato ou centrífugas, nem carrinhos de bebê, bicicletas ou esteiras transportadoras. Mas, antes da roda, havia o círculo.

O primeiro círculo do mundo foi provavelmente riscado na areia com uma vareta. Talvez alguém tenha olhado para a Lua ou para o Sol e tenha decidido replicar sua forma. Corte o talo de uma flor e você tem um círculo. Fatie uma árvore e conheça seus anéis anuais. Atire uma pedra num lago e acompanhe suas ondulações se expandirem na água. O círculo é uma forma que se repete na natureza – de células a bactérias, pupilas a corpos celestes. E na parte externa de todo círculo é possível desenhar outro. Isso, em si mesmo, é o mistério inicial do espaço.

Para o corpo humano, entretanto, o círculo não é natural[5]. O seu dentista lhe diz para escovar os dentes com movimentos circulares, mas você não faz isso: esfrega-os para trás e para a frente. O braço humano prefere linhas retas. Isso acontece por causa do posicionamento dos nossos músculos e do sistema de tendões e ligamentos que os ligam aos ossos. Nenhuma parte do corpo humano consegue girar 360°: nem o pulso, nem o calcanhar, nem o braço. Inventamos a roda para realizar aquilo que a nossa forma física não consegue.

Por muito tempo, os historiadores acharam que a primeira roda tinha sido feita na Mesopotâmia. Era uma roda de oleiro, o que significa que não era usada para transporte. Mas hoje alguns estudiosos acreditam que mineradores levavam minério de cobre em carrinhos através das montanhas dos Cárpatos muito antes dos mesopotâmios começarem a fazer potes sobre discos circulares[6]. A mais antiga roda do mundo data de 5 mil anos atrás. Foi desenterrada na Eslovênia, cerca de vinte quilômetros ao sul de Liubliana[7]. Em outras palavras, a tecnologia que Bernard Sadow percebeu que poderia aplicar ao problema da sua mala tinha pelo menos cinco milênios de idade.

A patente da invenção dele chegou dois anos mais tarde, em 1972. Em sua solicitação, escreveu: "*A bagagem realmente desliza... qualquer pessoa, independentemente de tamanho, força ou idade, pode puxar a mala com facilidade, sem nenhum esforço ou tensão*"[8].

Patentes similares para malas com rodinhas já existiam, mas Bernard Sadow não sabia disso quando a ideia lhe ocorreu. Ele foi a primeira pessoa a transformar a ideia em um produto comercial bem-sucedido, portanto é considerado o pai da mala com rodinhas[9]; mas fica mais difícil explicar o porquê de se passarem 5 mil anos para chegar a esse ponto.

A mala com rodinhas se tornou o exemplo arquetípico de como a inovação pode andar a passos lentos. O "óbvio ululante" pode nos encarar expectante por uma eternidade antes de realmente nos ocorrer usá-lo de alguma forma.

Robert Shiller, ganhador do Prêmio Nobel de Economia[10], sugeriu que muitas invenções levam tempo para acontecer precisamente porque uma boa ideia por si só não vai se concretizar. A sociedade, em sua maioria, também precisa reconhecer a utilidade da ideia. O mercado nem sempre sabe o que é melhor para ele e, nesse caso em particular, as pessoas simplesmente não viam sentido em rodas nas malas. Sadow apresentou seu produto a compradores de quase todas as maiores lojas de departamentos dos Estados Unidos e, de início, foi recusado por todos eles[11].

Não que eles achassem que a ideia de malas com rodinhas fosse ruim[12]. Apenas pensavam que ninguém iria querer comprar o produto. A mala era para ser carregada, não para circular por aí sobre rodas.

"*Todos para quem a apresentei me dispensaram*", ele contaria mais tarde. "Achavam que eu era louco[13]."

Afinal o novo produto chamou a atenção de Jerry Levy, vice-presidente da loja de departamentos Macy's. Ele arrastou a mala pelo escritório, depois chamou o comprador que a tinha recusado tempos antes e lhe disse para comprá-la[14]. O que se provou uma atitude inteligente. Logo a Macy's fazia a divulgação da nova mala usando a descrição de Sadow na solicitação da patente: "*A bagagem que desliza*". E hoje em dia é impossível imaginar um mundo em que a mala com rodinhas não seja o padrão.

Robert Shiller argumenta que, em retrospecto, parece fácil. Ele observa que o inventor John Allan May tinha realmente tentado vender uma mala com rodinhas quatro décadas antes de Sadow. Talvez ele tenha percebido que, ao longo da história do homem, a humanidade colocou rodas em objetos os mais diversos: canhões, carrinhos, carroças, carrinhos de mão – essencialmente tudo o que pudesse ser classificado como pesado. Uma mala sobre rodas era apenas uma extensão natural dessa lógica. "*Por que não fazer uso* pleno *da roda?*", perguntou quando apresentou sua ideia a mais de cem grupos diferentes de pessoas. Mas ninguém o levou a sério. Na verdade, riram na cara dele. Fazer uso pleno da roda? Por que não equipar as pessoas com rodas? Então *nós* poderíamos rodar! Prático, não é mesmo?[15]

John Allan May não vendeu nenhuma mala.

Os economistas tendem a trabalhar a partir da suposição de que os humanos agem racionalmente. Mas na verdade nós nos superestimamos, muitas vezes assumindo que todas as boas invenções já foram feitas. Por extensão, nos inclinamos a rejeitar ideias novas que enxergamos como muito "simples" ou "óbvias". Imaginamos que a tecnologia que temos em mãos é a melhor possível, o que é uma suposição razoável no dia a dia. Se as geladeiras abrem na frente e os carros são manobrados por um volante, deve haver uma boa razão para ser assim, pensamos. Isso, entretanto, é o modo de pensar que nos faz deixar passar coisas óbvias, como pôr rodas em malas.

É claro que Robert Shiller não para por aí; volta ao assunto repetidamente em seus textos. No livro *Narrative Economics* [Narrativas econômicas, em tradução livre], o famoso economista sugere que a nossa resistência a mover a mala sobre rodas pode ser explicada pela pressão do grupo, que acaba exercendo um papel no ceticismo em torno de ideias modernizadoras[16]. Assumimos alegremente que se ninguém mais – em especial ninguém que consideramos bem-sucedido – está fazendo algo, deve existir uma razão profunda que explique por que também não devemos fazer. E se for prejudicial – ou até perigoso? Resumindo, melhor o diabo conhecido. Se ninguém mais está puxando uma mala sobre rodas, então não tem sentido cogitar a respeito disso. Essa maneira de pensar pode nos impedir de ir adiante. Shiller, porém, não ficou totalmente satisfeito com essa explicação. A questão da mala com rodinhas é tortuosa: por que insistiríamos em carregar malas quando rodá-las é tão mais fácil?

Nassim Taleb é outro renomado pensador que refletiu sobre o mistério da mala com rodinhas. Por ter carregado malas pesadas através de aeroportos e estações de trem por anos, ele ficou perplexo por sua própria aceitação sem questionamento do *status quo*. Ele prosseguiu na investigação desse fenômeno no seu livro *Antifrágil*[17].

Taleb vê nossa incapacidade de pôr rodas nas malas como uma parábola sobre ignorarmos com frequência as soluções mais simples. Como humanos, lutamos por aquilo que é difícil, grandioso e complexo. Tecnologias como rodas em malas podem parecer óbvias posteriormente, o que não significa que eram óbvias antes.

Da mesma forma, não existe garantia de que uma nova tecnologia será utilizada apenas por ter sido criada. Afinal, foram necessários 5 mil anos para pôr rodinhas em uma mala – talvez um tempo incomumente longo para o contexto. Mas na medicina, por exemplo, não é de todo incomum se passarem décadas entre a descoberta feita e o produto comercializado[18]. Entre muitos outros fatores, enxergar o potencial de uma nova tecnologia exige a pessoa certa, no lugar certo, no momento certo. Em muitos casos, nem mesmo o inventor tem consciência plena das implicações daquilo que inventou. Muitas vezes é preciso que outra pessoa apareça e perceba como isso poderia ser aplicado, alguém com uma compreensão instintiva de como a nova tecnologia pode se transformar num produto.

E se não surge ninguém com esse tipo de competência, na maioria das vezes nada vai acontecer com a invenção. Muitas coisas permanecem "inventadas pela metade" por séculos, de acordo com Taleb. Podemos ter a ideia, mas não sabemos o que fazer com ela.

"Por que não estamos fazendo nada com isso? Essa coisa é grandiosa!", berrou o jovem Steve Jobs, aos 24 anos, depois de ver um cursor mover-se pela tela do computador pela primeira vez[19]. Isso aconteceu em Xerox Parc, um centro de pesquisa comercial na Califórnia que abrigava alguns dos melhores engenheiros e programadores de dados mundiais na década de 1970. Jobs deu um jeito de fazer parte de uma visita ao lendário centro, oferecendo em troca à Xerox a oportunidade de comprar 100 mil ações da Apple por 1 milhão de dólares. Isso acabou sendo um mau negócio. Para a Xerox.

O que despertou o entusiasmo de Jobs foi uma engenhoca de plástico chamada "mouse", que os engenheiros estavam usando durante a visita para mover um ponteiro pela tela do computador. Naquela tela, apareciam "ícones" que abriam e fechavam "janelas". O mais importante: o engenheiro não estava operando o computador com comandos escritos, mas com cliques. Em outras palavras, a Xerox tinha inventado o mouse[20] e a moderna interface gráfica do usuário. O único problema é que não tinha percebido o que tinha feito.

Mas Steve Jobs percebeu.

Jobs levou a ideia do mouse e da interface gráfica do usuário para a Apple, e em 24 de janeiro de 1984 a empresa lançou seu Macintosh, o aparelho que definiria o significado de um "computador pessoal".

Com um simples clique de um mouse, era possível colocar coisas em "arquivos" que estavam visíveis na tela na forma de ícones. Os computadores Macintosh custavam 2.495 dólares cada e mudariam o mundo. A visão de Jobs foi perceber que o mouse da Xerox tinha se mostrado a ele como mais do que um botão e um fio: era um dispositivo que permitiria que pessoas comuns usassem computadores. Se Jobs não tivesse visitado a Xerox naquele dia, quem sabe teríamos de esperar 5 mil anos pelo PC moderno. Este é exatamente o ponto defendido por Taleb: as inovações não são nem um pouco óbvias quanto parecem posteriormente. Steve Jobs, afinal, foi uma pessoa excepcional: poucas pessoas têm o talento que ele teve para enxergar como tecnologias novas podem ser transformadas em produtos.

Do mesmo modo, nossa tendência é crer que a invenção da roda revolucionou o mundo de imediato. Porque a roda é, evidentemente, o trabalho de um gênio. Com ela, as pessoas puderam reduzir atrito, criar alavancagem e transportar o que antes era inamovível.

Imaginamos que uma pessoa, milhares de anos atrás, de repente teve uma revelação, então correu ao seu povoado e contou alegremente aos amigos sobre a inspiração que tivera ao ver troncos de árvores rolando na floresta. Seus conterrâneos a teriam olhado assombrados enquanto descrevia sua ideia, sabendo que, daquele momento em diante, nada mais seria igual. Tudo seria sobre rodas.

Spoiler: não foi isso que aconteceu. Na verdade, por um longo tempo, a roda foi uma daquelas ideias brilhantes que eram boas na teoria, mas bem menos na prática.

Um pouco como meias-calças que não desfiam.

Nos tempos do Império Romano, os legionários, com escudos e capacetes emplumados na cabeça, marchavam de Roma a Brindisi e da Albânia a Istambul, atravessando um império ligado por estradas de pedra. As estradas romanas eram ideais para os homens desfilarem em sandálias, mas bem menos para o transporte sobre rodas.

Por isso, ao construir as estradas, os romanos colocavam grandes placas de pedra planas sobre camadas de concreto que, por sua vez, repousavam sobre pequenas pedras soltas. Quando veículos puxados por cavalos rodavam por elas, suas rodas com armação de ferro faziam sulcos nas custosas placas do imperador, para seu grande desgosto. Então os poderosos da época fizeram o que costumam fazer nessas situações: impuseram regras. O imperador estabeleceu limites de carga para veículos com rodas, e não eram generosos[21].

Com o passar dos séculos, o sistema romano foi sendo gradativamente invertido, e as grandes placas de pedra passaram a suportar as pedrinhas redondas por cima. Isso significava que os veículos com rodas podiam passar a pesar mais sem destruir o pavimento das estradas sobre as quais transitavam. Mas esse sistema não deixava de ter seus próprios problemas. Quando as rodas giravam sobre a superfície, as pedrinhas eram lançadas para as margens das estradas, o que exigia manutenção constante, que era cara e problemática. De repente, novos processos, como sistemas de manutenção de estradas, passaram a ser urgentes e necessários para que tudo funcionasse – mas quem iria garantir que a manutenção seria feita?

Foi só no século XVIII, quando o inventor escocês John McAdam percebeu que as pedrinhas deveriam ser angulares, que a roda conquistou a Europa. Diferentemente das pedras redondas, que eram lançadas para fora pelos veículos com rodas, as pedras angulares eram pressionadas juntas, e as estradas de McAdam permaneciam planas.

Mas existia um porém. Veja, as pedrinhas precisavam ter exatamente o mesmo tamanho para que isso acontecesse. Assim, foram distribuídos trabalhadores ao longo das margens das estradas com a tarefa de quebrar as pedras no formato exigido. Grande parte dos trabalhadores era formada de mulheres e crianças. Para que a roda revolucionasse o mundo, o mundo tinha primeiro de se adaptar à roda. E isso levou tempo. Além de muito trabalho.

Às vezes, nem valia a pena tentar. No Oriente Médio, havia muito tempo que os camelos eram escolhidos em detrimento de outros meios de transporte. Era uma decisão econômica: os camelos eram muito mais baratos para gerenciar e caminhavam dia após dia com 250 quilos nas costas, abastecidos apenas com um punhado de gravetos e folhas secas que mastigavam por horas sem fim. As estradas não precisavam ser pavimentadas com pedrinhas com ângulos corretos, porque os camelos se movimentavam livremente pela areia. Isso é o que acontece muitas vezes com uma tecnologia nova: ela bem pode ser *uma coisa incrível*, mas nem sempre é econômica. De qualquer modo, é difícil imaginar como uma explicação econômica como essa vai responder à pergunta de por que a roda só se acoplou às nossas malas em 1972[22].

Por muito tempo, viagens a passeio eram reservadas majoritariamente a pessoas abastadas. Os pertences de jovens nobres eram embalados em baús do tamanho de guarda-roupas e enviados em circuitos de formação para Paris, Viena e Veneza. Naturalmente, se a pessoa tem criados para carregar por aí tudo o que possui, não vai precisar de uma mala com rodas.

As viagens também eram muito diferentes. Em *The Emigrants* [Os emigrantes, em tradução livre] – uma série clássica de romances de Vilhelm Moberg sobre uma família sueca com poucas posses que vai para os Estados Unidos em busca de uma vida melhor – os protagonistas enfiam todos os seus bens, roupas e ferramentas de marcenaria em grandes caixas toscas feitas de metal, madeira e couro. Esses "baús americanos", como ficaram conhecidos na Suécia, eram construídos para suportar longas viagens de navio, não para serem transportados facilmente. Além disso, rodinhas tinham pouca utilidade quando um retorno à Suécia estava totalmente descartado.

De fato, o que agora chamamos de mala somente surgiu no final do século XIX, com o advento do moderno turismo de massa. Foi ao som do apito de trens e de embarcações a vapor que as pessoas começaram a viajar por prazer, e fizeram isso com um novo tipo de mala. A inovação estava bem à vista de todos: a alça. Foi isso que diferenciou a mala moderna de seus antecessores – o fato de que podia ser carregada com uma só mão.

Quando as viagens começaram a tomar impulso, a maioria das estações de trem europeias foi inundada por uma onda de carregadores, que ajudavam os passageiros com suas malas. Mas, em meados do século XX, o número de carregadores diminuiu, e os passageiros passaram cada vez mais a carregar a própria bagagem, ou a usar carrinhos para transportá-la[23].

Em 1961, a revista britânica *Tatler*, especializada em cobrir eventos da sociedade, publicou uma reportagem sobre o problema. Em sua opinião, os produtos encontrados no mercado simplesmente não cumpriam seu objetivo nessa nova era, e a indústria especializada tinha de criar algo novo. Eram tempos, afinal, de uma economia em que as pessoas (sim, até mesmo os leitores da *Tatler*) cada vez mais tinham de carregar a própria bagagem. Você estaria suando como um porco antes mesmo de passar pela alfândega em Madri[24], declarava a revista. Alguma coisa precisava ser feita.

Muitas malas comercializadas eram equipadas com alças feitas de couro de alta qualidade, mas mesmo essas deixavam marcas nas mãos, segundo a *Tatler*. Depois de andar 200 metros para trocar de trem na fronteira da Espanha, você quase desistia. Esse era um problemão para a nova geração de viajantes. Então a *Tatler* arregaçou as mangas e cumpriu a sua parte, testando novos modelos de malas para verificar o quanto eram confortáveis de carregar.

Naturalmente, você poderia comprar sua mala na Harrods, escreveram. Isso simplificaria a viagem. A ilustre loja de departamentos inglesa tinha em seu estoque uma mala de luxo que a *Tatler* afirmava ter uma das alças mais confortáveis do mercado. Mas, como sabemos, bom gosto não é barato. A *Tatler* também instava a indústria a se concentrar na inovação em termos de design. Alças novas feitas com materiais de ponta eram a grande esperança – embora certamente não seria pedir muito que a "ponta" fosse menos afiada.

As rodas, entretanto, não estavam no radar da *Tatler*. Naquele mesmo ano – 1961 –, o cosmonauta soviético Yuri Gagarin se tornou o primeiro homem a ir ao espaço. Podíamos colocar pessoas em órbita, mas ao que parece não conseguíamos imaginar rodinhas em malas. Foi aí que realmente as coisas ficaram confusas.

Na verdade, anúncios de produtos aplicando a tecnologia da roda à mala podem ser encontrados em jornais ingleses desde os anos 1940. Não eram exatamente malas sobre rodinhas, mas uma engenhoca conhecida como "carregador portátil": uma estrutura com rodas que podia ser presa à mala por correias para que pudesse rodar. Em outras palavras, existia um produto comercializado que tornava possível montar sua própria mala com rodas. Então por que essa ideia não vingou?

A nova estrutura com correia e rodas fez sua primeira aparição na estação de trem de Coventry em 1948[25]. Foi relatada pelo jornal local como uma sensação. Segundo a reportagem, um carregador tinha corrido pela plataforma para ajudar uma "linda e esguia morena" com sua mala grande e pesada. "*Não, obrigada. Eu mesma vou levá--la*", ela respondera. Então inclinou-se, pegou a correia cáqui e, em triunfo, puxou a mala recém-dotada de rodas em direção ao trem. As pessoas espiavam pela janela dos vagões, narrava o artigo, na imagem suspeitosamente bem montada da mulher em questão na plataforma. Para um leitor moderno, isso traz todos os elementos de um golpe de publicidade. A empresa que tinha patenteado o produto também era de Coventry[26], e seus dois inventores eram citados no jornal. Eles viam um futuro brilhante para sua ideia inovadora, em especial "*nesses tempos de falta de mão de obra*".

Agora chegamos à primeira pista do nosso mistério. Veja, aquela reportagem sobre a mulher deslizando a mala pela plataforma da estação encontra-se numa seção do *The Coventry Evening Telegraph* intitulada *Mulheres e o Lar*, perto de dicas culinárias impecavelmente inglesas ("Margarina misturada com vegetais crus ralados ou cortados fino... serve como um excelente recheio de sanduíche"). A implicação aqui é que só as mulheres precisavam que suas malas rodassem. Os homens, por outro lado, podiam muito bem carregá-las. Os homens têm, em média, 40 a 60% mais força na parte superior do corpo do que as mulheres e, ao carregarem uma mala, são seus braços, costas e ombros que assumem o peso. Em geral – embora nem sempre – isso torna a tarefa mais difícil para as mulheres.

Para os inventores de Coventry, era evidente que seu novo produto era direcionado antes de tudo para as damas. Eles até tiveram a intenção de produzir uma mala com rodinhas de verdade, chegando à conclusão não muito surpreendente de que, se as rodas podiam ser amarradas à mala pelo cliente, também poderiam ser encaixadas lá pelo fabricante desde o início. Com isso, realmente fizeram uma mala com rodinhas muito antes de Bernard Sadow pensar nisso. Mas isso servia a um segmento, um produto barato para mulheres inglesas, e não foi adiante[27].

Que um produto destinado às mulheres pudesse deixar a vida dos homens mais fácil e transformar o mercado global de malas não era uma ideia que o mundo dos anos 1960 estivesse pronto para encarar.

Em 1967, uma mulher de Leicestershire escreveu uma carta com palavras duras para o editor do jornal local. Ela possuía uma mala com correias sobre rodas, do tipo que tinha sido apresentado duas décadas antes pelos inventores de Coventry. Mas quando a mulher entrou com a mala no ônibus municipal, o motorista forçou-a a comprar um bilhete a mais, com a justificativa de que *"qualquer coisa com rodas é classificada como carrinho"*. A passageira, entretanto, não estava convencida, e perguntou: *"Se subisse num ônibus usando patins, seria cobrada como passageira ou como carrinho de bebê?"*.[28]

Um homem que teve boas razões para refletir sobre a questão de mulheres e cargas foi Sylvan Goldman, que possuía uma cadeia de supermercados nos anos 1930[29].

Como qualquer bom negociante, Sylvan Goldman estava interessado em maximizar o lucro dos seus negócios. Ele tinha percebido que a maioria das pessoas que comprava alimentos em suas lojas era formada de mulheres, e também que nunca compravam mais do que conseguiam carregar em uma das cestas de compras do estabelecimento. Em geral, só há duas maneiras de fazer a empresa crescer: conseguir mais clientes, ou vender mais para os que já existem. O problema de Sylvan Goldman era que essa última estratégia parecia ficar limitada ao que as mulheres conseguissem carregar.

Então Goldman começou a pensar sobre o que poderia ajudar as mulheres a levar mais mercadorias até o caixa, de preferência deixando-as com uma mão livre para pegar mais produtos das prateleiras. Foi então que ele – quarenta anos antes de Bernard Sadow – voltou à roda. Ele inventou o primeiro carrinho de compras do mundo e o introduziu nas suas lojas.

E o que aconteceu em seguida?

Ninguém quis usá-lo. Foi rejeitado. No fim, Goldman precisou contratar modelos para rodar com os carrinhos pelas lojas só para normalizar o conceito. Muitos homens viram o carrinho como uma ofensa pessoal: *"Você quer dizer que, com meus braços grandes e musculosos, não posso carregar a droga de uma cestinha como esta?"*[30], vociferavam. Resumindo, antes que a invenção de Sylvan Goldman pudesse fazer dele um milionário, ele precisava enfrentar primeiro a noção de que não era masculino empurrar um carrinho. Essa era uma noção de certo peso.

E, acima de tudo, uma longa história.

Lá no século XII, o poeta Chrétien de Troyes contou a história de Lancelote[31], o trágico cavaleiro que se apaixonou pela rainha Guinevere, traiu seu melhor amigo, o rei Artur, e falhou na busca pelo Santo Graal. No poema de Chrétien de Troyes, Guinevere é raptada, o que força Lancelote a procurar sua amada rainha por vastas e longínquas paragens. Depois de perder seu cavalo, ele, vestindo sua armadura completa, segue rangendo e tinindo ladeira abaixo à margem de uma estrada rural, quando um anão surge diante dele com uma carrocinha.

"Anão! Você viu a rainha passar?", ele grita.

O anão não responde nem sim nem não. Em vez disso, faz uma oferta ao desafortunado cavaleiro.

"Se você andar na minha carrocinha, então amanhã lhe contarei o que aconteceu com a rainha", ele disse.

Bem, isso pode parecer uma vitória completa: não apenas Lancelote vai pegar uma carona como conseguirá as informações que está buscando. Mas a verdade é que o anão tinha pedido a ele para cometer um dos mais aviltantes atos para um cavaleiro: andar em um veículo com rodas. Isso estava implícito para o leitor do século XII, mas não é tão evidente nos dias de hoje. Por que será que a roda sempre foi considerada pouco viril?

Na Antiguidade, guerreiros e reis andavam em bigas pelos campos de batalha e cruzavam o Tibre em carretas puxadas por cavalos, levando prisioneiros bárbaros a reboque. Evidentemente esses veículos tinham rodas. Mas, à medida que a cavalaria ganhou importância militar e estratégica, os veículos – e com eles a roda – caíram em desuso. Deixar-se levar sobre rodas não era mais compatível de jeito nenhum com a cavalaria masculina. Esse é o ponto crucial do dilema de Lancelote, e o que torna a oferta do anão tão diabólica[32].

O sentido do poema é mostrar quanto o nobre Lancelote estava preparado para se rebaixar em nome da rainha Guinevere e do amor. Tão baixo chegou, como se provou. Ele subiu na carrocinha. E com isso as rodas começaram a dar uma guinada em direção ao trágico fim da saga.

Mas voltemos a Bernard Sadow e sua grande invenção revolucionária, a mala com rodinhas. Em uma das poucas entrevistas que deu, relatou como foi difícil que alguma loja de departamentos estadunidense comprasse sua ideia.

"Naquele tempo, tinha essa coisa do sentimento machista. Os homens costumavam carregar a bagagem para a esposa. Era... a coisa natural a se fazer, acho."

Traduzindo, a resistência que a mala enfrentou do mercado teve tudo a ver com gênero. Este simples fatorzinho é algo que os economistas, que por tanto tempo refletiram sobre a razão da demora de juntar rodinhas às malas, não perceberam.

Não conseguíamos ver a genialidade da mala com rodinhas por não se alinhar à visão predominante sobre masculinidade. Olhando em retrospecto, é claro que achamos isso bizarro. Como a noção arbitrária de que "um homem de verdade carrega sua própria bagagem" se provaria forte o suficiente para obstruir o que agora vemos como uma inovação tão óbvia? Como a visão predominante da masculinidade conseguia ser mais obstinada do que o desejo do mercado de fazer dinheiro? E como era possível que a simples ideia de que os homens precisam carregar coisas pesadas nos impedia de ver o potencial de um produto que viria transformar a indústria global?

São essas as perguntas que repousam no cerne deste livro. Porque, como sabemos, o mundo está cheio de gente que prefere morrer a abandonar determinadas noções de masculinidade. Doutrinas do tipo "homens de verdade não comem verduras", "homens de verdade não fazem check-up por qualquer bobagem" e "homens de verdade não transam usando camisinha" literalmente matam homens de carne e osso todos os dias. As ideias da nossa sociedade sobre masculinidade são algumas das mais inflexíveis que sustentamos, e nossa cultura muitas vezes dá mais valor à preservação de certos conceitos de masculinidade do que à morte em si. Nesse contexto, esse tipo de pensamento é poderoso o suficiente para retardar inovações tecnológicas por cinco mil anos ou mais. Só que não costumamos relacionar gênero com inovação.

Em 1972, uma propaganda de mala com rodinhas mostrava uma mulher de minissaia e saltos altos lutando para arrastar uma grande mala clara. A mulher foi filmada em preto e branco; ela simboliza o passado. O futuro, entretanto, com um andar casual, passa reto por ela, na forma de uma mulher vestindo um conjunto marrom andrógino e, como se fosse uma gravata, uma echarpe em volta do pescoço. Essa mulher – a própria imagem da modernidade – está *rodando* sua mala. Ela sorri, e seu olhar ergue-se para a liberdade.

A mala com rodinhas decolou quando a sociedade mudou. Nos anos 1980, mais mulheres começaram a viajar sozinhas, sem um homem para carregar sua bagagem, ou sem que se esperasse que um homem fizesse isso, ou que ele sentisse que sua virilidade seria diminuída se não fizesse isso[33]. A mala com rodinhas trouxe com ela o sonho de maior mobilidade para as mulheres: uma sociedade em que fosse normal e aceito o fato de uma mulher viajar sem a companhia de um homem.

Em 1984, Hollywood filmou *Tudo por uma esmeralda*, com Michael Douglas e Kathleen Turner – a personagem da atriz leva consigo uma mala com rodinhas para a selva. A mala é do tipo inventado por Bernard Sadow: as rodas ficam na lateral da mala, que Kathleen puxa atrás de si com uma correia. A mala caía, enredando-se infinitas vezes na vegetação tropical, para irritação de Michael Douglas. Enquanto isso, ele está tentando salvar a ambos dos vilões, balançando-se em cipós e rastreando uma lendária esmeralda gigante. Nesse contexto, a mala de Kathleen é uma piada – que constantemente cai no vazio.

Esse era um problema concreto das malas baseadas no modelo original de Bernard Sadow. Como as rodas ficavam na lateral longa e não no lado curto, as primeiras malas com rodinhas não eram muito estáveis. Era preciso puxá-las atrás de si devagar e com cuidado, por uma correia de couro, e de preferência sobre uma superfície lisa.

No início dos anos 1980, a companhia holandesa Cavalet já tinha percebido que era possível contornar esse problema colocando as rodas no lado curto[34]. Mas, como a gigante Samsonite decidiu se prender à posição original das rodas, isso se manteve como padrão até 1987. Foi quando o piloto estadunidense Robert Plath criou a moderna bagagem de cabine[35]. Virou de lado a mala de Sadow e a fez menor. Foi quando finalmente a roda revolucionou a indústria de malas.

O novo produto ficou logo na moda. De início, foi comercializado para os tripulantes de companhias aéreas, que começaram a rodar sua bagagem pelos pisos lisos dos terminais em seus uniformes glamourosos diante dos olhos arregalados dos passageiros – que também queriam uma.

Logo todos os fabricantes de malas tiveram de seguir o exemplo, e a mala foi transformada de algo a ser carregado pela alça a algo rodando atrás de você. E isso, por sua vez, influenciou o design de aviões e aeroportos. De repente, grande parte da indústria precisou ser refeita e repensada. O mercado inteiro mudou.

A mala de mão de Robert Plath tornou-se uma característica do arsenal do executivo moderno, juntamente com o discreto roçar das rodas contra os pisos anônimos dos aeroportos, num fuso horário distante de casa. Tornou-se um símbolo da globalização. Hoje os homens não se sentem ameaçados por um conjunto de rodas de 3 centímetros, mas até os anos 1970 era assim que se sentiam.

Só depois de termos ido à Lua e voltado é que ficamos prontos para mudar nossa noção de masculinidade o suficiente para começar a pôr rodinhas nas malas. As lojas de departamentos e os compradores que, no começo, tinham se recusado a investir no produto perceberam que as regras de gênero estavam mudando: a mulher moderna queria ser capaz de viajar sozinha, o homem não tinha mais a mesma necessidade de provar a si mesmo por meio de pura força física.

A capacidade de pensar sobre isso era o ingrediente que faltava para tornar a mala com rodinhas possível. Foi preciso ser capaz de visualizar consumidores homens priorizando o conforto. E foi necessário visualizar mulheres viajando sozinhas. Só então foi possível ver realmente a que veio a mala com rodinhas: uma inovação bastante óbvia.

Não é difícil descobrir por que as tripulações de bordo se tornaram pioneiras no uso das malas com rodinhas. Ao serem as primeiras a adotar o produto em larga escala, passaram a servir como propaganda gratuita, ao vivo e em cores, desfilando pelos pisos dos aeroportos. Sem deixar de observar que, em sua grande maioria, eram formadas por mulheres que – adivinhe – viajavam sozinhas. As malas com rodinhas decolaram quando essas mulheres cresceram em número.

Em resumo, a mala começou a rodar quando mudamos a perspectiva sobre gênero: que os homens precisam carregar e que a mobilidade da mulher deve ser limitada. Gênero é a resposta a por que foram necessários 5 mil anos para colocarmos rodas em nossas malas.

A resposta pode parecer surpreendente. Afinal não imaginamos o *"soft"* (noções de feminilidade e masculinidade) como sendo capaz de retardar o *"hard"* (avanço tecnológico constante).

Mas foi exatamente isso que aconteceu com a mala. E se foi possível acontecer com a mala, então as noções de gênero devem ser bem fortes.

2

Como aprendemos a dar a partida no carro sem fraturar a mandíbula

Ela escreveu que estava levando os filhos para visitar a mãe. Só não disse como. O marido supôs que tinham tomado um trem. O ano era 1888, e as férias de verão tinham acabado de começar no grão-ducado de Baden, um estado do sul no relativamente recém-unificado Império Alemão[1].

Naquela manhã, Bertha Benz manobrou com cuidado a carruagem sem cavalo para fora da fábrica onde o marido a tinha construído[2]. Os dois filhos adolescentes, Eugen e Richard, a ajudaram. O dia estava raiando, e eles não queriam acordar ninguém, muito menos o pai deles, Karl Benz. Somente depois de estarem longe de casa o suficiente é que deram a partida no motor, antes de se revezarem na direção ao longo dos 90 quilômetros até Pforzheim, uma cidade na orla da Floresta Negra. Ninguém havia feito uma viagem como essa até então, motivo que levou Bertha a roubar o veículo.

Karl Benz tinha sido inflexível na exigência de que sua invenção fosse chamada de "carruagem sem cavalo". Por anos, o veículo tinha sido uma espécie de tradição em Mannheim, a cidade limpa e ordeira que os Benz chamavam de lar. Na primeira vez que Karl Benz tinha dirigido sua carruagem sem cavalo diante de um público especialmente convidado, ficou tão arrebatado pela própria invenção que seguiu direto contra o muro do jardim. Tanto ele quanto Bertha, que estava sentada ao seu lado, foram lançados de cabeça quando a barreira de tijolos moeu a frente do veículo de três rodas. Só restou levar o metal retorcido de volta à fábrica e começar de novo.

É preciso ter em mente que Bertha tinha investido quase todo o seu dinheiro nessa invenção. Primeiro tinha entrado com o seu dote inteiro na empresa. Depois convencera os pais a lhe adiantarem sua parte na herança. Os 4.244 *gulden* que tinha afundado no negócio do marido na ocasião teriam sido suficientes para comprar uma casa luxuosa em Mannheim. Em vez disso, Bertha Benz empregou-os todos no sonho de um motor de quatro tempos capaz de impulsionar uma carruagem sem cavalos. Depois de anos de testes, o primeiro automóvel do mundo funcionou[3]. Alcançava 16 quilômetros por hora, tinha um motor a gasolina de quatro tempos e um único cilindro. O Benz Patent-Motorwagen, como o veículo foi batizado, desenvolvia 0,75 cavalo de potência, mas o importante era que funcionava.

Nos primeiros tempos, Karl Benz tinha testado seu triciclo à noite, para não provocar agitação. Diante da visão do carro, as crianças muitas vezes berravam, idosos caíam de joelhos e faziam o sinal da cruz, e operários trabalhando em estradas davam meia-volta e corriam, abandonando os equipamentos. Os mais supersticiosos achavam que o diabo em pessoa tinha vindo em uma carruagem rosnante que andava sobre três rodas, movida por uma força invisível. Mas o mais importante é que o mercado duvidava da sua utilidade. Para que servia realmente essa máquina?

Para piorar, Karl Benz, cujo nome acabaria registrado na história como parte da marca Mercedes-Benz, não era mesmo um bom homem de negócios[4]. Embora tivesse começado a vender seu veículo nos primórdios de 1888 – uns dois anos depois de garantir sua patente –, a carruagem sem cavalo era mais popular na França do que na Alemanha. Na frente doméstica, Benz tinha ficado preso em longas discussões com as autoridades locais e a polícia em relação a qual seria a velocidade permitida. Deveria lhe ser dada a permissão para dirigir fora dos limites da cidade? No final, as entidades reguladoras cederam, e a invenção de Karl Benz fez sucesso quase como um espetáculo semifuturista na feira de tecnologia do Império Alemão em Munique.

Karl Benz enfim tinha sido notado e ganhado sua medalha. Mas, realmente, qual era o seu conceito comercial? Enquanto quase ninguém duvidava de que o motor que Benz havia construído teria muitos usos, a maioria estava menos convencida em relação à carruagem em si. Qual seria sua utilidade? Foi por isso que Bertha Benz se levantou às cinco da manhã, no dia 5 de agosto de 1888.

Pforzheim, onde a mãe de Bertha morava, fica a noventa quilômetros de Mannheim. Bertha e os filhos bolaram um plano para dirigir até lá sem o conhecimento de Karl – por diversão, sim, mas também para provar que essa invenção não se resumia a um novo motor, mas a um meio de transporte totalmente novo.

A viagem até Pforzheim – aonde chegaram triunfalmente umas quinze horas depois, apenas para descobrir que a avó não estava na cidade – foi memorável. Bertha tinha imaginado que a carruagem sem cavalos quebraria mais de uma vez, e nesse aspecto o veículo não desapontou.

Primeiro a mangueira de combustível entupiu, e Bertha a desobstruiu com um de seus alfinetes de chapéu. Mais tarde, precisaram isolar um fio de ignição exposto, o que foi resolvido com uma de suas ligas. Bertha, Eugen e Richard se revezaram para dirigir, mas sempre que chegavam a uma subida os meninos tinham que sair e empurrar: o motor não conseguia enfrentar uma ladeira. Bertha assumia o assento de motorista e tentava convencer os moradores locais a dar uma mão. Se a subida era difícil, a descida era de arrepiar: os 360 quilos do carro só conseguiam brecar com sorte, usando uma alavanca do lado direito do assento. Ninguém tinha guiado uma carruagem sem cavalo por essa distância, nem com tantas subidas e descidas, e os freios do Benz Patent-Motorwagen 3 logo se desgastaram. Quando pararam no vilarejo de Bauschlott, Bertha pediu a um sapateiro para cobri-los com couro.

Com isso, ela e os filhos inventaram as primeiras lonas de freio do mundo.

Água era um problema constante. O motor precisava de resfriamento regular para não explodir. Bertha e os rapazes conseguiam água em todos os lugares possíveis: hospedarias, rios e – sob pressão – na vala sobre a qual passavam. Na cidadezinha de Wiesloch, ao sul de Heidelberg, pararam para comprar ligroína, um subproduto do petróleo usado como solvente de laboratório, para abastecer. O farmacêutico local Willi Ockel vendeu-lhes uma garrafa, desconhecendo que, ao fazer isso, tinha se tornado o primeiro posto de abastecimento do mundo.

Quando Bertha Benz chegou a Pforzheim naquela tarde, enviou um telegrama para Karl. O marido dela não estava bravo, estava chocado, e quando Bertha e os filhos voltaram a Mannheim no dia seguinte, Karl decidiu equipar a carruagem sem cavalos com uma transmissão mais baixa, para enfrentar melhor os morros da Floresta Negra. Além do resto do mundo. No fim daquele ano, um modelo atualizado do Benz Patent-Motorwagen 3 foi produzido comercialmente, e, por volta de 1900, Karl Benz era o maior fabricante de automóveis do planeta.

Foi uma mulher quem realizou a primeira viagem a longa distância com um carro. A despeito disso, o mundo logo chegou à conclusão de que as mulheres eram menos aptas a guiar do que os homens. Uma mulher não era uma criatura que pudesse ser deixada sem mais nem menos em um veículo motorizado. Não: ela era uma coisa frágil, criada por Deus para ser atada em corseletes e mover-se pelo mundo vestida com quinze quilos de anáguas, chapéus de abas largas e luvas longas. A ciência declarava que era fraca, tímida e assustadiça, e que qualquer estímulo ao seu cérebro podia ter um efeito adverso no seu útero. Nenhuma dessas ideias sobre a inadequação das mulheres para dirigir era nova.

Na sua época, o Império Romano, certa vez, tentou resolver os problemas de trânsito de Roma proibindo as mulheres de andarem em carruagens. Circular nas ruas de Roma não era tarefa simples: suas vielas enredavam-se em uma trama intrincada de becos, e ainda havia multidões de vendedores de alho, mercadores de penas e produtores de azeite para enfrentar. Em alguns pontos, somente um veículo conseguia passar por vez, então escravos eram postos à frente para impedir o avanço de outros transportes, como se fossem semáforos particulares de carne e osso[5].

Roma estava em guerra com Cartago nessa ocasião e, por motivos políticos, isso levara ao banimento de várias formas de consumo ostensivo: ninguém queria ir para a África para morrer enquanto as classes mais altas chafurdavam no luxo. O objetivo era limpar as ruas de Roma de qualquer coisa que pudesse ser considerada como provocação pela população local e abalasse seu espírito combativo. E havia algo mais luxurioso do que uma mulher sobre rodas? Foi então introduzida a proibição da carruagem feminina, para fúria das ricas matronas romanas. Mas, mais grave do que isso, o poeta Ovídio afirmou que, até a proibição ser revogada, as mulheres, em protesto, chegaram a abortar os fetos que carregavam no útero.

No início do século XX, a questão não era o luxo visível de uma mulher sobre rodas e sim a noção de que ela apenas não estava à altura da tarefa. O pensamento em voga era de que a mulher era muito mais instável emocionalmente, fisicamente mais fraca e intelectualmente inferior para ocupar o lugar do motorista. Era o mesmo argumento usado contra ela quando se tratava do direito ao voto e o direito a fazer um curso superior – duas outras frentes que as mulheres estavam tentando negociar durante aqueles anos. As mulheres estavam entrando nos carros na mesma época em que seu papel na vida pública estava sendo discutido como nunca. E todos aqueles debates sobre quem elas eram e como eram capazes de se integrar gradativamente ao desenvolvimento informado e tecnológico[6].

No início, os carros eram customizados para o consumidor. Era possível pedir o que queria, e o carro era construído sob encomenda. A maioria dos fabricantes de carro não tinha muito tempo para pensar no mercado como um todo; então improvisavam.

As pessoas usavam muitos tipos de transporte, de certo modo aleatório, desde os próprios pés até cavalos, burros, trens, bondes e carros. E os carros podiam ser movidos de diversas formas: por gasolina, eletricidade ou vapor. Na virada do século, um terço dos carros europeus eram elétricos. Nos Estados Unidos, o número era ainda maior.

Seria fácil imaginar as fábricas de carros a gasolina e as de veículos elétricos numa disputa sem fim sobre qual tecnologia era a melhor. Entretanto, nos primeiros tempos do automóvel, o que mais os fabricantes desejavam demonstrar era a superioridade dos seus produtos em relação a cavalos e carruagens. O que era lógico, levando em consideração que o mercado do transporte a cavalo era o único que desejavam ocupar.

Os carros movidos a gasolina da época – os sucessores do Benz Patent-Motorwagen 3 que Bertha Benz tinha guiado até Pforzheim – não eram nada confiáveis. Difíceis de ligar e ruidosos, serviam menos como veículo do que como um modo de vida movido pela pressão de um pistão e uma máquina salpicada de óleo. Era uma máquina máscula para viajar em alta velocidade, carros que podiam levar a pessoa longe de casa e (assim se esperava) trazê-la de volta. Era um carro aventureiro, e a aventura, como sabemos, é para homens. Não para mulheres.

Em consequência, logo surgiu a ideia de que o carro elétrico era mais "feminino"[7]. Era mais visto como o sucessor natural da carruagem do que do carro movido a gasolina, era algo que simplesmente podia levar a pessoa aonde precisasse ir. O carro a gasolina, por outro lado, era muito menos um meio de transporte e mais um esporte para jovens (homens) audaciosos que gostavam de ostentar riqueza. O colunista estadunidense Carl H. Claudy escreveu: "*Alguma vez surgiu uma invenção que oferecesse mais conforto à metade feminina da humanidade do que a carruagem elétrica?*".[8] Como era conveniente para as mulheres serem poupadas de todo o trabalho de lavar crinas, cascos e rabos que vinha com uma viagem de carruagem! Em vez disso, podiam simplesmente telefonar para a garagem pedindo um carro. Que isso só se aplicava às mulheres de posse não era dito.

Por outro lado, para dar partida num carro a gasolina, era preciso girar infinitamente a manivela. Era uma operação que envolvia suor e perigo. Primeiro, era preciso ficar ao lado do motor e empurrar um fiozinho que ficava para fora através do radiador, depois pegar a manivela e empurrá-la para cima algumas vezes, voltar para o banco do motorista e dar a partida, voltar ao motor, pegar a manivela na posição certa e, finalmente, girá-la várias vezes para ligar o carro.

Em compensação, os carros elétricos podiam ser ligados a partir do banco do motorista. Também eram mais silenciosos e sua manutenção era mais fácil. O primeiro carro que atingiu 100 quilômetros por hora, na verdade, era movido a eletricidade[9]. Com o passar do tempo, entretanto, os carros a gasolina decolaram, e o elétrico se tornou a opção mais lenta e confiável.

"*Elétricos... convocamos todos os que estiverem interessados em um equipamento absolutamente silencioso, inodoro, limpo e sofisticado, que está sempre pronto para funcionar*", anunciava o texto publicitário de 1903[10]. A imagem que o acompanhava mostrava duas mulheres com chapéus, luvas e grandes sorrisos. Uma delas está guiando, enquanto a outra senta-se alegremente ao seu lado. As curvas dos carros elétricos eram suaves.

Uma propaganda de 1909 traz abordagem semelhante, encorajando o consumidor masculino a comprar um carro elétrico para "*Sua futura noiva ou para sua noiva já de muitos anos*"[11]. A mensagem: este é o carro para quem valoriza o conforto. Sem gasolina, sem manivela, sem risco de explosão ou de que o vestido pegue fogo. Venha e compre sem preocupação.

Em *Taking the Wheel* [Assumindo a direção, em tradução livre], a historiadora Virginia Scharff cita os comentaristas estadunidenses da época que defendiam que "*Nenhuma licença deveria ser permitida para alguém com menos de 18 anos... e nunca a uma mulher, ou a menos, que fosse para um carro movido a eletricidade*"[12]. Por volta de 1900, os carros elétricos tinham aceleração mais rápida e freios mais seguros do que os movidos a gasolina. De muitas formas, eram a escolha ideal para rodar na cidade, mas, por seus problemas de bateria, não conseguiam percorrer longas distâncias. A bateria precisava ser recarregada mais ou menos a cada 70 quilômetros, e os carros sofriam com as estradas precárias fora das grandes cidades. Isso, entretanto, somente parecia tornar esse tipo de veículo ainda *mais* apropriado para as mulheres aos olhos do mercado: afinal, as mulheres não precisavam viajar muito longe. Na verdade, era até bom que elas não fizessem isso.

Para que uma mulher precisava de um carro? A não ser para visitar as amigas, ir às compras, ou, é claro, transportar os filhos? O carro das mulheres era simplesmente um veículo diferente daquele dos homens. Chegava a ser um carro? Talvez pudesse ser visto mais como um carrinho de bebê – do tipo que permitia à mulher ir junto com suas crianças. Um colunista especializado em carros escreveu: *"De modo algum uma criança consegue tomar tanto ar em tão pouco tempo quanto ao ser levada em um automóvel..."*[13] *Não seria descabido chamar o carro elétrico de carrinho de bebê moderno"*. Naquele tempo, o carro era visto como um meio de transporte "limpo": diferentemente dos cavalos, não deixavam estrume pelas ruas.

Fossem movidos a eletricidade ou gasolina, as primeiras gerações de carro eram caras. Henry Ford foi o primeiro estadunidense a mudar isso. Em 1908, ele criou o Modelo T movido a gasolina, que pretendia abrir o mundo do carro para os estadunidenses comuns. O carro custava 850 dólares quando sua linha de produção em Detroit, no Michigan, foi lançada, com a intenção de ser um veículo para todo mundo. O conceito de Ford era criar um carro tão acessível do ponto de vista financeiro que mesmo os operários que o construíssem pudessem guiá-lo. O agora lendário Modelo T chegou a ser conhecido como o carro *"que punha o mundo sobre rodas"*. A única pergunta é: o mundo de quem?

No mesmo ano do lançamento do revolucionário Modelo T, Henry Ford comprou um carro elétrico para sua mulher, Clara. Supunha-se que era mais adequado para ela. O carro elétrico de Clara era completamente diferente do trepidante Modelo T[14]. Era uma luxuosa sala de visitas sobre rodas, um recinto motorizado onde ela podia receber as amigas enquanto dava voltas pela cidade. Clara Ford não tinha um volante de direção, em vez disso guiava o carro de trás, usando duas alavancas diferentes[15]: uma para ir para a frente, a outra para dar ré. O carro trazia embutido vasos de flores de cristal e contava com espaço para três mulheres rodarem com conforto.

Postos para dar carga nos carros elétricos logo começaram a se multiplicar nos bairros comerciais das grandes cidades dos Estados Unidos, para que assim as mulheres ricas pudessem carregar as baterias do carro enquanto faziam compras. O arquétipo da mulher motorista do início dos anos 1900 estava muito longe de Bertha Benz desentupindo uma mangueira de combustível com um alfinete de chapéu nas proximidades da Floresta Negra, na Alemanha. Muitos tinham começado a ver o carro como o tipo mais intolerável de consumo de luxo. Os automóveis eram veículos brilhantes que transportavam as mulheres e suas fieiras de pérolas de casa até o camarote da ópera. Woodrow Wilson, o vigésimo oitavo presidente dos Estados Unidos, temia que eles incitassem as massas à revolução. Em outras palavras, nós nos encontrávamos de volta aos tempos em que as matronas romanas guiavam suas carruagens através de ruas forradas de escravos.

Cada vez mais, os carros elétricos estavam sendo desenvolvidos tendo as mulheres em mente. Foram os primeiros carros a ter teto, por exemplo, pois supunha-se que as mulheres (ao contrário dos homens) queriam se proteger da chuva, mais precisamente para "*preservar sua toalete imaculada, seus cabelos intactos*"[16]. Do mesmo modo, foram os operários que construíam o carro elétrico que pensaram em posicionar as alavancas e os controles de forma que não se enroscassem na roupa da mulher. O carro elétrico tornou-se o veículo que podia ser dirigido por quem vestisse uma saia, mas não por suas associações "femininas", e sim porque era uma forte demanda do mercado a que se destinava.

Entretanto, a indústria de carros elétricos nem sempre ficou feliz por ser associada com o "sexo frágil". Eram carros com alta tecnologia, veículos confiáveis nas cidades, e a indústria acreditava que deviam ter sido do interesse de qualquer um que desejasse chegar pontualmente ao trabalho, sem ter seu terno respingado de óleo. O membro da diretoria da Detroit Electric E. P. Chalfant, escreveu em tom ressentido: "*Os vendedores de carro a gasolina rotularam os movidos a eletricidade como veículos para idosos, doentes e mulheres*".[17] Outro homem fez uma queixa semelhante sobre como seus amigos o tinham prevenido contra o carro elétrico: "*Era chamado carro de dama*", testemunhou[18].

O carro elétrico, por suas associações femininas, estava posicionado de maneira completamente equivocada no mercado, acreditava Chalfant. Afinal, quem tomava a decisão sobre qual carro a família devia comprar? Os homens, é claro. O que significava que eram para eles que os carros elétricos deveriam ser adaptados, não para as mulheres. Em 1910, a Detroit Electric tentou contrapor a imagem feminina do carro elétrico introduzindo um novo modelo para homem, convenientemente chamado Gentlemen's Underslung Roadster.

Não pegou.

Em 1916, a revista da indústria estadunidense *Electric Vehicles* publicou uma série de artigos analisando as associações comercialmente infelizes entre carros elétricos e a feminilidade: "*A conotação de ser efeminado, ou de ter essa reputação, não o favorece aos olhos do homem estadunidense*". E, mais adiante: "*Seja ele 'vigoroso' e 'viril' ou não no sentido físico comum, no mínimo, seus ideais são assim*". Traduzindo, se as mulheres gostavam de algo, fosse um carro ou uma cor, o homem estadunidense quase sempre se afastava daquilo por uma questão de princípio. Isso foi, lamentavelmente, o que aconteceu com o carro elétrico, concluía a revista.

É claro, isso era ilógico e absurdo. Na verdade, os carros elétricos eram tão adequados para homens quanto para mulheres. Mas, como a revista observava, não se pode esperar que um comprador de carro use a lógica ou a razão desse modo. "*Já tendo imaginado a efeminidade do carro elétrico, ele o descarta e compra um carro a gasolina sem hesitar.*"[19] Em resumo, se quisesse sobreviver, a indústria de carros elétricos teria que se sair melhor na fabricação de carros para machos: já bastava de vasos de cristal e assentos macios.

O que aconteceu, entretanto, foi exatamente o oposto. Os carros elétricos não se tornaram "mais viris", ou, pelo menos, até Elon Musk lhes dar um impulso um século ou mais depois. Em vez disso, o carro a gasolina ocupou quase totalmente o mercado. Não apenas ficando mais barato, graças a Henry Ford, mas também se tornando mais "feminino".

Henry Leland era o CEO da Cadillac Motor Company no início dos anos 1900. Nascido em uma fazenda em Vermont, tinha servido ao lado de Abraham Lincoln na Guerra Civil e, mais tarde, comprou um dos negócios de carro de Henry Ford a fim de fundar a Cadillac. *"Quando você compra um Cadillac, compra viagem de ida e volta"*, era o slogan da companhia. Esse era o carro a gasolina de luxo, e, naqueles anos, o luxo consistia em ter um carro que não precisasse ser rebocado para casa.

Em muitos aspectos, foi Henry Leland que deu o tiro de misericórdia no carro elétrico, e ironicamente tudo começou com um incidente que tinha muito a ver com gênero. Leland muitas vezes recontou-o como a história trágica de Byron Carter.

Byron Carter era um dos amigos de Leland.[20] A origem da história, agora lendária, se deu quando Carter parou em uma ponte para ajudar uma motorista. O carro dela tinha morrido e não conseguia ligá-lo de novo com a manivela. Atenção para o fato de que ela não tinha um carro elétrico: se tivesse, poderia dar a partida sentada no banco do motorista, sem precisar girar a manivela. Naquele momento, a indústria automotora já tinha começado a vender carros a gasolina também para mulheres. Havia até opções com portas mais largas para acomodar as saias. E, talvez ainda mais importante, a maioria dos lares possuía apenas um carro, ao qual a mulher também tinha acesso. Muitas mulheres também preferiam carros a gasolina por causa da velocidade. E, desse modo, temos uma mulher presa em uma ponte de Detroit, em um Cadillac a gasolina que não dava partida.

Girar a manivela de um carro a gasolina sempre fora uma tarefa difícil, mas com o avanço da tecnologia ela tinha se tornado mais complicada e perigosa, em função da maior potência do motor.

Quando Byron Carter parou na ponte naquele dia fatídico, uma luta corpo a corpo com um maquinário pesado o esperava.

Naturalmente, sendo o cavalheiro que era, Carter arregaçou as mangas da camisa e foi ajudar a mulher. Isso acabou sendo uma má decisão. A mulher, ao voltar a se sentar no carro, acabou por se esquecer de ajustar a ignição. A manivela saltou da mão de Carter e o atingiu em cheio na mandíbula. O osso quebrou, e dias depois ele morreu por complicações relacionadas ao ferimento.

Para Henry Leland, já tinha passado dos limites. Carter fora seu amigo e, para tornar as coisas piores, o carro que o tinha matado era um Cadillac. Leland se sentiu responsável, e então tomou a decisão de que a manivela tinha que sumir. Certamente devia ser possível usar a eletricidade para ligar um carro a gasolina, desse modo a partida seria dada por alguém sentado no banco do motorista sem usar uma manivela, pensou. Valia a pena arriscar – nem que fosse para evitar que outro amigo morresse ajudando uma mulher incapaz parada à margem da estrada.

Em um tempo relativamente curto, a empresa Cadillac conseguiu desenvolver uma ignição elétrica para carros a gasolina. O único problema é que era muito grande para caber em qualquer carro. Leland precisava de ajuda; foi quando descobriu, em um celeiro em Ohio, Charles F. Kettering.

Charles F. Kettering era um engenheiro talentoso que tinha construído a primeira caixa registradora elétrica do mundo. A primeira vez em que vira um carro tinha sido em sua lua de mel, quando conheceu por acaso um médico cujo veículo moderno tinha enguiçado na estrada[21]. Kettering abriu o capô e deu um jeito de diagnosticar o problema; a partir daí começou sua fascinação por carros. Ele e alguns colegas começaram a se reunir de vez em quando em um celeiro depois do trabalho, onde tentariam melhorar os carros da época de muitas formas. Isso se tornou mais tarde a empresa que Kettering batizaria de Delco.

Foi à Delco que Henry Leland se dirigiu quando precisou de ajuda para melhorar – e sobretudo "encolher" – a ignição elétrica que a Cadillac tinha desenvolvido.

Levou três anos para Kettering resolver o problema. Sua inovação consistiu em um motor elétrico que também funcionava como gerador. Era um sistema único compacto que dava a partida no motor e, então, criava sua própria eletricidade com o movimento do carro. Isso, por sua vez, acendia os faróis do veículo.

Em 1912, a Cadillac lançou seu Modelo Trinta, o primeiro carro produzido comercialmente com ignição elétrica e faróis elétricos. A empresa ganhou o importante Troféu Dewar pela inovação. A nova partida poderia ser dada em um botão no painel ou no chão, ou com um pedal, tudo obviamente muito mais fácil do que sair do carro e girar a manivela. A Cadillac logo introduziu a ignição elétrica como padrão em todos os modelos, e muitas outras empresas a seguiram. Outros fabricantes, entretanto, hesitaram, vendo a invenção de Kettering menos como uma melhoria para todos e mais como uma concessão para as mulheres. Embora elegante, o mecanismo era desnecessário, julgavam.

O *New York Times* descreveu a inovação como "*mais um item de conveniência para senhoras*"[22]. Ficava implícito que eram as mulheres que não conseguiam girar a manivela, elas que faziam todas as exigências para que guiar ficasse mais fácil, e as mulheres é que tinham de se adaptar à ignição elétrica. E a ignição elétrica só se tornou padrão no Ford Modelo T nos anos 1920. Até então, quem quisesse dar a partida em seu Ford sem a manivela precisava comprar um produto adicional[23].

"*As mulheres podem guiar carros da Ford com total liberdade e conforto, certificando-se de que o carro conta com o sistema elétrico de partida e faróis Splitdorf-Apelco*", declarava um anúncio. "*Deixe que Ela dirija seu Ford*", rezava outro[24].

Mas o que Kettering realmente tinha feito era transportar uma das melhorias do carro elétrico (a capacidade de dar partida no motor dentro do carro) e integrá-la no carro a gasolina. Assim nasceu um produto que tinha as vantagens do carro a gasolina combinadas com o conforto do movido a eletricidade. Causa espanto que esse foi o carro que conquistou o mundo?

Ainda permanece uma questão: por que os fabricantes de automóvel insistiram por tanto tempo em manter dois mercados de carro – um para homens e outro para mulheres? Afinal, a maioria das famílias só podia sustentar um carro. Então por que não tentaram criar antes um carro que atraísse tanto homens quanto mulheres?

Enquanto a indústria de carros elétricos estadunidense estava ocupada lamentando suas conotações femininas, Charles F. Kettering tinha recolhido as noções "femininas" de conforto e segurança e as integrara no carro a gasolina. Esse foi o início de um longo processo pelo qual muitos "adornos" femininos desdenhados pela indústria automotiva acabaram por se tornar padrão. À medida que os anos passavam, o carro a gasolina ia se tornando cada vez mais elétrico. Era "feminilizado".

E tomou conta do mercado.

Isso transformou a atividade de dirigir: de passatempo extravagante da classe alta passou a ser uma atividade para a população em geral. Enquanto os carros a gasolina tinham dependido da manivela, não eram úteis para quem tivesse de chegar ao trabalho no horário, e por isso permaneciam como veículo para lazer ou esporte. Ao integrar ao carro a gasolina, o que por muito tempo tinha sido considerado como valor "feminino", os fabricantes ampliaram seu mercado e retiraram o carro da categoria de produto de nicho para se tornar um objeto que podemos ver em todas as estradas.

"*Temos de chegar à conclusão de que a influência feminina é largamente responsável pelas mudanças mais óbvias que têm sido feitas no carro a gasolina ano após ano*", declarou a *Electric Vehicles*. A revista deu como exemplos dessa influência o estofamento mais macio e denso, linhas mais bonitas, controles mais simples e a ignição automática. Tudo isso era descrito como "*evidências de concessões ao sexo frágil*"[25].

Curiosamente, a indústria continuou por muito tempo atribuindo esse tipo de demanda apenas ao conforto das mulheres. Eram as mulheres que desejavam conforto, sem falar de segurança, em seus carros (ao que parece os homens não tinham problema nenhum com a possibilidade de morrer). Eram as mulheres que não queriam sujar de óleo suas roupas e que desejavam poder ligar o carro sem fraturar a mandíbula. Isso, sem dúvida, é estranho. Por que o conforto foi durante tanto tempo considerado um capricho feminino diante de uma inovação tecnológica de ponta? Por que conveniência, diminuição no esforço despendido, beleza e segurança eram algo que só poderia ser exigido pelas mulheres? Por que era tão implausível que um homem pudesse querer um carro em que desse a partida sem correr o risco de morrer de gangrena? Por que se supôs por tanto tempo que os homens desejavam ficar ensopados quando guiassem na chuva? E por que se presumia que queriam um carro barulhento e que cheirasse mal?

Como observa o historiador de tecnologia Gijs Mom, foi o carro elétrico – não o carro a gasolina – que sobrepujou o cavalo como meio de transporte. Naquele momento, o carro movido a gasolina era muito inferior do ponto de vista tecnológico. Entretanto, assim que o cavalo foi derrotado, o carro a gasolina prevaleceu. Mom esclarece que isso não teve nada a ver com o fato de a fabricação de carros a gasolina ser mais barata: só ficaram mais baratos quando de certa forma empurraram os carros elétricos até as margens do mercado. Em outras palavras, o triunfo do carro a gasolina não se deveu ao preço, mas a outros fatores[26].

Um motivo importante, evidentemente, era que o carro elétrico tinha muitos problemas com a bateria. A tecnologia da bateria ainda engatinhava, e os apoiadores do carro elétrico não tinham conseguido criar uma infraestrutura que pudesse compensar esses problemas – uma cadeia de postos de carga de bateria, por exemplo. Mas também havia o fator cultural.

E isso era quase exclusivamente ligado a gênero[27].

O que as duas vertentes de fabricantes tinham em comum era a tendência de menosprezar as coisas que tinham aprendido a ver como "femininas". A indústria de carros elétricos produzia veículos para mulheres, mas faltou perceber que muitas das qualidades "femininas" que seus carros possuíam eram, de fato, universais.

Do mesmo modo, muitos fabricantes de carros a gasolina prendiam-se de unhas e dentes à ideia de que um homem de verdade girava a manivela do seu veículo. Assim, os dois lados restringiram o tamanho de seus mercados. Tudo para preservar uma concepção de masculinidade que era essencialmente sem sentido.

Para Henry Leland, só quando seu amigo Byron Carter morreu de gangrena em razão da mandíbula fraturada é que tudo mudou – pelo menos é o que reza a lenda. Esse foi o ponto crítico que o pôs em contato com Charles F. Kettering, motivando-o a mesclar as chamadas preferências "femininas" e "masculinas" e criar um produto para o povo. Que, como sabemos, constitui um grande mercado.

Mesmo hoje, mais de um século depois, os historiadores e jornalistas muitas vezes descrevem a ignição elétrica como uma inovação destinada às mulheres. Kettering é descrito como um herói porque sua ignição elétrica (somada à maestria da engenharia masculina) galantemente abriu a porta para as mulheres motoristas.

Quando encomendou a ignição elétrica para a Cadillac, é provável que Henry Leland estivesse seguindo essa mesma linha de pensamento. A forma como lidou com a história da morte de Carter aponta inegavelmente para isso, sugerindo que a ignição elétrica era uma medida necessária para evitar que mais homens morressem ajudando mulheres que enfrentavam dificuldades com uma manivela.

Mas a inovação de Kettering era algo muito diferente. Ela redefiniu a fronteira entre a direção masculina e a feminina, criando assim um mercado novo para todos.

Foi por isso que a ignição elétrica foi tão revolucionária – não porque tenha permitido que as mulheres guiassem. Elas já faziam isso muito bem.

Basta lembrar Bertha Benz.

O que traz a pergunta: as coisas poderiam ter acontecido de outra forma se a visão sobre gênero fosse diferente?

Cem anos atrás, carros de bombeiro, táxis e ônibus movidos a eletricidade rodavam pela maioria das grandes metrópoles do mundo. E, então, sumiram. Em vez disso, a tecnologia de motores a gasolina tornou-se dominante, trazendo poluição, barulho e mau cheiro. Se a sociedade do início do século XX não tivesse visto o carro elétrico como feminino, será que a história teria seguido um rumo diferente?

Não se pode negar que a infraestrutura dos carros elétricos de 120 anos atrás continha elementos que ainda parecem tremendamente modernos. Por exemplo, no início dos anos 1900 era possível alugar carros elétricos, ou pagar por distância percorrida para guiá-los. Táxis elétricos circulavam em muitas cidades levando passageiros. O que o cliente queria, como muitos fabricantes de carro elétrico argumentavam, era o transporte do ponto A até o ponto B, não uma máquina cara na porta de casa. Os aristocratas rurais estavam satisfeitíssimos por poder confiar numa rede de carros elétricos novos e não precisarem pegar seus cavalos ou carruagens para irem à cidade.

Em resumo, nosso conceito de transporte poderia ter evoluído mais em torno de ideias de compartilhamento de carro e frotas de veículos desde o início se o carro elétrico tivesse vencido. Ou, pelo menos, se não tivesse desaparecido. Esse mundo não seria menos adiantado do ponto de vista tecnológico do que aquele que acabamos construindo. Apenas seria diferente.

Nos Estados Unidos, voltando aos anos 1800, um fabricante de carros elétricos construiu uma garagem central em Nova York com um sistema semiautomático de ponta que poderia trocar baterias de carro em 75 segundos[28]. Na época – como agora – a bateria era o item principal do carro elétrico. Mas, como as baterias elétricas, por sua própria natureza, levam tempo para serem carregadas, era, pelo menos em teoria, possível construir um sistema para compensar isso. Foi precisamente o que o fabricante tentou fazer. Os carros entrariam, uma bateria recém-carregada seria instalada em minutos e zarpariam em seguida. Era simplesmente um modo de pensar diferente[29]. Se algum desses modelos de negócio tivesse tido sucesso, talvez não possuíssemos carros como fazemos hoje. Não teria sido óbvio o conceito de vida boa envolver a necessidade de toda família precisar de dois carros praticamente idênticos. Ou as cidades dominadas pelos carros serem lugares em que os motoristas ficam sentados, um a um, esperando que o semáforo fique verde. A inovação não repousa apenas nas máquinas que construímos, mas na lógica nascida dessas máquinas.

William C. Whitney foi um investidor estadunidense que, em 1899, levantou 1 milhão de dólares para construir uma rede nacional de carros elétricos nos EUA. Ele já participara da eletrificação da rede de bondes de Nova York, o que lhe valeu um bom dinheiro. Os carros pareciam ser o próximo passo natural.

A visão de Whitney era um sistema de transporte que ligaria o país inteiro. Trens elétricos iriam de cidade a cidade, e dentro das cidades os bondes e carros elétricos assumiriam o transporte. A intenção era de que os moradores não precisassem comprar carros: eles poderiam chegar aonde quisessem usando a rede de transporte elétrico. Cavalos e carruagens seriam substituídos por carros elétricos silenciosos e limpos, era o que imaginara. Depois, o sistema inteiro poderia ser transposto para a Cidade do México, Paris e muitas outras cidades. Whitney sonhava alto. Era um daqueles homens: se estivesse vivo ainda hoje, certamente renderia uma conferência bombástica veiculada pela internet.

Mas as coisas não correram muito bem para Whitney.

Apenas um ano depois do lançamento da rede de Nova York, a empresa perdeu quase completamente a confiança de seus usuários. As operações eram mal gerenciadas e os motoristas não sabiam o que estavam fazendo. Tudo se apoiava no funcionamento do sistema de troca rápida de bateria, mas as dispendiosas baterias não recebiam o cuidado necessário, e muitas delas quebravam. Em 1901, a empresa foi obrigada a fechar. Entretanto, essa não chega a ser a primeira vez na história que uma ideia grandiosa fracassou por falta de tino comercial. Outra pessoa possivelmente poderia ter levado o negócio adiante. Em vez disso ele sumiu, assim como o carro elétrico.

E aqui estamos, mais de um século depois, tentando reinventar a roda ao recomeçar com os carros elétricos. Elon Musk, sem se arriscar, projetou seus carros sem um único vaso de cristal, e hoje mais homens do que mulheres dirigem carros elétricos. Enquanto isso, os jovens cada vez mais questionam a necessidade de possuir um carro. Só que tudo, da ideia moderna de liberdade pessoal ao planejamento comunitário, é enraizado na lógica do carro a gasolina. O mesmo que Bertha Benz guiou até Pforzheim.

Foi a capacidade do carro a gasolina de ir para onde a pessoa desejasse que venceu no final. O carro elétrico representava segurança, silêncio e conforto. Não há nada de essencialmente feminino nesses valores. Eles são, quando muito, valores humanos.

Infelizmente, aquilo que decidimos chamar de "feminino" não pode ser visto como universalmente humano. E, se o carro elétrico era "feminino", isso significava que deveria ser também "inferior" – uma das noções com que a indústria da época teve de lutar. Se sua tecnologia não tivesse sido vista como feminina (e desse modo inferior), o carro elétrico teria sobrevivido? Isso, é claro, não dá para saber. Os problemas de bateria eram inegáveis, mas se uma infraestrutura tivesse sido montada para acomodar essa dificuldade, ele poderia ter ido adiante, pelo menos nas grandes cidades. Mas não era para ser.

O que Charles F. Kettering então tratou de fazer com sua ignição elétrica foi transformar o carro a gasolina em um veículo universal. Ele se recusou a ver o conforto de dar a partida no carro sem risco de se machucar como uma criação só "para as damas". A indústria do carro elétrico não fez nada parecido com isso a fim de romper com sua imagem – se é que isso teria sido possível. Então os carros a gasolina ficaram mais baratos. Tentativas posteriores de reviver o carro elétrico também encontraram a resistência poderosa da indústria petrolífera.

Em outras palavras, não temos como saber se o carro elétrico do início do século XX representava um mundo que verdadeiramente poderia existir, mas o que podemos dizer é que poucas coisas moldam a maneira de pensar como as ideias sobre gênero. Elas influenciam o tipo de máquina que desejamos construir.

E qual o futuro que somos capazes de vislumbrar para nós.

TECNOLOGIA

3

Como sutiãs e cintas nos levam à Lua

Na manhã de domingo do dia 7 de dezembro de 1941, aviões japoneses atacaram Pearl Harbor. Abram Spanel logo percebeu que isso iria causar problemas para seus negócios[1].

A empresa de Spanel fabricava produtos comerciais de látex. Seu sucesso mais recente tinha sido a Living Girdle, uma cinta que modelava o corpo das mulheres estadunidenses na forma de ampulheta ditada pela moda da época. A cinta segurava, comprimia e tornava a mulher mais delgada, sem impedir que o oxigênio chegasse ao cérebro.

Mudar de formato de acordo com o gosto vigente era, havia muito tempo, um dos deveres do corpo feminino. Mas a cinta de látex não era um modelador com barbatanas, era uma peça revolucionária que não só afinava a mulher como também permitia que se abaixasse e amarrasse os cadarços dos sapatos. O material inovador lhe dava liberdade de movimento. Ela podia até jogar tênis usando a cinta, declaravam as propagandas. Era sabido que fazia suar, mas supunha-se que mesmo esse aspecto da compactação da borracha tinha suas vantagens: uma mulher que suasse era alguém que perdia peso, e a lógica seguia adiante. A cinta de látex massagearia os rolos de gordura até desfazê-los, ou pelo menos os redirecionaria para o lugar certo, debaixo das costelas.

Naquele momento, entretanto, os aviões japoneses tinham bombardeado qualquer esperança que os Estados Unidos tinham de ficar fora da guerra. Cadáveres eram lançados ao longo da costa havaiana, e somente um dos navios de guerra da frota do Pacífico conseguira escapar ileso do ataque japonês. Spanel percebeu que, para o futuro imediato, a borracha seria reservada para pneus de caminhão e capas de chuva militares, não para diminuir cinturas femininas. O que se poderia fazer?

Ele não era homem de entrar em pânico. Spanel tinha ganhado milhões na indústria de aspiradores de pó quando tinha vinte e poucos anos e estava convencido de que, mesmo depois de Pearl Harbor, seria capaz de encontrar um caminho para seguir adiante. Mas, no dia 8 de dezembro de 1941, os japoneses atacaram o que era então a Malásia Britânica. Agora Spanel tinha realmente um problema. A Malásia Britânica era onde as seringueiras cresciam. No domingo tinha visto seu mercado doméstico ser arrasado, e na segunda foi isolado da cadeia de suprimento de sua matéria-prima.

Em termos de negócios, acabou sendo uma das melhores coisas que lhe aconteceram.

A seringueira alcança até 40 metros de altura. Se alguém fizer cortes na sua casca com uma faca, ela começará a sangrar látex em suas mãos. Esse líquido pode então ser coagulado e transformado em coisas tão diversas quanto pneus, cintas e até luvas cirúrgicas.

Na Floresta Amazônica, a natureza espalhou as seringueiras por uma área de milhões de hectares, mas, em 1876, o inglês Henry Wickham deu um jeito de embarcar mais de 70 mil sementes de seringueira para a Inglaterra, e dessa forma alterou o equilíbrio do comércio internacional. Inspirado por suas ideias de superioridade branca, Wickham gostava de passar esse feito como algo intrépido, uma aventura vitoriana de contrabando de plantas. Os nativos nem entendiam o quanto essas árvores eram valiosas! Wickham não tinha sido esperto ao enganá-los?[2] Mas nada disso era verdade.

De fato, Wickham tinha contado com a ajuda de indígenas para colher amostras botânicas. Cada semente tinha 2 centímetros de comprimento, então não seria possível enfiar 70 mil delas no bolso e sair correndo. Mas por que deixar que a verdade atropele uma boa história? Em 1938, um filme alemão retratou Wickham lutando com uma anaconda amazônica na floresta. Todas essas histórias obviamente foram bem-aceitas na Inglaterra; elas tinham as conotações racistas certas.

Mas a popularidade delas não as fizeram menos ficcionais.

Wickham não era um aventureiro, era mais um imperialista britânico médio com um conhecimento de plantas limitado. Ainda assim, reformatou o comércio internacional... definitivamente.

As árvores, como é sabido, levam tempo para crescer. Naqueles anos, siderúrgicas, ferrovias e fábricas clamavam por borracha. Cabos telegráficos, mangueiras de irrigação e – não menos importantes – pneus eram feitos com esse insumo. Diante de tanta demanda, os britânicos embarcaram as sementes de Wickham para as colônias na Ásia, via Jardim Botânico Real de Kew, no sudoeste de Londres. Na Malásia, descobriram que o látex podia ser colhido o ano todo, e que os insetos locais pegavam leve com as árvores novas. As florescentes plantações de seringueira se provaram capazes de produzir muito mais do que as nativas nas florestas sul-americanas.

Passaram-se algumas décadas – e algumas bolhas financeiras de borracha – para que a produção realmente engrenasse nas plantações, mas, no início da Segunda Guerra Mundial, cerca de 90% da borracha mundial vinha da Malásia Britânica, o que explica por que Abram Spanel se viu em dificuldades depois do ataque japonês a Pearl Harbor.

Os Estados Unidos começaram rapidamente a deslanchar sua produção de borracha sintética. Spanel, enquanto isso, ajustava-se à economia de guerra. Sua empresa parara de produzir cintas, toalhas de piquenique e fraldas, e tratava de se manter à tona fabricando barcos salva-vidas para a Marinha e capacetes para a Força Aérea. Quando chegou a paz, Spanel estava pronto para a nova era de produtos de consumo, já que o consumo privado na América do Norte engatara novamente.

Da Paris liberada, Christian Dior ditava a silhueta pós-guerra. Cinturas finas e saias esvoaçantes estavam na ordem do dia, e a borracha de Spanel mais uma vez envolveu o corpo feminino. O dinheiro entrava a rodo.

Em 1947, sua empresa ILC dividiu-se em quatro. A parte de fabricação das cintas adotou o nome de Playtex[3]. Além das cintas, começou a fabricar também sutiãs, com grande sucesso. A mudança de nome foi acompanhada por campanhas ambiciosas visando o mercado consumidor feminino. A Playtex patrocinava um programa de tevê vespertino para donas de casa e continuava sua propaganda agressiva nas revistas semanais. A empresa logo transformou seu nome em sinônimo de roupa íntima feminina, não muito diferente da forma como a marca Spanx, em certas partes do mundo, é hoje associada a certo tipo de calças modeladoras.

Mas, depois da guerra, Spanel conservou a divisão militar da empresa. Tinha sido bem-sucedida, afinal, e não havia motivo para fechá-la. As forças armadas ainda compravam enormes quantidades de equipamento. Assim, a ILC investiu em um programa de pesquisa que assumiria esse lado das operações mais adiante. Logo estava desenvolvendo capacetes e fardas para a Força Aérea e a Marinha. Roupa íntima modeladora para senhoras e equipamento para guerra podem parecer duas coisas muito diferentes para serem abrigadas sob o mesmo teto comercial, mas a flexibilidade era a natureza do produto. O modelo do negócio cresceu a partir do material, por assim dizer.

E foi assim que, quando Neil Armstrong desceu os degraus do módulo lunar em julho de 1969, vestia um traje espacial feito por costureiras treinadas na extenuante arte de confeccionar roupas de baixo femininas.

* * *

No vácuo total não existe temperatura. O espaço, assim, não tem temperatura, mas, é claro, existem no espaço certas partículas que têm. O calor é absorvido e emitido através de radiação, e a temperatura do astronauta depende do equilíbrio entre a radiação de calor para fora do corpo e a radiação de calor de estrelas distantes.

A temperatura no lado ensolarado da Lua pode chegar a 120 °C, enquanto no lado escuro pode cair a -170 °C. A temperatura básica do universo, entretanto, é menos do que três graus acima do zero absoluto – o ponto em que nada se move. Em resumo, para um humano sobreviver no espaço, precisa estar vestido.

A pergunta é: com que tipo de roupa?[4]

Poderia ser algo construído como uma armadura de metal, uma estrutura rígida em que o astronauta poderia urinar, defecar, respirar e sobreviver. Mas um astronauta também precisa se movimentar: inclinar-se, girar, alongar-se e pular, para fazer frente às areias lunares, pegar um parafuso solto entre os dedos e ajustá-lo de volta no lugar. Tudo isso, enquanto ao mesmo tempo permanece protegido dos micrometeoritos que passam e se chocam a 36 mil quilômetros por hora.

Os Estados Unidos decidiram mandar um homem à Lua em 1961. Que seria um homem foi decidido no mesmo ano, com a regra de que apenas pilotos de caça estadunidenses poderiam se tornar astronautas. E como as mulheres estadunidenses não podiam se tornar pilotos de caça, só restavam os homens. Em 1963, a União Soviética mandou uma cosmonauta, Valentina Tereshkova, ao espaço. Mas – ao contrário de todas as outras coisas que a União Soviética fez em se tratando do espaço – parece que isso não deu aos Estados Unidos muito material para refletir.

Apesar disso, um homem estadunidense estava para ir à Lua, e ele precisava de algo para vestir. Assim, em 1962, a Nasa pediu a oito empresas privadas para que ajudassem a desenvolver uma roupa espacial. Uma dessas companhias tinha experiência zero em relação ao espaço, mas muita experiência com látex. Estamos falando, é claro, da ILC de Abram Spanel, orgulhoso produtor de roupas íntimas femininas de sucesso, sob a marca Playtex.

A ILC apresentou uma roupa espacial que, diferentemente de outros projetos, era macia. Afinal, era essa a especialidade da empresa. A roupa consistia de 21 camadas de tecido e era para ser costurada à mão. Foi o traje espacial que venceu. A Nasa, entretanto, estava cautelosa e não ousava deixar que uma empresa de roupa íntima assumisse as rédeas da fabricação dos trajes espaciais.

A solução foi tornar a ILC subcontratante da Hamilton Standard, uma empresa especializada em tecnologia militar. A ideia era de que as empresas trabalhassem juntas para desenvolver o novo traje espacial. Mas o choque cultural entre os fabricantes de sutiã da ILC e os fabricantes de canhão da Hamilton foi monumental, e os trajes espaciais produzidos por essa colaboração forçada se mostraram inutilizáveis.

Mas Neil Armstrong ainda precisava de algo para vestir.

Em 1965, a Nasa organizou outra competição. Em Houston, três trajes diferentes fabricados por três empresas passaram por 22 testes distintos[5]. Os trajes macios, costurados à mão da ILC mais uma vez venceram por uma boa margem. O relatório apresentado ao general da força aérea trazia a observação de que nenhuma das outras opções era minimamente comparável ao traje da ILC. "*Não existe segundo colocado*", declarava o relatório. É provável que fosse uma referência ao capacete de um dos trajes que saíra voando em um dos testes, ou às ombreiras de outro que eram tão largas que o astronauta não conseguira passar pela escotilha para voltar ao módulo lunar. Se o exercício tivesse sido real, o pobre homem ficaria encalhado na Lua para sempre... Ainda bem que isso se passou em Houston, no Texas.

Quem disse que a roupa não importa?

A ILC vencia pela segunda vez seguida, mas o pessoal ainda não se atrevia a acreditar que estariam envolvidos no processo de levar a humanidade à Lua, em especial pelo péssimo resultado da colaboração forçada com a Hamilton Standard. Então a empresa investiu em mais pesquisa.

Em 1968, a ILC queria mostrar à Nasa o que tinha conseguido realizar. Em vez de enviar um relatório, levaram o novo traje espacial para o campo de futebol de uma escola local. Um dos técnicos da ILC vestiu o traje, e eles o filmaram correndo, chutando, arremessando e passando uma bola. O homem rodopiava, se alongava e se inclinava até tocar os dedos dos pés. Aquilo não era um modelador com barbatanas.

Foi desse modo que os trajes espaciais da Apollo acabaram sendo peças macias, confeccionadas à mão por costureiras especializadas em roupa íntima feminina. E que sorte que eram assim: antes de Neil Armstrong e Buzz Aldrin pisarem na Lua em julho de 1969, tiveram de trocar de roupa no módulo lunar – um processo que levou três horas. No final, um deles virou-se de tal maneira que seu tanque de oxigênio quebrou um disjuntor de circuito. Infelizmente, como Aldrin observou, *"era um disjuntor vital para enviar a corrente elétrica ao mecanismo ascensor que tiraria a mim e a Neil da Lua"*[6].

Opa.

No solo, em Houston, os técnicos trabalharam a noite toda tentando consertar o problema. Por fim, Aldrin resolveu a questão simplesmente enfiando uma caneta no disjuntor. Isso permitiu que os dois pudessem sair da Lua. É fácil imaginar quanto dano os astronautas poderiam ter causado se estivessem flutuando em armaduras de metal durante toda a viagem. Mas não estavam.

Os macios trajes espaciais foram costurados por mulheres, já que as mulheres eram maioria na profissão naquela época. O ILC transferiu suas melhores costureiras da linha de produção de sutiãs e fraldas de látex para a sua divisão espacial. É claro que foram necessários alguns ajustes – por exemplo, as costureiras receberam máquinas especiais adaptadas para costurar apenas um ponto por vez. Era o único modo de garantir costuras perfeitamente retas. Afinal, os trajes espaciais têm uma série de requisitos diferentes daqueles dos sutiãs, mesmo que ambos sirvam para diminuir os efeitos da gravidade – ou da falta dela.

As costureiras eram proibidas de usar alfinetes – apesar de cada traje comportar 21 camadas e 4 mil peças de tecido. Se alguém enfiar um alfinete em um traje espacial, faz um furo. E não importa quão pequeno seja o furo, ele pode deixar que o frio mortal do espaço entre e mate quem estiver vestindo o traje. Por isso, a ILC instalou um aparelho de raio-x que escaneava cada camada de tecido para verificar se não havia alfinetes e furos.

Ainda assim, no geral, os trajes não eram o problema. Nem a costura; nem as máquinas. Não, a questão principal durante todo o processo estressante de produção era a comunicação com o cliente.

Ou seja, a Nasa.

Mais especificamente, os engenheiros da Nasa não sabiam como falar com as costureiras da ILC. E elas, por sua vez, não sabiam como falar com eles. Uns não entendiam o que as outras falavam na maior parte do tempo, muitas vezes levando a sérios mal-entendidos. Simplesmente porque não falavam a mesma língua.

A Nasa pedia desenhos técnicos; as costureiras usavam moldes. A Nasa queria o relatório detalhado sobre cada componente utilizado no traje, inclusive sua origem (o que se faz ao construir motores de aeronaves). As costureiras, com todo o respeito, não davam a mínima para isso. Elas tinham 4 mil peças de tecido para juntar e o conhecimento de como aquele tecido ia se comportar, o que muitas vezes não era possível expressar em termos de engenharia. Para elas, os desenhos técnicos não tinham nenhuma utilidade. Seu conhecimento vinha de um outro mundo, feito de tecidos macios e agulhas afiadas.

Quando a ILC entregou seu primeiro traje em 1967, a princípio a Nasa se recusou a aceitá-lo. Não por alguma falha técnica, mas porque as exigências de documentação para o processo de produção *"não tinham sido satisfeitas"*[7].

Depois de muito barulho, a ILC acabou por contratar um grupo de engenheiros treinados para se juntar à equipe. O trabalho deles era funcionar como um amortecedor entre a Nasa e as costureiras. Esperava-se que traduzissem a língua das agulhas e linhas para o idioma da engenharia, e desse modo deixassem os burocratas da Nasa felizes.

Para grande contentamento da Nasa, os recém-nomeados engenheiros produziram resmas de documentos, o que era exatamente o que a Nasa procurava. Uma pilha gigantesca de papel para cada um dos trajes espaciais, completada com montes de desenhos técnicos.

Mas esses desenhos não eram usados pelas costureiras. Como uma delas declarou: "*Pode parecer que está certo naquele pedaço de papel, mas não vou costurar aquele pedaço de papel*".

Ainda assim, as pilhas de papéis preenchidos tinham uma função importante: tranquilizavam a Nasa. Os desenhos técnicos comunicavam a competência das costureiras ao cliente em uma língua que ele entendia.

Isso foi crucial.

Hoje, são esses trajes que nos vêm à mente quando alguém menciona o pouso na Lua em 1969: uma imagem de tecido branco contra a paisagem cinza cheia de crateras, de um corpo celestial estrangeiro. Os trajes lunares tornaram-se os ícones daquela expedição, e eles são o que retivemos na história do mundo como a corporificação da Apollo 11.

Não fosse pela tecnologia milenar da agulha e da linha, nunca teríamos chegado à Lua. Essa tecnologia que tende a ser associada mais com mulheres do que com homens. Historicamente, a tarefa de fazer roupas para a família recaiu sobre as mulheres, e, em função disso, costurar é uma tecnologia que não vemos como uma tecnologia em si. Isso, entretanto, não muda o fato de que naves espaciais ainda precisam de envoltórios de mantas de materiais macios e brilhantes costurados com precisão para isolamento térmico no espaço.

A Nasa emprega costureiras até hoje. Se quiser levar uma câmera digital para o espaço, por exemplo, primeiro é preciso ter uma capa costurada para ela, e a capa precisa permitir que você use a câmera e troque a bateria sem tirar as luvas. O que faz com que essa capa seja difícil de fazer. Apesar disso, muitas vezes olhamos as coisas macias como sendo, de algum modo, menos tecnológicas.

Uma postura que tem muito a ver com sua associação com as mulheres.

Aprendemos que tecnologia é o que os homens fazem com metais duros para matar coisas grandes. Pode não ser expresso de forma tão explícita, mas sem dúvida é a narrativa com que nos alimentam desde a infância. Muito tempo (pré-histórico) atrás, nós todos nos sentávamos nas cavernas tremendo de medo, até que um de nossos ancestrais pensou em fixar uma pedra pontuda em um pau e usar isso para matar um mamute. E assim começou nossa longa jornada de avanço tecnológico. Desse modo, imaginamos nosso desejo de inovar como inextricavelmente ligado ao desejo de matar e subjugar o mundo ao redor. Mas essa narrativa é mesmo verdadeira? E quais são suas consequências econômicas?

A maioria das pessoas já ouviu o velho adágio de que tudo, da produção em larga escala da penicilina aos aparelhos de pilates, foram criados antes para uso militar. A batalha pelo poder de dominação dos céus levou ao desenvolvimento da aviação, e a corrida espacial nos deu foguetes, satélites e o velcro. Sem a bomba atômica não teríamos energia nuclear; sem o radar, nada de micro-ondas. Submarinos, rádios, semicondutores, até a internet – todos nasceram, direta ou indiretamente, das grandes guerras do século XX.

Winston Churchill dedicou-se a inventar uma gigantesca escavadora de trincheiras originalmente conhecida como "Coelho Branco Número 6"[8]. Não deu muito certo. Ainda assim, o fato de o primeiro-ministro inglês usar o seu tempo para supervisionar a construção de uma única máquina com essa finalidade ilustra como as inovações eram consideradas vitais para o esforço de guerra.

Aquele que tivesse as melhores engenhocas venceria.

A realidade do campo de batalha era bem menos high-tech. Quando Adolf Hitler invadiu a União Soviética em 1941, fez isso com 3.250 tanques alemães grandes e fortes, sim. Mas também com 600 mil cavalos[9]. A Segunda Guerra não era nem de perto tão mecanizada como nos levaram a pensar. Ao visitar um museu de guerra, vemos fileiras após fileiras de máquinas reluzentes expostas com orgulho, mas os animais usados para puxar a artilharia para o fronte não são apresentados na mesma escala; afinal, os museus não são zoológicos. E dessa forma, de algum modo, somos enganados.

Além disso, muitas das invenções feitas para ganhar a guerra não contribuíram significativamente para esse fim. O desenvolvimento da bomba atômica custou 2 bilhões de dólares[10]. Com a mesma quantia, os Estados Unidos poderiam ter comprado aviões e bombas suficientes para infligir o mesmo volume de mortes[11]. Isto é, se o objetivo fosse arrasar o Japão.

O que nos leva ao aspecto econômico disso tudo: a guerra por sua própria natureza destrói mais valores econômicos do que cria por meio da inovação[12]. A maioria dos historiadores econômicos concorda nesse ponto[13]. Verdade seja dita, é realmente muito óbvio. Então por que pensamos que precisamos de violência e morte para criar algo novo?

Sir Henry Tizard era consultor científico do Ministério da Aeronáutica britânico e ministro da Produção de Aeronaves na Segunda Guerra Mundial. Assim, desempenhou um papel importante no desenvolvimento de tudo, de radares a motores a jato e a energia nuclear. A conclusão de Sir Tizard, como ele a expôs em um discurso em 1948, foi que, com a exceção de alguns poucos ramos específicos, a guerra não tinha feito a ciência avançar minimamente. De modo geral, sentia que, nas condições dos tempos de guerra, *"o avanço do conhecimento é retardado"*[14].

Você explode o mundo em pedaços, mas é bem-sucedido na produção em massa de penicilina a partir da devastação. É evidente que a distribuição maciça de penicilina foi uma benção, mas não existe lei na natureza que declare que o bem, dessa forma, só pode vir do mal. Que é preciso matar 6 milhões de pessoas para conseguir a internet – um imenso sacrifício humano aos deuses da tecnologia, que em retribuição lhe dão o velcro e o radar.

A necessidade é a mãe da invenção, diz o ditado, mas também ajuda se tiver dinheiro. A guerra – ou a ameaça de – tende a mobilizar os países a jogarem tudo o que têm na inovação. Onde estaríamos agora se tivéssemos investido o mesmo tanto em fazer algo em relação à emergência climática quanto o que foi gasto na Guerra Fria? É provável que estaríamos um pouco mais adiante no caminho de uma solução. Entretanto, de algum modo ainda estamos atolados na ideia de que a engenhosidade humana requer algum grau de sangue e morte para entrar em ação. Isso vem do mal-entendido grosseiro da nossa história tecnológica.

Mal-entendido esse causado pela teimosia insistente na exclusão das mulheres.

Se aquilo em que a mulher estiver empenhada não pode ser considerado tecnologia, enquanto os homens estão cada vez mais forçados a se especializar em guerra, então nosso entendimento da história da tecnologia vai colocar um grande peso em violência e morte.

Nossa capacidade de fazer e usar ferramentas remonta a milhões de anos. Mesmo nossos parentes chimpanzés criam ferramentas. Isso leva os estudiosos a acreditar que as primeiras ferramentas provavelmente não foram feitas de pedra, mas de galhos, ramos e outros materiais altamente perecíveis. "Altamente perecíveis" nesse contexto significa que não sobrevivem mais do que, digamos, 350 mil anos. É por isso que não sabemos muito sobre essas ferramentas – elas desapareceram há muito tempo.

Mas de jeito nenhum fica evidente que as primeiras ferramentas inventadas se destinavam à caça e, assim, tenham sido (provavelmente) inventadas por homens. A vara de cavar, por exemplo: varetas de madeira que eram apontadas e endurecidas com fogo. Essas varas abriram um mundo inteiramente novo para a humanidade. Com uma vara de cavar era possível acessar o subsolo, onde havia insetos deliciosos para cravar os dentes, sem esquecer das raízes semelhantes a batatas-doces que podiam atingir quase 1 metro de comprimento, o que tornava quase impossível desenterrá-las só com as mãos[15].

Não sabemos o que veio primeiro: a lança ou a vara de cavar. Interessante é a narrativa: assumimos que a lança deve ter surgido primeiro. A inovação humana deve ter começado com uma arma. O primeiro inventor deve ter sido um homem. Entretanto, é possível que as varetas apontadas tenham sido inventadas por mulheres para colher alimentos, e só mais tarde foram adaptadas para a caça.

O que nos leva a pensar que as mulheres inventaram a vara de cavar é a divisão de trabalho na maioria das sociedades caçadoras-coletoras.

Os homens em geral caçavam e as mulheres coletavam. Isso é diferente no reino animal: basta perguntar para qualquer leoa, tigresa, loba, ursa, raposa, fuinha, toninha ou orca. Havia mulheres caçadoras entre os humanos também: a descoberta recente de um esqueleto feminino de 9 mil anos com equipamento de caça levou a repensar nossas presunções sobre os papéis masculinos e femininos nas tribos ancestrais[16].

Não sabemos o que aconteceu, mas, entre os humanos, a certa altura a mulher começou a passar a maior parte do tempo criando os filhos, preparando a comida e cuidando da roupa. E é por isso, os estudiosos acreditam, que é provável que as mulheres tenham inventado tanto o pilão quanto o moinho de pedra, e tenham divisado como coletar, transportar e preparar os alimentos.

Da mesma forma, parece que foram as mulheres, dado que foi nisso que se especializaram economicamente, que descobriram que se pode defumar o alimento, ou conservá-lo em mel ou sal. A culinária é uma tecnologia. Envolve muitas invenções físicas e químicas, e também dá origem ou contribuiu para outras tecnologias, como fundição, cerâmica e tingimento. Cozinhar envolve processos e técnicas que não são apenas descobertas: é preciso testar para formulá-las em sistemas repetitivos válidos. A invenção da culinária foi muito mais do que alguém por acaso jogar um porco morto no fogo e perceber que gostava do cheiro de torresmo.

Então por que presumimos que clavas e lanças foram nossas primeiras ferramentas? Isso nos faz comprar a ideia de que a força motriz da invenção humana está de algum modo ligada ao impulso de dominar o mundo ao redor. Quando as mulheres foram excluídas da narrativa, a humanidade se tornou outra coisa. E por isso continuamos, desse modo, a nos enganar sobre nossa verdadeira natureza. Uma das consequências mais graves do patriarcado é que nos faz esquecer de quem realmente somos.

Se, em vez disso, pegássemos esses aspectos da natureza humana que classificamos como femininos e os reconhecêssemos como universais, mudaríamos totalmente nossa definição daquilo que significa ser humano. O ponto crucial do problema tem sido sempre que humano é considerado equivalente a homem. A mulher é uma espécie de suplemento, feito, como sabemos, de uma única costela. Isso está presente o tempo todo na cultura. Em *Hamlet*, de William Shakespeare, um príncipe dinamarquês branco começa a falar por toda a humanidade em sua angústia existencial. Da qual, de certo modo, ele obviamente faz parte. O problema são todas as pessoas a quem não se reconhece o mesmo direito de ser universal, e como isso por sua vez limita nossa ideia do que significa ser humano.

Narrativas sobre mulheres dando à luz, por exemplo, não são vistas como tão universais quanto as narrativas sobre homens em campos de batalha. Histórias de nascimento, ao que parece, não conseguem nos falar sobre a alegria e a dor humanas, a violência do corpo, ou as coisas que fazemos por aqueles que amamos. Narrativas de nascimento são vistas na cultura moderna invariavelmente como "femininas": não se espera que elas façam eco em alguém que não está dando à luz, não tenha dado à luz, ou não queira um dia dar à luz. Como se sair da vagina e ir ao encontro da luz não fosse a experiência mais universal que existe.

Fazemos exatamente a mesma coisa com a história da tecnologia: às ferramentas masculinas é permitido pertencer à "história", enquanto as femininas são remetidas para a "história das mulheres".

O probleminha com isso é que desse modo interpretamos tudo da maneira errada.

É do filósofo iluminista Voltaire a famosa frase: "*Houve mulheres muito cultas assim como mulheres guerreiras, mas nunca houve mulheres inventoras*[17]". Isso era, é claro, inteiramente falso: o próprio Voltaire tinha uma namorada que inventou um novo produto financeiro apenas para mantê-lo fora da prisão depois que ele acumulou dívidas de jogo colossais[18]. Mas Voltaire não estava pensando nisso. Por "invenções", devia estar se referindo a "grandes máquinas".

Talvez não devêssemos culpá-lo. Afinal, na escola aprendemos que a Idade do Bronze foi seguida pela Idade do Ferro, nestes termos mesmo: "bronze" e "ferro". Mas, na verdade, poderíamos facilmente tê-las chamado de "Idade da Cerâmica" ou "Idade do Linho". Que o fato de alguém descobrir que o barro endurecia no calor – e que podia assim ser usado para conter comida e água – não foi um feito menos tecnológico do aqueles ligados ao bronze ou ao ferro[19].

A historiadora Kassia St Clair argumenta que os tecidos e a cerâmica podem ter desempenhado um papel mais fundamental na vida diária das pessoas do que o bronze e o ferro, embora ainda não sejam vistos do mesmo modo como avanços definidores de uma era. É verdade que, ao contrário de seus equivalentes metálicos, os rastros dessa tecnologia desapareceram há muito tempo sob o solo. Mas também vale a pena lembrar que esses objetos pertenciam predominantemente ao mundo feminino. E o que pertence ao mundo feminino não pode, por definição, ser tecnologia. No curso da história, despendeu-se um grande esforço para manter as coisas dessa forma.

Por exemplo, em muitas partes da Europa, quando a gestante vai ver uma parteira, esta encosta um cone de madeira contra sua barriga redonda. Isso a ajuda a escutar o batimento cardíaco fetal soando como um trem. O fato de esse cone ser de madeira e não de metal tem a ver com ser um material considerado mais apropriado para mulheres. Há diferença entre materiais e *materiais*. Ao longo da história, alguns deles passaram a ser vistos como femininos e outros, como masculinos. Em consequência, uns passaram a ser vistos como tecnológicos. Outros, nem tanto.

Quando as parteiras modernas surgiram no século XIX, elas eram, na maioria, mulheres, enquanto os médicos eram homens. Era considerado importante que se fizesse a distinção entre o trabalho da parteira e o do médico, em especial em termos econômicos. (De que outro modo se justificariam os altos salários dos médicos?)

Dessa forma, na maior parte dos países europeus, as parteiras eram proibidas de usar instrumentos de metal. Se um bebê precisasse de fórceps para nascer, isso seria feito por um parteiro ou um médico. A Suécia foi a exceção: em 1829, foi garantido às parteiras suecas o direito internacionalmente único de usar instrumentos de metal – mas apenas se não houvesse um médico disponível. Se um médico estivesse presente, a parteira não poderia nem tirar os próprios instrumentos da bolsa[20].

Isso estava estabelecido no manual oficial de maneira muito clara. Apesar disso, nas décadas de 1920 e 1930, quando delegações vindas da Inglaterra e dos Estados Unidos visitaram a Suécia, relataram espantadas que as coisas ali funcionavam de maneira diferente. Tinham conhecido um sistema de saúde que permitia às parteiras colocarem fórceps de metal em volta da cabeça do bebê e puxá-lo. Chocante. Mas também parece que funcionava: as taxas de mortalidade materna e de recém-nascidos eram mais baixas na Suécia do que na Inglaterra e nos Estados Unidos, apesar desses países contarem com mais médicos e padrões de medicina mais elevados.

Ainda assim, na maioria dos países, os aspectos da obstetrícia que eram vistos como "técnicos" foram sendo cada vez mais passados para os médicos, que tinham permissão de usar quaisquer instrumentos-chave para a negociação de status dentro da comunidade médica. Então, que o dinheiro fosse para quem tinha os instrumentos de metal nas mãos foi apenas o resultado orgânico da ordem "natural" das coisas – construída com esmero através de proibições e normas reguladoras. Desse modo, garantia-se uma lógica econômica que ditava a supremacia masculina por meio da definição do que era tecnologia.

E do que não era.

Essa foi a lógica que nós mantivemos.

Os economistas de hoje muitas vezes explicam as discrepâncias entre os salários de homens e mulheres com a afirmação de que as mulheres *"escolhem setores de salário baixo"*. As mulheres simplesmente insistem em se tornar enfermeiras em vez de consultoras, parteiras em vez de lobistas das farmacêuticas. Mas nossa definição, em sua totalidade, do "trabalho" que as diferentes profissões envolvem está intimamente ligada à nossa visão de gênero.

A divisão do trabalho entre o médico e a parteira teria sido muito diferente se tivéssemos uma perspectiva distinta sobre gênero. Talvez então o papel das parteiras fosse daquela que se desenvolveria para a especialidade médica de alta tecnologia e seria a mais bem paga na sala de parto. A parteira poderia fazer tudo o que faz hoje, e, digamos, poderia também realizar cesarianas. Isso pediria mais treinamento e um salário bem mais elevado.

Se não tivéssemos literalmente tirado os instrumentos de metal das mãos das mulheres, teria sido bem mais difícil presumir que uma parteira deve ganhar menos. Ou que aquilo que a parteira faz durante um parto é menos qualificado.

Se não tivéssemos a necessidade de designar um trabalho como "técnico" e o outro não e de diferenciá-los em uma hierarquia, todo o sistema de saúde seria diferente.

Segue-se daí que um trabalho executado com ferramentas, por exemplo, deveria necessariamente comportar rendimento maior ou status mais elevado no mercado de trabalho? Uma tarefa não é por definição mais exigente só por requerer o uso de ferramentas. Uma parteira chega ao canal de parto e tira um bebê cujo ombro é pego puxando seu antebraço, o que não é nada fácil. Exige anos de treinamento, mas uma das nossas premissas econômicas é que tarefas realizadas com as mãos, em oposição às feitas com instrumentos, de alguma forma exigem menos expertise. O "feminino" é igualado à baixa remuneração como resultado direto da recusa de ver como técnico o que a mulher faz.

Do mesmo modo, bater a manteiga e retirar a nata para o creme eram tarefas realizadas predominantemente pela mão de obra feminina. As mulheres tiravam o leite das vacas, faziam queijo, puxavam cochos e rebocavam recipientes enormes de leite para coar. Davam conta da produção de manteiga, erguiam vasilhas com 50 litros de leite e desenformavam enormes queijos úmidos em prateleiras altas.

Afinal, leite era algo que podia jorrar do peito de uma mulher, portanto fazer o coalho, bater e prensar também deveriam fazer parte de suas habilidades. Se Deus não quisesse que a mulher se voltasse para a produção de queijo, não deveria tê-la dotado com peitos produtores de leite!

Daí a industrialização chegou à Europa, e no século XIX a produção de manteiga, queijo e creme transferiu-se das fazendas para as fábricas no centro das cidades. A velha ordem das coisas mudou. Os homens começaram a se interessar pelo queijo[21].

Alguém deve ter imaginado que a habilidade das mulheres com laticínios teria trazido algum benefício financeiro a elas. Quando o valor econômico da manteiga que elas se dedicavam a bater aumentou, as mulheres deveriam ter-se mantido na produção e ganhado com isso. Mas não foi o que aconteceu. Quando as máquinas entraram em jogo, a cena começou a ser assumida pelos homens.

A narrativa em torno do leite mudou. Dos úberes das vacas não fluía mais a magia feminina em forma líquida: o leite era visto agora como uma combinação química de água, gordura, proteína, lactose e sal. O que também tornava o leite algo que os homens podiam esmiuçar e estudar na universidade.

Na Suécia, foram introduzidas duas qualificações diferentes para laticínios: uma para os homens e outra para as mulheres. Enquanto os homens iam aprender sobre tecnologia, as mulheres iam fazer queijo. Não é difícil adivinhar quem se deu melhor do ponto de vista econômico nessa divisão.

Vemos o mesmo fenômeno no mundo das artes.

Quando o homem produz uma peça abstrata em óleo sobre tela, é chamada de arte. Se a mulher produz uma peça idêntica em tecido, é chamada de artesanato.

Em consequência, uma é vendida por 86 milhões de dólares em uma casa de leilão de Nova York. A outra é usada como toalha de mesa em uma casa de campo[22].

Claro que nossa visão sobre tecidos nem sempre foi tão depreciativa. Na Idade Média, as tapeçarias eram símbolos de status que enfeitavam salões de banquetes reais; na África do Sul e na América do Sul, os tecidos ainda são considerados arte de uma forma que não ocorre na Europa. Mas a questão que permanece é que as consequências econômicas do que escolhemos rotular de "masculino" e "feminino" podem ser enormes.

Como comentário adicional, a única razão da artista muitas vezes trabalhar com tecidos era porque tinha sido desencorajada a estudar pintura. Ao longo da história, como as mulheres foram excluídas de muitos sistemas de educação, elas se viram forçadas a se apoiar mais no chamado "conhecimento tradicional". Isso ainda acontece em muitas partes do mundo. Você aprendeu a fazer queijo com sua mãe, não na universidade; aprendeu a tecer com sua tia, não na escola de arte.

É esse tipo de conhecimento, passado de mãe para filha, que tende a ser visto como "natural" em oposição ao "técnico". Isso, por sua vez, tem grande efeito em cadeia nas oportunidades econômicas para as mulheres. Se um produto é "natural", se ele foi dado a você por suas avós, então dificilmente vai conseguir patenteá-lo.

Com frequência, esse é o caminho seguido pelas regras. Elas são criadas para os homens[23].

Décadas depois de o homem pousar na Lua, espalhou-se o mito de que tínhamos panelas de teflon nas cozinhas porque a Nasa tinha usado esse material nas espaçonaves. Na verdade, temos frigideiras de teflon muito antes de a Nasa lançar qualquer foguete.

Foi uma francesa chamada Colette Grégoire que, em 1954, percebeu que o teflon usado para revestir o equipamento de pesca do marido podia ser aplicado também nas frigideiras. O marido dela enriqueceu bastante com a ideia. A empresa que ele fundou, a Tefal, existe até hoje[24].

Mas foi fácil para o mundo engolir o mito de que as frigideiras com teflon eram um subproduto da corrida espacial da Guerra Fria. Isso mais uma vez recai naquilo que discutimos neste capítulo: a presunção de que as invenções emergem em primeiro lugar e principalmente dos grandes triunfos masculinos. No final, sobra uma migalha para a mulher, que pode, cheia de gratidão, dourar suas panquecas sem que grudem. A realidade é, claro, muito mais complicada do que isso.

Nas fases finais de produção do traje lunar, as costureiras da ILC trabalharam em duas máquinas Singer especialmente modificadas. Eram coisas enormes, volumosas: não se consegue nem meio acabamento em um traje com 21 camadas com uma máquina de costura padrão de pedal, certo? Aquelas costureiras, muito habilidosas, passaram longas noites com essas Singers. Naquela altura, a pressão que a Nasa fazia em relação ao tempo era enorme: o foguete não podia ser atrasado por obra das roupas de Neil Armstrong.

Eleanor Foraker era uma dessas costureiras. Ela passara de fraldas de látex para trajes espaciais, e anos mais tarde descreveu aquelas longas noites nos estágios finais de produção. Os trajes, grossos e macios, tinham de ser levantados manualmente e girados para se posicionar de forma correta debaixo do pé da máquina; a pessoa que muitas vezes aparecia para ajudar nessas ocasiões era Leonard Shepard, chefe de toda a divisão lunar da ILC. Em outras palavras, o chefe poderoso era a pessoa que a ajudava na máquina[25]. E, nesses momentos, ele fazia uma pergunta atrás da outra.

A ILC era uma empresa que esperava que seus engenheiros tomassem lições de costura, muitas vezes por semanas seguidas. As costureiras eram levadas a sério como as especialistas técnicas que eram. Podiam quase sempre dar sugestões de como melhorar os trajes.

Ou seja, as vestimentas que Neil Armstrong e Buzz Aldrin vestiam ao ir à Lua em 1969 foram feitas por uma empresa que empenhou-se em romper muitas barreiras entre o que vemos como tecnologias "masculina" e "feminina".

A ILC entendeu que o sutiã era uma peça de engenharia, assim como compreendeu que sua patente do látex podia permitir aos astronautas se movimentarem em outros corpos celestiais – além de afinar a cintura das mulheres. Perceberam que a costura era uma tecnologia e que coisas macias podem cumprir funções difíceis.

Acima de tudo, a empresa trabalhou para construir uma organização que refletisse isso.

Foi por isso que conseguiram inovar. E foi isso que nos levou à Lua.

4

Como aprendemos a diferença entre cavalos de potência e poder feminino

Em julho de 1946, uma série de palestras, hoje lendárias, ocorreu na Universidade da Pensilvânia. O curso, que durou oito semanas, foi dado em um prédio de tijolos, sem climatação, na faculdade de engenharia elétrica. Os alunos tinham três horas de palestras pela manhã, seguido de almoço, e depois seminários informais à tarde¹.

Na sala, acomodavam-se 28 cientistas, matemáticos e engenheiros especialmente convidados.

Aquelas oito semanas de verão na Pensilvânia ficariam conhecidas na história como as Palestras da Escola Moore. As palestras foram registradas num gaguejante gravador de fita, e suas transcrições acabaram por ser vendidas a preços exorbitantes em seletas casas de leilão por todo o mundo: foi o primeiro curso público dado sobre computador.

Foi ali, na Universidade da Pensilvânia, que, durante a Segunda Guerra Mundial, engenheiros desenvolveram o computador *top secret* ENIAC. Consistindo em cerca de 17.500 tubos de elétrons e 5 milhões de junções soldadas, o computador era uma máquina espaçosa de 30 toneladas que se espalhava pelo subsolo da Escola Moore de Engenharia Elétrica. Quando a notícia sobre essa máquina misteriosa veio a público depois da guerra, a mídia estadunidense, atônita, escreveu sobre um "cérebro matemático" gigantesco que conseguia calcular a trajetória de um míssil mais rápido do que ele podia voar.

De repente, delegações se sucederam querendo visitar a faculdade na Filadélfia. Embora a universidade se sentisse no dever de compartilhar seu conhecimento – afinal, a paz tinha sido feita –, não queria ficar programando visitas continuamente, ainda mais durante o ano escolar, quando a equipe estava sobrecarregada com as aulas. Então decidiu-se pela realização de um curso de verão formal. No dia 8 de julho de 1946, às 9 horas, o Dr. George Stibitz subiu à tribuna para inaugurar o histórico curso.

"*O doutor Curtiss foi obrigado a se ausentar repentinamente e fui convidado para substituí-lo*", ele disse[2].

Stibitz não era apenas um dos professores da faculdade. Tinha passado a Segunda Guerra construindo computadores analógicos e digitais. Como isso aconteceu é uma longa história, mas, por coincidência, parte dela envolve o fato de ter frequentado o ensino médio em uma escola experimental em Dayton, em Ohio, fundada por Charles F. Kettering – o mesmo que inventou a ignição elétrica para garantir que os homens não quebrassem mais as mandíbulas ao dar a partida nos carros.

Nessa escola experimental, Stibitz desenvolveu seu interesse por matemática. O que acabou levando-o para a Bell Telephone Laboratories em Nova York, na mesma ocasião em que as redes telefônicas começavam a se estender pelo globo.

Quanto mais as pessoas compravam telefones e faziam uso dele, mais cálculos matemáticos eram necessários nos bastidores para o funcionamento da rede. E a única ferramenta que a equipe sobrecarregada tinha à mão para fazer isso era uma calculadora mecânica.

As pessoas continuavam telefonando, as redes continuavam a crescer, e se tornou cada vez mais evidente que era preciso achar uma nova solução. Assim Stibitz se juntou à luta para criar calculadoras melhores: as máquinas que acabariam por ser chamadas de "computadores".

Assim, em 1946, Stibitz estava ali na tribuna e olhava para o auditório. Depois de um breve resumo histórico, ele logo chegou à questão-chave da sua palestra.

"Vale a pena desenvolver e construir mais computadores automáticos? E se a resposta for sim, por quê?"[3]

Era a pergunta que estava na cabeça de todos os que estavam na sala naquele verão. A máquina já existia: estava zumbindo no subsolo. Então a pergunta era qual uso teria agora, especialmente com o fim da guerra. O cálculo da trajetória dos mísseis não era mais essencial.

Naquele tempo, construir um computador exigia um investimento substancial. Era viável economicamente? Deveríamos continuar a construir esses "cérebros eletrônicos"?

Na visão de Stibitz, em algum momento a humanidade tinha começado a construir computadores por diversão. As primeiras calculadoras mecânicas nasceram do mesmo impulso que nos levou a construir complexos carrilhões de sinos mecânicos. Ou seja, os primeiros computadores eram uma espécie de espetáculo. Não havia nada errado com isso, pensava Stibitz. Mas estavam em 1946: hora de crescer. Hora de começar a pensar a sério nos aspectos econômicos disso tudo.

"Qual é o valor de uma máquina de computação?", perguntou Stibitz. *"Em outras palavras, qual é o valor da computação que ela fará?"*

A única maneira de responder a essa questão era considerar como os computadores poderiam economizar nosso dinheiro no futuro, observou. Era preciso fazer uma análise econômica. E foi a isso que Stibitz dedicou sua palestra.

Quais foram as descobertas dessa primeira análise econômica pública do computador e seu valor para a sociedade? Stibitz começou com um exemplo concreto da capacidade do computador:

"O trabalho feito foi o equivalente ao de quatro a dez anos-garota", ele disse.

Hein?

Aqui o leitor moderno dá uma parada. O que Stibitz quis dizer com "anos-garota"? Estamos acostumados com megabytes e gigabytes como medidas da potência do computador. Mas "anos-garota"?[4]

Mas o público presente à palestra em 1946 não teve nenhuma reação. Continuaram a ouvir enquanto Stibitz observava que o computador em questão tinha levado a *"uma economia de cerca de quatro anos-garota"*. Ele então foi direto ao custo.

Se amortizado por três anos, a máquina custaria 4 mil dólares por ano. Uma "garota", entretanto, custaria 2 mil dólares, e seriam necessárias três delas. Mesmo levando em conta os vários custos de aluguel do maquinário suplementar, a máquina representava uma economia de 50%. Esse era o argumento de Stibitz para justificar por que os computadores deviam ser adotados pelo mundo, e por que, como tinha sido sugerido a princípio, eles *"se tornariam um recurso comum em todas as grandes bibliotecas"*. Então, eis que a primeira análise econômica pública mundial do computador foi medida em algo chamado "anos-garota".

Mas, afinal, do que ele estava falando?

Quando inventamos uma tecnologia, muitas vezes é o caso de não sabermos ao certo o que inventamos. Como vimos, quando o primeiro carro de Karl Benz saiu daquele celeiro em Mannheim, o inventor o chamou de "carruagem sem cavalo". A tendência é dar sentido ao novo por intermédio daquilo que virá a substituir. *Carruagem menos cavalo igual a carro*, raciocinamos, sem perceber que o automóvel é algo muito maior do que a subtração das variáveis conhecidas.

Nosso papo contemporâneo sobre "carros sem motorista" é praticamente o mesmo. Quem sabe, nossos futuros eus vão rir tanto diante dessa ideia quanto rimos agora da "carruagem sem cavalo" de Karl Benz? Ou talvez não.

Porque, de fato, ainda dizemos "cavalos de potência". É o conceito que usamos para descrever a potência de tudo, dos carros aos sopradores de folhas.

Tudo isso graças a um escocês chamado James Watt.

No final do século XVIII, Watt apresentou uma versão nova e melhorada da máquina a vapor[5]. Como homem de negócios, é óbvio que estava interessado em vender o novo produto. Mas como descrever sua capacidade para os compradores, já que nunca tinham usado um motor a vapor antes? Foi quando Watt percebeu que deveria tentar traduzir as vantagens do motor a vapor em uma linguagem que seus clientes compreendessem melhor: cavalos. Afinal, eles é que puxavam as cargas que o motor a vapor de Watt deveria puxar. Se Watt desejava um argumento econômico para que os clientes comprassem seu motor a vapor, bastaria lhes dizer quantos cavalos era capaz de substituir.

Então Watt partiu de uma estimativa bem aproximada de quanto peso se esperava que um cavalo puxasse, e depois imaginou quanto do trabalho de cavalos seu motor conseguiria substituir. A medida era esclarecedora, ainda que de certo modo insultante para os cavalos: um cavalo na verdade não equivale a um cavalo de potência. Arial, um garanhão sueco dos anos 1950, era capaz de produzir nada menos que 12,6 cavalos de potência[6], por exemplo. Está certo que Arial era um cavalo extraordinário, mas um animal médio pode produzir 10.

Deixando isso de lado, o conceito de Watt era uma medida de potência da máquina baseada na capacidade estimada daquilo que era usado para fazer o trabalho – nesse caso, os cavalos. Exatamente a mesma lógica que George Stibitz empregou ao falar sobre "anos-garota".

Veja, não muito tempo atrás, os computadores eram, de fato, mulheres. Literalmente. Antes de o computador ser uma máquina, ele foi um trabalho[7]. Era possível ter um emprego como computador, o que significava que alguém se sentaria em uma sala calculando equação após equação para outra pessoa.

Dos anos 1860 até adentrando os anos 1900, a computação era uma das poucas carreiras científicas consideradas apropriadas para as mulheres. Como o astrônomo Leslie Comrie declarou, as mulheres computadores eram mais úteis *"nos anos antes que elas (ou muitas delas) se graduassem para a vida de casadas e se especializassem nas contas domésticas!*[8]

O uso de computadores humanos originou-se na astronomia. Uma vez que a humanidade tinha descoberto as leis da gravidade, podíamos começar a calcular quando um cometa em particular cruzaria o céu estrelado.

Embora os astrônomos soubessem *como* fazer esses cálculos, fazê-los de fato era outra questão. Foi quando perceberam que podiam dividir o trabalho em tarefas menores e arregimentar uma equipe dedicada a fazer isso[9]. De repente, não precisavam de gênios matemáticos para o trabalho, apenas de gente capaz de contabilizar e seguir instruções.

Exemplo disso: a Revolução Francesa, entre outras coisas, levou a uma grande queda na procura por perucas. Claro que os aristocratas não eram os únicos a se pavonear sob grandes volumes de cabelo falso, mas as perucas carregavam o cheiro inegável da classe alta, cujas cabeças cobertas de perucas tinham rolado *en masse* não fazia muito tempo. Isso teve um efeito em cadeia tanto na moda como na economia. Muitos peruqueiros perderam o emprego[10], e muitos deles se tornaram computadores, trocando o cabelo falso por tabelas trigonométricas[11].

No início, o trabalho de computação tinha status muito baixo. Implicava ficar, em sua maioria, de oito a dez horas fazendo o mesmo cálculo diversas vezes. Na virada do século XIX, os governos, as universidades e os observatórios astronômicos começaram a compilar grandes volumes de dados que precisavam processar a fim de poder usá-los, digamos, na navegação marítima. A procura por computadores humanos a partir daí aumentou.

Até então, a maioria dos computadores humanos era formada por rapazes, mas, no final do século, os empregadores perceberam que se contratassem mulheres poderiam economizar muito dinheiro. E essa sempre foi uma perspectiva atraente.

As mulheres recebiam menos do que os homens: ganhavam a metade e não reclamavam. Quando o Observatório do Harvard College começou a processar dados astronômicos obtidos do seu telescópio, designou uma equipe de computadores exclusivamente feminina. O diretor se parabenizou por sua brilhante estratégia de poupança. A área da computação começou a ser preenchida não pelos precursores dos atuais homens vestidos com agasalho de capuz (muitas vezes com habilidades sociais questionáveis), mas por respeitáveis senhoras vestindo corpetes e sonhando com a ciência[12].

A exigência de um grande intelecto não parecia fazer parte do trabalho como computador humano, razão pela qual acabou sendo visto como um serviço adequado para mulheres. Nos Estados Unidos, era um campo importante de emprego de afro-americanos, judeus e pessoas com deficiência, precisamente por seu baixo status[13]. Grupos que enfrentavam discriminação em outros lugares muitas vezes conseguiam emprego como computadores, desde que soubessem contar.

Em resumo, eram empregos que ninguém mais queria.

É claro, o trabalho podia ser árduo e chato.

Muitas vezes a pessoa apenas seguia as instruções dadas por alguém, não muito diferente da forma como os computadores atuais seguem os algoritmos. *"Preto mais preto é preto. Vermelho mais vermelho é vermelho. Preto mais vermelho ou vermelho mais preto – passe as folhas para o grupo dois."*[14]

Era possível ficar fazendo isso por dez horas.

Apesar de muitas mulheres que começavam a entrar naquele campo tivessem graduação em matemática e fossem capazes de executar cálculos complexos (para dizer o mínimo), isso não lhes rendia maior reconhecimento – ainda mais se tivessem a cor da pele errada. Nos anos 1900, não só a indústria se tornou predominantemente feminina como um número crescente de mulheres começou a se candidatar a empregos fora de casa.

Só a Universidade da Pensilvânia empregou mais de duzentas mulheres como computadores. Eram essas as "garotas" que Stibitz mencionou em sua palestra. Elas estavam lá, em carne e osso, no prédio. Por isso, é claro que o público presente sabia o que ele queria dizer com "anos-garota".

Esse não era o único termo dessa natureza usado naquela época: um "quilo-garota", por exemplo, podia significar algo que exigia mil horas de trabalho de cálculo[15].

Mas os computadores não substituíam as "garotas" simplesmente. Eles acabaram também sendo programados por garotas.

Alan Turing sofria de febre do feno aguda. Por isso, na Segunda Guerra Mundial, o brilhante matemático muitas vezes circulava pelas colinas de Buckinghamshire usando uma máscara de gás. Mesmo em reuniões internas, ele sacava da máscara se suspeitasse da presença de pólen no ar. Sem maiores explicações sobre o ocorrido, ele continuava a falar como se nada tivesse acontecido[16].

A corrente da bicicleta de Turing tinha o costume de se soltar, mas ele se recusava a substituí-la. O que significava que muitas vezes chegava ao trabalho com as mãos sujas de óleo, que limpava com a terebentina que mantinha em sua mesa em uma garrafa. Ele nunca prendia a bicicleta com cadeado; em compensação, sua caneca de café ficava acorrentada a um radiador para que ninguém pegasse.

A missão de Turing, naqueles anos, era tentar decifrar o código Enigma. Os alemães nazistas encriptavam grande parte do seu tráfego militar de mensagens de rádio usando um artefato misterioso conhecido como a máquina Enigma. Embora os aliados captassem os sinais de rádio alemães, não conseguiam dar sentido a eles. Se conseguissem fazer isso, seriam capazes de salvar seus navios dos torpedos lançados pelos submarinos alemães, mas o tráfego de rádio era embaralhado – graças à máquina Enigma e seus 53 bilhões de combinações possíveis.

A arte de decifrar as comunicações inimigas tinha uma longa tradição na Inglaterra. Já em 1324, o rei Eduardo II ordenou que todas as cartas internacionais – que chegassem ou saíssem – precisavam primeiro ser recolhidas e levadas a Londres. É evidente que os diplomatas de então passaram a codificar o que escreviam.

Em resposta a isso, mais tarde a rainha Elizabeth I supervisionou a criação de um serviço secreto inglês. Seu astrólogo pessoal foi escalado para decifrar as cartas que seus espiões interceptavam. E assim se estendeu pelos séculos. Conforme os segredos cresceram em importância, a mesma coisa se deu com a complexidade do código[17].

Em 1938, o serviço secreto inglês MI6 comprou Bletchley Park, uma propriedade rural em Buckinghamshire, e transferiu todas as suas transmissões de sinais e divisões de criptografia para essa mansão de tijolos, com um domo de cobre grande e esverdeado. Astrólogos decifradores de código não estavam mais na moda, mas homens como Alan Turing, sim: tipos "professorais", de preferência gênios.

E os gênios, como sabemos, têm direito a excentricidades, desde máscaras de gás em reuniões a crenças nada convencionais de que as pessoas são propensas a roubar sua caneca de café.

Era o tipo de homem que agora estava recebendo tapinhas nas costas nas salas de leitura de Oxford e Cambridge e sendo convidado a reportar-se à "Estação X", nome de código para Bletchley Park.

Antes da Segunda Guerra Mundial, o matemático polonês Marian Rejewski já tinha conseguido quebrar o infame código alemão Enigma. Os engenheiros poloneses haviam construído uma máquina de calcular análoga que conseguia decifrar as mensagens, mas em 1938 os alemães refizeram sua máquina.

Os sinais mais uma vez ficaram indecifráveis. Em meados de 1939, os poloneses entregaram o trabalho de Marian Rejewski para os britânicos (antes de serem invadidos tanto pela Alemanha nazista quanto pela União Soviética)[18]. A máquina que os poloneses haviam construído acabou chegando à mesa de Alan Turing, e ele recebeu a tarefa de construir uma nova versão dela. Nos anos seguintes, esse trabalho iria gerar mais de 200 máquinas altamente secretas que ficavam em diferentes prédios distribuídos em torno de Bletchley Park, buscando quebrar o código Enigma sem cessar.

Os homens recrutados para a operação de quebra do código foram, como Turing, principalmente civis. Eram autorizados a usar as próprias roupas, ir de bicicleta para o trabalho (a máscara de gás era opcional) e podiam até fazer suas próprias pesquisas nas horas vagas, se quisessem. Eram homens brilhantes vindos de universidades sofisticadas; que os intelectuais sejam dispensados dos aspectos físicos mais estafantes da vida militar é uma regra não escrita com alguma precedência.

Em 1798, por exemplo, Napoleão Bonaparte arrastou mais de 150 acadêmicos franceses até as pirâmides no Egito durante sua campanha militar. Todos, de astrônomos a botânicos, foram levados para o passeio, e os soldados comuns, amargurados pelo tratamento especial que o grande intelecto dos estudiosos parecia autorizar, passaram a chamá-los de "os burros". Na verdade, consta que durante a batalha Napoleão tenha dado a ordem: *"Os burros e os acadêmicos no meio!"*, o que significava que eles ficariam protegidos.

Seguindo a mesma lógica, era pouco provável que os comandantes em Bletchley Park colocassem homens como Turing para marchar. Os quebradores de código serviam para desempenhar o trabalho intelectual crucial: ninguém esperava que fizessem exercícios matinais na entrada de cascalho.

Mas se esperava que as mulheres fizessem isso[20]. Elas formavam 75% da equipe em Bletchley Park nos anos da guerra, e eram elas que, em grande parte, operavam as imensas máquinas decifradoras de códigos.

Os engenheiros em Bletchley Park acabariam por construir o primeiro computador eletrônico do mundo[21]. Era programável através de alavancas e botões, e era operado por voluntárias do Serviço Naval Real Feminino.

O que faz dessas mulheres os primeiros programadores do mundo.

As mulheres trabalhavam em três turnos, sete dias por semana: das 8h às 16h; das 16h à meia-noite; e da meia-noite às 8h. Mesmo depois de trabalhar a noite inteira nas máquinas durante a maior parte da guerra, as mulheres eram obrigadas a fazer os exercícios matinais, assim como marchar em fila para a igreja em domingos congelantes.

Por muito tempo, a programação era vista como algo que exigia apenas a habilidade de seguir instruções. As mulheres eram boas nisso, pensava a sociedade. Eram obedientes e conseguiam realizar tarefas de maneira metódica, seguindo uma ordem determinada. Fazia parte da natureza delas: tricotavam e costuravam com cuidado e de acordo com moldes e padrões, e cozinhavam seguindo receitas. Além disso, eram boas ao explicar coisas para crianças. Em

1973, Ida Rhodes, uma das grandes pioneiras da computação dos Estados Unidos, comparou sua habilidade para programar com sua capacidade de ensinar: *"Eu já tinha passado pelo grande treinamento de ensinar como fazer cálculos muito complicados a pessoas sem o menor conhecimento de matemática*[22]. *Então a máquina não passava do mesmo tipo de aluno".*

Nos anos 1950, a IBM no Reino Unido calculou os custos de montagem de seus computadores em "horas-garota", como a medida foi chamada. A historiadora Mar Hicks chamou a atenção para o fato de que a mão de obra que construía essas máquinas era tão predominantemente feminina que a empresa poderia calcular todos os custos da equipe na taxa horária mais baixa paga às mulheres[23]. O que foi feito.

Já nos anos 1960, o funcionalismo público britânico foi obrigado a seguir as novas normas do governo sobre pagamento igual para trabalho igual. Isso causou problemas no setor público de computação, em especial porque os homens nessa área eram muito poucos.

O Tesouro britânico então argumentou que o princípio de pagamento igual para trabalho igual não deveria ser aplicável nessa área em particular. Declarou-se que não havia, em computação, "escala salarial masculina" a que os níveis salariais femininos pudessem ser elevados para se igualar[24]. E assim o salário feminino mais baixo se tornou o padrão. Será que as mulheres afluíam para a programação porque era uma área mal remunerada, ou era uma área mal remunerada porque tantas mulheres se candidatavam para esses trabalhos?

É difícil dizer.

A programação era uma profissão que não existia antes da Segunda Guerra, então ainda não tinha adquirido associações masculinas específicas. Ninguém tinha dado um jeito de dizer que as mulheres eram inadequadas ou não eram qualificadas para esse trabalho: talvez os homens estivessem muito ocupados sendo explodidos nos campos de batalha por seis anos. Por assim dizer, o patriarcado tinha desviado o foco. Além disso, a programação de computador parecia não atrair os homens como carreira. Era considerada algo aborrecido, uma tarefa fácil de ser posteriormente combinada com exercícios matinais na entrada de cascalho durante a guerra e com afazeres domésticos e cuidados com os filhos.

Em muitos aspectos, pensava-se que tudo em torno de computadores podia ser visto como uma extensão da natureza das mulheres. É sempre um argumento útil a ser sacado quando se quer dar um motivo para que um trabalho seja mal remunerado. Se a capacidade exigida para o trabalho pudesse ser definida como inerente à biologia feminina, então não se teria justificativa de exigir uma remuneração alta para realizá-lo, não é mesmo?

A indústria de meias do século XIX, por exemplo, empregou homens e mulheres. Às mulheres, entretanto, cabia o trabalho de costurar a ponteira das meias, que era uma tarefa mais complexa do ponto de vista técnico. Elas se saíram muito bem na empreitada, e, por causa disso, os empregadores passaram a ver a habilidade de costurar a ponteira como um "atributo naturalmente feminino". E, se algo era um "atributo naturalmente feminino", então não precisava ser valorizado economicamente como uma "habilidade" formal[25].

O que significava que as mulheres podiam ganhar menos. Era tudo muito prático. Pelo menos para os donos das fábricas.

Essa linha de raciocínio pôs as mulheres em uma posição impossível. Se uma operária fosse ruim em alguma coisa, era a prova de que o gênero feminino como um todo deveria ganhar menos. *Olhem só, esse mulherio não consegue executar o trabalho como um homem!*

Mas, ao mesmo tempo, argumentava-se o oposto: se uma operária fosse boa em algo, era prova de que as mulheres deviam ganhar menos. Fosse qual fosse sua aptidão para a tarefa, era considerada prova de que deveria receber menos dinheiro. O truque era sempre definir algo em que uma mulher se saísse muito bem como um "atributo naturalmente feminino". Elas simplesmente não podiam evitar possuir uma destreza biológica para fechar as ponteiras das meias de seda, programar computadores ou cuidar de idosos.

Esse modo de pensar persiste até hoje.

Não é incomum a sociedade recorrer a esse raciocínio quando se trata de carreiras que envolvem o cuidado com idosos e crianças.

Vemos as mulheres assumirem esses trabalhos e os executarem bem sem muito treinamento formal. Então aceitamos isso como prova de que essas tarefas não requerem muita habilidade e portanto não devem ser bem remuneradas.

Se, por outro lado, um homem for "naturalmente bom em algo", com frequência isso se torna um argumento para defender exatamente o oposto: em razão disso, ele deve ser bem pago.

Nas fábricas de meias do século XIX, muito se falou sobre as "habilidades" dos operários homens. As operárias, entretanto, eram descritas em termos de "velocidade" e "precisão", e as tarefas em que se sobressaíam eram apresentadas como extensões de sua natureza. Elas permaneciam como objetos passivos a quem simplesmente acontecera ter dedos rápidos ou precisos. Corpos que funcionavam quase por si mesmos.

O homem, no entanto, de uma forma muito diferente, era um participante ativo no seu trabalho. Ele aprendera coisas e se tornara "capacitado". Assim, a lógica econômica exigia prontamente que fosse mais bem pago.

Em algum momento de meados dos anos 1960, a imagem da computação começou a mudar. A programação, falando de maneira geral, ainda envolvia o mesmo trabalho, mas a indústria tinha se tornado mais importante para a sociedade.

De repente, tudo, dos sistemas de pagamentos de impostos a programas de lançamento de mísseis de cruzeiro, passou a ser processado pelos novos computadores. Muitos executivos homens começaram a perceber que provavelmente esses aparelhos eram fundamentais. Deveriam ser deixados nas mãos de garotas de minissaia, fumantes e mal pagas?

Alguma coisa precisava ser feita.

Foi lançado um programa público para encorajar os homens a se interessarem por computadores. Os garotos precisavam aprender programação. Pelo menos um pouco.

A ideia era que, se conseguissem um número suficiente de jovens da classe social certa para aprender o básico da computação, esses homens poderiam em seguida preencher os cargos de gerência de setor nessa área[26].

As mulheres que já sabiam como programar agora tinham a tarefa de treinar os rapazes para que se tornassem seus chefes. A gerência, se pensava, seria fácil para os homens – em virtude de sua classe social assim como pelo seu sexo.

O fato de não saberem nada sobre computadores não tinha muita importância.

Talvez não soe muito estranho a debandada das mulheres. Elas não tinham chances reais de promoção.

O repentino êxodo das mulheres da computação foi um fenômeno tão visível que a jovem empresária britânica Stephanie Shirley viu ali uma oportunidade de negócio. Em 1964, fundou uma companhia cujo conceito era oferecer a programadoras a oportunidade de trabalharem de casa. A ideia dela era aproveitar os talentos desperdiçados que tinham deixado o ramo[27].

Sua empresa, Freelance Programmers, logo estava criando softwares para clientes do setor público e privado. Todas as programadoras trabalhavam de casa – muito antes do advento do e-mail e do Zoom. E funcionou. A companhia recomendava que as programadoras tocassem uma gravação de sons de máquina de escrever como fundo sempre que os clientes telefonassem. Isso não só daria a impressão de que o trabalho estava sendo feito em um escritório "de verdade", como disfarçaria o som de alguma criança chorando.

Quando a empresa lançou suas ações nos anos 1990, estava avaliada em 2,3 bilhões de libras.

Mas o que aconteceu com aqueles jovens promissores, aqueles cotados para gerenciar a computadorização da administração pública? Nada demais. Na realidade, muitos deles não estavam tão animados para trabalhar com computadores. Em sua maioria, deixaram o cargo de gerenciamento para o qual tinham sido treinados assim que receberam outras ofertas de emprego.

Em resumo, o dinheiro que o governo inglês investiu no treinamento deles poderia ter sido despejado pelo ralo, de acordo com a historiadora Mar Hicks. O que talvez tivesse sido a solução economicamente mais inteligente.

Ao investir nos rapazes ao mesmo tempo que descartava as mulheres, a Inglaterra conseguiu o feito histórico de criar a própria deficiência no mercado de trabalho em computação, no exato momento em que o ramo estava se tornando realmente importante para a economia.

As pessoas estavam aterrorizadas diante da perspectiva de que o desenvolvimento tecnológico pudesse levar a coisas impensáveis como mulheres ocupando cargos de gerenciamento no Banco da Inglaterra. Aterrorizadas a tal ponto que estavam mais ou menos preparadas para minar o salto tecnológico que a Inglaterra tinha dado ao construir, em Bletchley Park, o primeiro computador programável do mundo.

Claro, todos nós sabemos o que aconteceu a Alan Turing, aquele matemático brilhante, que temia o pólen, que foi fundamental para o desenvolvimento do computador moderno. Ele foi condenado por "atentado violento ao pudor" (isto é, homossexualidade) e passou por castração química. Acredita-se que tenha se suicidado com cianureto[28].

Hoje, o Vale do Silício não fica em Buckinghamshire.

Por muitas razões.

Em todo o mundo, o número de mulheres na computação começou a cair progressivamente a partir de meados da década de 1980, mesmo com o aumento da porcentagem de mulheres em outros campos tecnológicos e científicos. A programação foi do domínio feminino para o masculino enquanto passava da condição de baixo status para status elevado e deixava de ser um trabalho mal remunerado.

É claro que essa não é a primeira vez na história que uma profissão mudou de gênero. Da Antiguidade até o final do século XIX, a posição de secretário era um cargo de status elevado para os homens[29]. Grandes retratos de secretários de reis podem ser encontrados na maioria das galerias nacionais da Europa, complementados com longas penas e panturrilhas musculosas saindo de seus calções. Mas, em algum momento nos anos 1920, a profissão tornou-se algo para mulheres[30]. Elas se sentavam em longas fileiras, datilografavam furiosamente e eram mal remuneradas.

Durante séculos distribuímos profissões por gêneros, com base na força física exigida para desempenhá-las. A ideia era que em algum lugar havia uma ordem física que também ditava a ordem econômica das coisas. As mulheres ganhavam menos porque conseguiam levantar menos peso – e assim produziam menos.

Mas por que presumimos que o valor econômico repousa especificamente na força física? Afinal, a força física não é o único atributo que agrega valor econômico.

Ter dedos pequenos, por exemplo, podia, no mínimo, ter o mesmo valor na produção de muitas fábricas. Dependia somente daquilo que estivesse sendo produzido. Mas ninguém defendia que as mulheres deviam ganhar mais por terem mãos menores. Não, são os atributos físicos do homem que aprendemos a valorizar do ponto de vista econômico.

Nem mesmo é o caso de todos os homens serem fisicamente mais fortes do que todas as mulheres. Ou que todas as profissões que enxergamos como masculinas exijam mais força do que aquelas que consideramos femininas. Espera-se que as mulheres que cuidam de idosos levantem os pacientes que caírem ou precisem ser virados na cama, e isso não leva a nenhuma elevação de salário ou de status.

Do mesmo modo, espera-se que as mulheres sejam capazes de carregar 50 litros de leite, mas não 50 quilos de cimento. Só porque o leite há muito tempo é associado à feminilidade, não significa que 50 litros de leite deixem de pesar a mesma coisa que 50 quilos de cimento, como por mágica.

Com o passar do tempo, percebemos que levantar 50 quilos de cimento também não é bom para as costas dos homens. Assim, começamos a vender cimento em sacos de 25 quilos.

Então existia essa opção também.

A ideia da força física como princípio para definir profissões femininas e masculinas desapareceu em grande parte do mercado de trabalho, mas foi substituído por premissas sobre "competência técnica", que permitimos que dite o quanto vai ser pago pelo nosso trabalho. Os homens são mais técnicos do que as mulheres, pensamos. Se as garotas vão aprender a codificar, precisam de encorajamento desde cedo, enquanto isso ocorre naturalmente com os meninos.

Em 2017, o engenheiro James Damore foi demitido do Google depois de escrever um memorando que sugeria que as mulheres simplesmente não eram feitas para TI[31]. Tudo se devia à sua constituição biológica, declarou. As mulheres preferem profissões sociais ou artísticas e se interessam mais por pessoas do que por coisas, escreveu. Mas também são mais neuróticas, outra razão para ficarem longe de computadores. Ou, pelo menos, não serem encorajadas, contra a natureza feminina, a assumir um cargo altamente remunerado no Google.

O memorando de Damore causou indignação generalizada. Mas, até certo ponto, muitos acharam que ele estava certo. Ele foi responsabilizado por uma postura comum no mundo ocidental que vê mulheres e computadores como algo diametralmente oposto.

A explicação padrão dos economistas de por que as mulheres ganham menos do que os homens tende a ser a escolha delas por ramos que pagam menos. Infelizmente, as garotas não gostam de computadores. Alguns, como Damore, acreditam que isso tem algo a ver com o funcionamento do cérebro. As mulheres simplesmente não têm o que é preciso para pensar como um programador. Pelo menos não como um programador bem pago.

Quando a programação é mal remunerada, sem dúvida as mulheres têm o que é necessário.

Outros acham que isso se deve à falta de encorajamento por parte da sociedade. As garotas não jogam videogame o suficiente: deveriam passar menos tempo com brinquedos fofinhos e se dedicar mais a se massacrar com armas digitais. Então elas teriam de repente todos os empregos bem pagos enquanto também "suavizariam" o ramo *hard tech* com sua feminilidade. Isso é algo parecido com sentar a garota mais bem-comportada da classe entre os meninos mais indisciplinados na esperança de que ela os acalme: a tarefa da mulher é moderar o homem, não ser algo por ela mesma. A questão é a seguinte, tanto aqueles que pensam que as mulheres não têm constituição biológica para gostar de computadores como os que acham que as mulheres foram socializadas para desgostar deles reafirmam um equívoco: que a tecnologia e a condição feminina se opõem.

Que o gênero da garota é algo que ela precisa superar para assumir seu lugar no computador.

Mas há 75 anos o computador era uma garota.

Literalmente.

FEMINILIDADE

5

Como foi feita uma grande invenção em Västerås, e persistimos na caça à baleia

Aina Wifalk ficou doente no outono. O que acontecia frequentemente com esse vírus em particular. Por isso os pais diziam aos filhos para não ficarem brincando no meio das folhas de outono e não comerem nenhuma fruta caída das árvores. Eles pensavam que a pólio era algo sazonal. Na Suécia, a doença ficou conhecida como "o fantasma do outono".

Começava muitas vezes com febre e uma estranha sensação na nuca. Se a pessoa não tivesse sorte, o vírus entraria na corrente sanguínea. Isso levava de três a quatro dias, e era então que podia levantar-se de repente, sem saber que aqueles seriam seus últimos passos.

Caía-se no chão, paralisado[1].

O vírus da pólio era antigo: os historiadores acreditam que tenha atacado até mesmo um faraó egípcio. Mas a primeira vez que a doença alcançou proporções agressivas e epidêmicas foi na Suécia, no final do século XIX[2]. Era tudo muito estranho: as pessoas tinham parado de morrer em massa de varíola e escarlatina. Tinham aprendido a lavar as mãos com os recém-comercializados sabões e a vestir roupas de algodão barato, que eram muito mais fáceis de lavar. E então surgiu a poliomielite, e a Escandinávia rapidamente ganhou a má reputação de campo fértil para epidemias.

Aina Wifalk tinha 21 anos quando ficou doente. Acabara de começar a estudar em Lund, uma cidade universitária não muito distante de onde seus pais tinham arrendado um terreno agrícola quando ela era pequena. O ano era 1949[3]. A Segunda Guerra Mundial se encerrara, e a Suécia finalizara havia pouco o racionamento de sabão e detergente. A indústria sueca estava em expansão: diferentemente do que acontecera no resto da Europa, as fábricas não tinham sido arrasadas pelas bombas, já que a Suécia dera um jeito de ficar fora do combate. Os suecos, então, comiam sopa de carne com bolinhos e viam sua economia crescer, enquanto o governo começava a investir em um novo e abrangente programa de bem-estar social.

A jovem Aina não tinha qualquer sonho específico. Não tinha tempo para essas coisas. Até então estivera ocupada trabalhando para economizar para os estudos. A educação, na visão dela, era a chave para uma vida melhor.

Ela acabava de começar um curso de enfermagem em Lund quando, no dia 4 de setembro, ficou de cama com o que julgava ser uma gripe. Estava com o pescoço duro e se sentia muito cansada. Alguns dias depois a dor começou na lombar, como se uma cãibra irradiasse, seguindo até seus pés com uma determinação alarmante. Uma semana depois, estava num hospital que recebia as vítimas da epidemia, incapaz de levantar a perna direita.

A paralisia atacou seu corpo, atingindo o braço direito, o abdome e as duas pernas. A dor era insuportável, muito mais à noite e em especial nos quadris. Ela olhou para as próprias pernas. Sabia que estavam ali, mas não as sentia.

Em outubro, Aina não conseguia nem andar nem ficar em pé. Os médicos primeiro a colocaram em um colete de tecido com revestimento de couro, e depois num de gesso. Ela não conseguia levantar as pernas com os joelhos retos, e só conseguia se endireitar usando os braços para se sustentar. Quatro meses depois começou a andar de novo, com dois andadores que alternava à sua frente. Cada passo era uma luta, cada metro uma vitória. Poucas pessoas dedicaram algum pensamento para o que é necessário para o corpo humano se movimentar nesse mundo além daquelas que adoeceram dessa forma. No final de fevereiro, ela havia trocado os andadores por muletas, encaixadas debaixo de cada axila.

E foi dessa forma que ela conseguiu se movimentar nos quinze anos seguintes.

Aina Wifalk nunca se formou enfermeira. Em vez disso, arrumou um emprego como consultora hospitalar na clínica ortopédica do Hospital Central de Västerås, e lá, naquela cidadezinha às margens do lago Mälaren, começou uma vida nova. Mudou-se para um apartamento no nono andar, fazia passeios em volta do grande lago e andava pelas ruas com suas muletas. Durante o dia, ela dava duro por seus pacientes, e à noite devotava seu tempo para fundar organizações para deficientes. Às vezes o hospital não entendia a realidade da sua situação, e daí ela fazia questão que tomassem conhecimento disso: que rampas, por exemplo, podiam ser uma boa ideia caso quisessem que pessoas com mobilidade reduzida fossem capazes de entrar no prédio.

Todo domingo pela manhã, ela ia nadar. Nessas ocasiões, a Cruz Vermelha mandava voluntárias à piscina local para ajudá-la a se trocar: entrar e sair do maiô era, com toda a honestidade, mais cansativo do que o exercício em si.

Anos depois, Aina conseguiu um apartamento mais acessível no térreo e um novo emprego na administração dos serviços sociais. Ela também queria um cachorro, mas sabia que isso nunca iria acontecer.

Nos anos 1960, desenvolveu a obsessão por deixar o mundo melhor à sua volta, tanto em coisas grandes quanto nas pequenas. Como o sininho que fixou na porta que dava para o pátio para poder saber da presença de algum intruso. Embora não tenha ficado muito claro o que ela poderia fazer se alguém tentasse entrar. Do mesmo modo, instalou uma persiana embaixo da pia porque detestava deixar os sacos do lixo à vista.

Aina não dormia muito bem: com a noite chegava a dor, que se movia pelo seu corpo em ondas que ela acompanhava durante a noite, dormindo uns noventa minutos, quando muito. Recusava-se a tomar analgésicos por medo dos efeitos colaterais, além de gostar da companhia de seus pensamentos. Ela sabia que as muletas tinham acabado com seus ombros, e que por isso sentia tanta dor. Um corpo como o dela não era para ficar circulando livremente pelo mundo; devia ficar escondido. Isso era o que a sociedade tinha decidido.

Aina Wifalk, entretanto, tinha outros planos.

No final da década de 1960, então com 41 anos, Aina entrou em contato com Gunnar Ekman, um designer das oficinas do distrito[4]. Ela lhe pediu que construísse um andador com rodas. Deveria ter quatro rodas, punho, freio e uma prancha para sentar. E deveria ser dobrável: ela queria poder fechá-lo para levar no carro e carregá-lo para todo canto. Ekman projetou e construiu o andador seguindo as instruções de Aina. E assim surgiu o moderno andador com rodas.

As pessoas com deficiência deixaram de lado as muletas e começaram a andar.

Ou, pelo menos, Aina Wifalk fez isso.

Se aquele tipo de andador que nasceu naquele dia em Västerås foi *realmente* o primeiro do mundo, é difícil afirmar. Como muitas invenções ao longo da história, não é fácil encontrar a resposta. Houve patentes anteriores para andadores semelhantes que Aina não tinha conhecimento, mas nenhum deles se popularizou como esse. Ter a ideia de colocar rodas no andador é uma coisa, mas o que ela possuía era a visão de um tipo diferente de vida para ela e outros que enfrentavam o mesmo problema.

O seu andador não era algo que ficaria encostado no corredor de um hospital, um artefato que de vez em quando ajudaria um idoso fragilizado a andar alguns metros da cama até o banheiro em uma idade aterrorizante e que, em resumo, era a antessala da morte. Não, aos olhos de Aina, o andador era um "aliado", uma máquina para fazer parte da sua vida. Estaria ao seu lado quando fosse lavar roupa, molhar as plantas ou saísse para tomar um café. O andador moderno foi criado em resposta às limitações do corpo de Aina Wifalk e ao seu anseio por liberdade. Se ela pertencesse a uma classe social, corpo ou sexo diferente, as pessoas sem dúvida a chamariam de "empreendedora". Mas não foi isso que aconteceu.

Ao contrário, ela foi forçada, contra a vontade, a se aposentar precocemente.

Muitas vezes se diz que o verão da Suécia se resume ao melhor dia do ano. Como a maioria da população de Västerås, Aina Wifalk lançava o olhar para o lago Mälaren ao longo dos meses de inverno, esperando pelo som que anunciava o gelo quebrando. Seis meses de escuridão fazem as pessoas terem saudade de sol.

Os suecos gozavam de três semanas de férias anuais desde 1938. Depois da guerra ocorreu a um empresário utilizar os aviões que tinham ficado ociosos com a paz. Ele os converteu em aviões fretados, e logo suecos deslumbrados podiam viajar em grupo nas férias para o sol do sul da Europa. Hotéis em Maiorca começaram a servir café sueco, tavernas gregas organizavam danças folclóricas suecas, e a banda pop ABBA fez seu primeiro show de graça, em troca de desconto num pacote de férias para Chipre[5].

Aina também sonhava com a Espanha. Mas tinha um problema: o seu andador não tinha um lugar para colocar a mala. E de que jeito iria chegar lá? Precisava de um andador com algum tipo de prateleira para carregar a bagagem.

Certo dia, ela notou em uma biblioteca de Västerås um carrinho que era usado para transportar os livros pelas diferentes seções[6]. Aina encomendou a mesma estrutura do carrinho, e alguém a ajudou a parafusar rodas de cadeira de rodas nela. Nascia um novo andador. Seria esse que a levaria para a Espanha? Animada, ela foi experimentá-lo, mas… quando punha a mala na nova montagem, as rodas paravam de girar. O peso da mala era excessivo para o carrinho de biblioteca redimensionado. Foi quando Aina abriu a geladeira. Acontece que tinha deixado o congelador descongelando antes de qualquer coisa naquele dia, e então tirou uma das prateleiras da geladeira e prendeu-a no andador. Colocou a mala sobre a prateleira e, vejam só, as rodas começaram a girar.

Triunfante, ela viajou para a Espanha.

Com o tempo, sua invenção iria ajudar muitos idosos do mundo a concretizar uma nova liberdade. Com o andador com rodas, qualquer pessoa que sofresse de osteoporose, artrite ou tontura conseguia recuperar a liberdade de movimento dentro de casa quase por completo. De repente, eles até se arriscavam a comprar leite no mercado; se não conseguissem andar o caminho inteiro, podiam se sentar no andador e descansar um pouco. Não foi por coincidência que essa invenção foi feita por uma mulher que tinha lutado para caminhar pela cidade apoiada em duas muletas por quinze anos. Quando se vive num mundo que não foi construído para você, talvez seja mais fácil visualizar como pode ser melhorado. Não apenas para você, mas para todos.

Hoje digitamos em teclados em parte graças ao inventor italiano Pellegrino Turri, que desejava um meio de comunicação com uma amiga cega, Carolina Fantoni da Fivizzano. Ele criou uma das primeiras máquinas de escrever mecânicas do mundo, que permitia aos dois escreverem um para o outro sem antes precisarem ditar as palavras para um empregado[7].

Do mesmo modo, a primeira mensagem de e-mail foi escrita pelo estadunidense Vint Cerf[8]. Ele tinha dificuldade para ouvir e percebeu facilmente o potencial do e-mail, já que podia mantê-lo em contato com a família enquanto estava no trabalho – sem que ninguém precisasse gritar no telefone.

Controlar o celular com o deslizar de um dedo se deve a outro estadunidense: Wayne Westerman. Uma lesão neural na mão direita o impedia de usar o mouse, então desenvolveu uma tecnologia que lhe permitia controlar o computador por meio de um sensor tátil. Em 2005, Westerman vendeu a tecnologia para a Apple[9].

Dois anos mais tarde, Steve Jobs lançou o primeiro iPhone do mundo.

O mercado global de ajuda à mobilidade foi avaliado em 2,2 bilhões de dólares. Número que deve crescer rapidamente nas próximas décadas, conforme a população fica mais idosa e nossa percepção da velhice muda[10].

Em outras palavras, a invenção de Aina Wifalk teve um grande impacto no mundo. Mas não se pode dizer a mesma coisa do impacto na sua conta bancária. Hoje, não existe uma fundação Wifalk que dê subvenções a empreendedores que tenham deficiências ou que financie pesquisas para projetos de acessibilidade. O pouco dinheiro que Aina Wifalk ganhou com seu andador com rodas foi deixado como legado para a igreja sueca da Costa do Sol.

Ela realmente adorou aquela viagem.

O problema de Aina Wifalk era que não tinha posses, o que significava que não conseguia fazer sua ideia render dinheiro. Sim, ela conseguiu produzir um ou dois andadores com rodas para si mesma, melhorou o design com algumas prateleiras de geladeira e passeou com eles para cima e para baixo pelas ruas de Västerås seguindo sua rotina diária. Mas, para tornar isso um produto de exportação que pudesse ser lançado globalmente, seria necessária uma soma muito maior de dinheiro. Que ela não tinha. Nem parecia haver alguém que quisesse investir nela. E Aina tinha perfeita consciência disso: "*Quem iria me escutar, uma senhora com deficiência no meio de todos os rapazes?*"

Ela nunca patenteou seu andador com rodas. Em vez disso, vendeu sua ideia por algo equivalente a 750 libras nos dias de hoje e royalties de 2% nas vendas daquele produto em particular[11].

"*Quase fui boa demais*", ela disse mais tarde.

É, Aina. Essa é uma forma de dizer.

Hoje é provável que alguém lhe indicasse um curso de empreendedorismo feminino, lhe dissesse para "aceitar o desafio", "fazer sua voz ser ouvida" e "acreditar em si mesma". Talvez lhe desse um livro de técnicas de negociação ou ajudasse a montar um *pitch* excelente. Porém, não se trata disso, mas de todo o sistema financeiro.

E de como ele exclui sistematicamente as ideias das mulheres.

* * *

Muitas empresas pequenas não utiliza uma forma de crédito. Digamos que você venda suco de maçã. Coloca o dinheiro de cada venda na caixa registradora e, quando o fornecedor vem à tarde, você pega o dinheiro e usa para pagá-lo.

É perfeitamente possível administrar uma empresa dessa forma, mas é muito difícil fazê-la crescer: se quiser abrir outra empresa de suco, vai precisar de um empréstimo bancário e, mesmo que não tenha a intenção de expandir o negócio, não dá para saber o que o futuro vai lhe apresentar.

O seu fornecedor pode ser atacado por um enxame de vespas asiáticas gigantes e, enquanto elas dizimam impiedosamente a população inteira de abelhas produtoras de mel, você fica forçada a comprar maçãs caras vindas de muito longe. É quando se precisa de um banco que vai deixá-la entrar no cheque especial por noventa dias.

O espremedor de suco pode quebrar, e você vai precisar de um novo para evitar que a produção seja interrompida. E se não tiver uma modalidade que lhe permita pagar em trinta dias, as coisas podem ficar bem difíceis.

Em outras palavras, o crédito é uma forma de lidar com o risco na economia. Em sua melhor condição, é o caso de um participante mais forte (como um banco) socorrer um participante temporariamente enfraquecido (o produtor de suco de maçã). Mas, quando o sistema quebra – o que ocorre com muita frequência –, temos o que é chamado de crise de crédito.

A crise financeira global de 2008 é um exemplo clássico. Foi desencadeada pelo colapso de alguns artifícios insanos de crédito no mercado imobiliário dos Estados Unidos. Assim, um dia, de repente os bancos passaram a não querer emprestar dinheiro a outros bancos. Os mercados de crédito em quase todo o mundo congelaram, e empresas que antes tinham acesso a crédito não puderam mais contar com isso.

Os negócios não podiam se expandir, e muitos deles tiveram de dispensar suas equipes. As pessoas que perderam o emprego não tinham salário para comprar produtos e serviços, o que por sua vez forçou as empresas que antes vendiam para elas a demitir funcionários. O desemprego aumentou, e o Estado recolheu menos impostos enquanto precisava pagar mais auxílios aos desempregados. O déficit disparou. As crises de crédito têm o péssimo hábito de se transformar em um círculo vicioso. Sem intervenção, economias inteiras podem ficar travadas por anos.

O problema é que as mulheres vivem em crise de crédito permanente[12]. Hoje em dia estima-se que perto de 80% de todas as proprietárias de negócios têm uma necessidade de crédito não atendida. O que acontece porque nosso sistema financeiro atual não foi concebido para mulheres.

Uma fazendeira na Costa do Marfim não consegue empréstimo bancário porque ela arrenda, em vez de possuir, a terra que cultiva. O banco diz que ela não tem como garantir o empréstimo. Como as mulheres em geral não possuem coisas como terras ou propriedades, elas têm muito menos chances de ter crédito aprovado.

No mundo inteiro, as mulheres são consideradas um risco financeiro maior do que os homens. Elas têm menos dinheiro, possuem menos ativos e, acima de tudo, seus corpos muitas vezes fazem coisas como gestar e dar à luz crianças, que vêm acompanhadas de seus próprios riscos econômicos.

Além disso, muitas mulheres abrem salões de beleza, cafés e creches, empresas consideradas menos "sérias". E quando as mulheres não estão abrindo companhias nesses ramos "frívolos", muitas vezes se estabelecem em negócios tediosos e estacionários como consultórios médicos e escritórios de contabilidade, que não têm o prestígio de uma startup de tecnologia e não são vistos como tendo o potencial de crescimento que os investidores procuram. Em consequência disso, tendem a não ser priorizados, em especial quando se trata de quantias realmente grandes.

Para alguém lhe dar dinheiro, em primeiro lugar e acima de tudo, você precisa ser economicamente competente. Quando pensamos numa pessoa assim, pensamos em um homem. A pessoa que escolhemos para investir ou para receber crédito é a pessoa em quem decidimos acreditar. E essa pessoa em geral não é uma mulher – e, se for, provavelmente será branca.

Não existe um país em que as mulheres coletivamente tenham mais dinheiro ou mais oportunidades econômicas do que os homens[13]. O fato de os homens terem dinheiro, e as mulheres não, é um dos fatores fundamentais que moldam nosso mundo. Lógico que isso desempenha um papel determinante em relação a quais inovações tornam-se realidade e quais não.

Existem, é claro, muitas razões perfeitamente racionais que explicam por que as empreendedoras mulheres podem não conseguir empréstimos, crédito ou investimentos. Mas, mesmo excluindo esses fatores, permanece o fato de que mulheres são mulheres e portanto são tratadas de forma diferente. Se você não for branca ou tiver uma deficiência, então as coisas ficam ainda mais difíceis. Muito mais difíceis. Tudo isso apesar do fato de as empresas abertas por mulheres em geral se tornarem lucrativas mais rapidamente do que aquelas iniciadas por homens.

A crise de crédito de 2008 fez o mundo econômico travar por dez anos. Enquanto isso, a contínua crise de crédito das mulheres tem travado a economia desde... bem, desde sempre. É claro que construir uma empresa do zero, sem empréstimos externos ou investimentos, pode ser uma coisa boa. Mas, em muitos ramos, isso não funciona: os riscos são grandes demais. Como consequência, muitas mulheres desistem. E ainda assim não estamos convocando líderes mundiais para se sentarem, sérios, diante de um mar de microfones em cúpulas de emergência para discutir a crise de crédito das mulheres. Nem os presidentes dos bancos centrais se prontificam a injetar trilhões para desbloquear o sistema de crédito para as mulheres. Em uma crise permanente de crédito, as mulheres fazem o que Aina Wifalk fez: vendem suas inovações por ninharias ou as engavetam.

Isso tem enormes ramificações, mas, para entender o quanto são extensas, precisamos seguir até as águas mais frias do círculo polar.

Vamos caçar baleias.

* * *

Nos anos 1800, a caça comercial à baleia era uma das empreitadas mais sujas, arriscadas e violentas em que alguém podia se empenhar. Era também uma das mais lucrativas[14].

As baleeiras estadunidenses dirigiam-se para o norte distante perto do Alasca ou para o remoto Pacífico. Quando os membros da tripulação avistavam uma dessas magníficas criaturas, pulavam em pequenos barcos que eram descidos da baleeira-mãe e remavam em uma perseguição imprudente ao grande mamífero através das ondas e entre icebergs.

O objetivo era chegar perto da baleia o suficiente para arpoá-la: era preciso que a ponta do arpão furasse a banha enquanto alguém segurava a outra ponta da corda. Evidentemente seria impossível arrastar uma baleia de 45 toneladas usando uma única corda a partir de um barco a remo. Em vez disso, assim que o arpão era fincado, a tripulação só tinha que manter a situação. A baleia ferida tentava se livrar. Sem dúvida, a experiência era intensa, mas os marinheiros naquele barquinho precisavam apenas resistir. A baleia os arrastava sem dó por cima das ondas durante duas ou três horas, e, assim que a criatura desistia do seu balé de morte, a tripulação podia – se tivesse sobrevivido – içá-la à baleeira-mãe.

A baleia era morta por causa da sua gordura, uma parte importante da economia daquele tempo. Os baleeiros a transformavam em óleo em caldeirões gigantescos sobre o tombadilho, e esse óleo era usado para iluminar a maior parte do mundo.

Quando queima, o óleo de baleia produz uma luz branca constante. Os faróis que guiavam os grandes navios até as praias brilhavam com a gordura fervida, assim como os postes da cidade de Nova York e os lampiões que os mineiros levavam enquanto se arrastavam por túneis para arrancar o carvão das entranhas da terra. As engrenagens da Revolução Industrial eram (literalmente) uma coisa quente, e, quando a produção se intensificava, a temperatura das máquinas subia. Era preciso manter as engrenagens azeitadas, e o óleo de baleia dava conta do recado diante desse tipo de calor.

Por isso a baleia tinha de morrer.

Como os produtos que vinham da baleia eram tão importantes para a sociedade, sua caça se tornou uma indústria com margens de lucro altíssimas. Em meados do século XIX, o investimento em uma expedição baleeira dos Estados Unidos chegava a oferecer três vezes o retorno que o mesmo investimento renderia na agricultura. Mas esse era um jogo que exigia muito dinheiro.

Para mandar uma baleeira para o Alasca, era preciso o investimento inicial de 30 mil dólares – quase dez vezes o que custaria abrir uma fábrica de tamanho médio. Sim, havia famílias ricas no país e, sim, elas estavam interessadas na caça à baleia, mas não tinham uma riqueza sem limites.

E era também um investimento muito arriscado. Não é difícil imaginar que muita coisa pode dar errado quando se está sendo chacoalhado durante horas em um barco a remo no Oceano Ártico por uma baleia agonizante. Uma em três expedições baleeiras davam prejuízo. Era dessa combinação de enormes lucros em potencial e riscos tremendos que uma nova indústria surgiu: o capital de risco.

Um grupo novo de investidores apareceu com a ideia de procurar diversas famílias ricas e lhes pedir pequenas somas de dinheiro[15]. Em seu livro sobre o capital de risco nos Estados Unidos, o professor Tom Nicholas conta que esses primeiros "capitalistas de risco" juntavam dinheiro num fundo usado para comprar um navio e recrutar um capitão. O capitão ficava responsável por levar o navio até as baleias e trazê-lo de volta. Se o capitão fosse bem-sucedido, os capitalistas de risco dividiam o carregamento entre os investidores. "Carregamento" é um termo usado no capital de risco até hoje.

O novo sistema permitiu aos ricos espalharem seus investimentos por diferentes expedições de caça à baleia. Se dois navios afundassem, mas um voltasse ao porto, o lucro proveniente do terceiro muitas vezes compensava o dinheiro perdido nos outros dois. Graças aos capitalistas de risco, mais e mais baleeiras podiam ser financiadas.

E no final eles praticamente esvaziaram os mares.

Até que paramos de iluminar as cidades com gordura fervida. As mulheres abandonaram as armações que usavam debaixo das saias, as fábricas começaram a usar outros lubrificantes para o maquinário e o modelo capitalista de risco voltou à tona somente um século depois.

Mas trouxe uma vingança.

Quando os computadores pessoais foram desenvolvidos nas décadas seguintes à Segunda Guerra, os capitalistas de risco, aqueles antigos baleeiros, zarparam para a Califórnia.

O lugar onde aportaram acabou sendo conhecido como Vale do Silício.

Hoje, muitos jovens querem se tornar empreendedores, mas nos Estados Unidos dos anos 1950 essa escolha de carreira era vista como insensata. Por que "trabalhar para si mesmo" quando havia milhões de empregos bem remunerados em empresas grandes e estáveis que tomariam conta de você pelo resto da vida e lhe dariam um relógio de ouro quando se aposentasse? O empreendedorismo era coisa de hippies excêntricos que construíam seus computadores na garagem de casa. Ainda assim, uma economia precisa de gente que deseja desperdiçar dinheiro nessas esquisitices.

A economia precisa de pessoas que possam investir em gente, tecnologias e produtos não testados anteriormente. Foi assim que o cenário tecnológico estadunidense se tornou a nova caça à baleia: uma indústria que requeria um grande investimento com grande risco, mas que também oferecia um enorme lucro potencial àqueles que apostassem na empreitada certa.

Os capitalistas de risco apareceram com o dinheiro e ajudaram as novas companhias do Vale do Silício com contatos e planos empresariais. Uma aliança entre os empreendedores de tecnologia e os capitalistas de risco mudaria o mundo, tornando-se fundamental para a economia digital em que vivemos agora.

Quando as baleeiras voltavam à praia nos anos 1800, em geral a tripulação ficava com 20% do carregamento e os investidores com 80%. O capitão do navio, entretanto, recebia 2% de todo o investimento antecipadamente, com a intenção de que isso o compensasse pelo abastecimento do navio com alimento e outros suprimentos para a longa viagem. Em outras palavras, o capitão recebia os 2% não importava o sucesso ou o fracasso da expedição. E é assim, de certa maneira, que o capital de risco ainda funciona[16].

Cerca de 2% do dinheiro que os capitalistas de risco retiram de seus fundos e investem em uma empresa tende a voltar para seus próprios bolsos, independentemente de como a empresa se sair. Esses 2% correspondem à taxa de serviços prestados por eles. Embora esses serviços possam desempenhar um papel importante para o sucesso da empresa, que tipo de incentivo isso cria?

A resposta é, lógico, que os capitalistas de risco querem tornar seus investimentos tão grandes quanto possível. Se colocarem 10 milhões de libras em uma empresa, então conseguirão seus 2% sobre os 10 milhões de libras todo ano, a empresa tornando-se lucrativa ou não.

Se, por outro lado, fossem investir 500 mil libras em uma empresa muito menor, sua retirada anual garantida seria de apenas 10 mil libras. Assim, faz mais sentido fazer dez investimentos gigantescos do que cem pequenos. Mesmo que apenas um desses dez investimentos gigantescos chegue à praia em segurança, os capitalistas de risco terão 20% do carregamento, o que provavelmente vai mais do que compensar se as outras companhias jamais derem lucro.

Tudo isso significa que investimentos menores em empresas que não tenham uma visão voltada para o domínio global não são atrativos. Os investidores querem potencial para crescimento extremado: desejam descobrir o próximo Facebook, arpoar a baleia de 40 toneladas e levar para casa a bolada inteira. Os capitalistas de risco ficam muito à vontade nesse jogo arriscado, em especial porque – ao contrário dos capitães das antigas baleeiras – eles não arriscam a própria pele.

Nem mesmo a própria carteira.

Mas o que isso tudo tem a ver com Aina Wifalk e seu andador com rodas? Não é que houvesse uma grande soma de capital de risco circulando em torno da Suécia central na década de 1970. O financiamento que Aina pedia era bem diferente. Mas ela mesma percebeu que ninguém queria investir em uma *"senhora com deficiência no meio de todos os rapazes"*. E esse fato econômico – que apenas ideias que partam de um pequeno subgrupo da população têm chance quando se trata de investimento – atingiu níveis desconcertantes graças ao capital de risco. Além de um sistema que já coloca a mulher em desvantagem, o capital de risco e sua lógica de caça à baleia criou algo extremo.

Menos de 1% dos fundos de capital de risco no Reino Unido vai para empresas fundadas só por mulheres. Segundo um estudo de 2019 encomendado pelo Tesouro Nacional, 83% dos negócios realizados pelos capitalistas de risco britânicos não têm mulheres em suas equipes de investimento.[17]

Por cada libra de investimento de capital de risco no Reino Unido, todas as equipes de investimento femininas recebem menos de 1 pence, enquanto as equipes masculinas conseguem 89 pence, e as equipes mistas, 10 pence.

"*A distribuição do capital de risco sueco entre os gêneros permanece distorcida*", escreveu o jornal especializado em economia *Dagens Industri* em 2020[18]. Em 2019, pouco mais de 1% do capital de risco sueco era investido em empresas fundadas por mulheres. A escolha da palavra "distorcida" aqui já é por si interessante: estamos falando de um dinheiro que vai para os homens em mais de 98% dos casos. Mas, tudo bem, vamos chamar de "distorção".

No resto da União Europeia emerge uma "distorção" muito semelhante:[19] por exemplo, as empresas de tecnologia com equipes formadas apenas por homens que recebem suporte de capital de risco conseguem 93% do capital. Nos Estados Unidos, menos de 3% dos fundos de investimento vão para negócios criados só por mulheres[20], o que é chocante, considerando que perto de 40% de todos os negócios daquele país pertencem a mulheres[21]. As coisas estão mudando, mas muito lentamente: nessa proporção, serão precisos 25 anos para as mulheres conseguirem ter em mãos 10% do dinheiro.

Mas isso realmente importa? Afinal, as empresas financiadas pelo capital de risco constituem uma fração muito pequena de todas as companhias.

Importa, sim, porque demos a essas empresas poder para estabelecer as regras do jogo no resto da economia. A revolução tecnológica das últimas décadas viu ramos que costumavam fazer parte da economia física tornarem-se parte de uma nova economia digital, uma que só existe nos aparelhos em nosso bolso.

Pela primeira vez na história, uma empresa pode realmente criar mercados com milhões de clientes. Hoje em dia é possível encontrar uma rede social com 800 milhões de usuários, um site de encontros que opera em 190 países, ou uma plataforma de vídeo para quase o mundo inteiro. Esses são os tipos de animais colossais que os capitalistas de risco têm esperança de apanhar.

Tudo na lógica da caça à baleia.

Os empreendedores hoje são mais dependentes do que nunca do capital de risco. A questão de quem consegue o capital é o que determina quais carros teremos de guiar, quais os tratamentos de saúde revolucionários que receberemos, e qual a lógica que guiará os robôs para quem estamos cedendo cada vez mais poder. Essa é a razão de ser um grande problema o fato de as mulheres mal conseguirem pôr um pé no campo desse jogo.

Perto da virada do milênio, costumava levar cerca de três anos para uma empresa tecnológica voltar à praia (isto é, abrir seu capital), agora leva quase uma década[22]. O Google recebeu menos capital de risco em toda a sua jornada para o mercado de ações do que a Voi, fabricante sueca de scooter elétrica, recebeu só em 2019[23]. Como outros empreendedores podem competir com um punhado de sujeitos que de repente têm 85 milhões de dólares para inundar as ruas de Estocolmo com scooters elétricas?

Eles não podem.

Quem tem o cheque de 85 milhões de dólares é imbatível. É quem tem a chance de reescrever as regras de tudo: desde o tráfego nas ruas de Estocolmo até a forma de comprar um livro, fazer campanhas eleitorais ou financiar a mídia.

Ou pense na WeWork, a agora famigerada startup que falhou espetacularmente com sua oferta pública inicial em 2019. O desastre fez seu investidor SoftBank injetar pelo menos 5 bilhões de dólares na empresa implodida – cerca de 1,5 milhão de dólares a mais do que foi investido em todas as empresas femininas pelo capital de risco nos Estados Unidos durante o mesmo período[24].

Como mais de 97% de todo capital de risco vai para homens, segue que nossos softwares, aplicativos, mídia social, inteligência artificial e hardwares são atualmente criados, financiados e desenvolvidos por homens. Não há nada de errado com os homens, mas alguma coisa está muito errada em um sistema que deixa as mulheres de fora.

A aliança entre capital de risco e o Vale do Silício significa que as regras para um ramo inteiro podem ser decididas pelo plano empresarial de uma única companhia. E quando esse capital de risco vai quase exclusivamente para homens, enfrentamos um problema que é muito maior do que uma moça não conseguir suporte financeiro para seu novo aplicativo, Aina Wifalk não ficar rica com seu andador com rodas ou mulheres não conseguirem empréstimos para expandir salões de beleza lucrativos.

Quando ideias e invenções são criadas por um grupo tão pequeno e homogêneo, o fato de o nosso mundo de repente ficar repleto de serviços e empresas concebidas para servir à classe média branca urbana não surpreende. Os fundadores dessas companhias são elogiados como grandes empreendedores, mas será que não podemos fazer melhor?

Nos últimos anos começamos a equiparar inovação a coisas como "Uber para babás de gato", "Tinder para fazendeiros" e "Netflix para documentários históricos", a uma quarta e ainda melhor câmera no iPhone e a um tipo de economia que tornou um punhado de homens mais ricos do que qualquer pessoa já tenha sido antes. Esses homens foram capazes de mudar fundamentalmente as regras do jogo para o mercado de trabalho, a democracia e a mídia. Valeu a pena? E mais, poderíamos ter feito as coisas de modo diferente?[25]

Ninguém que ouça a história de Aina Wifalk deixa de perceber que o andador com rodas só foi possível exatamente pelo que ela era. Sua experiência com a doença e a deficiência é que a fez pensar daquele modo. A diversidade é absolutamente crucial para o surgimento das melhores ideias. Não é esse o caso hoje, e está longe de ser apenas uma questão de discriminação: o problema está no cerne do nosso sistema financeiro.

As empresas que lutam por suporte são as que têm os projetos mais modestos: inovações práticas que facilmente se tornariam lucrativas. Em sua maioria, são as criadas por mulheres, e não se encaixam na lógica da caça à baleia.

Que as mulheres sejam excluídas economicamente é um desperdício a que não podemos nos dar ao luxo, ainda mais agora que talvez estejamos enfrentando o maior problema coletivo de inovação da história. Dos anos 1860 até hoje emitimos mais de 500 bilhões de toneladas de gases estufa na atmosfera, ao mesmo tempo que derrubamos florestas e exploramos a terra de forma sem precedentes. Isso torna cada vez mais difícil para o nosso planeta absorver o dióxido de carbono, e as consequências disso estão ameaçando tornar a Terra inabitável para a humanidade. Inovação e tecnologia nova são parte da solução para a emergência climática. Precisamos de todas as boas ideias que possam surgir.

Mas, em vez de mudar o sistema econômico, estamos tentando ensinar as mulheres a assumir mais riscos. A se colocar diante de investidores homens e apresentar ideias com potencial para "arrebentar!", "desestabilizar!", "dominar!" e "apoderar-se!". É assim que falam, portanto é assim que vocês precisam falar se quiserem suporte financeiro. O lema do Facebook era *"mexa-se rápido e quebre coisas"*: caso se torne grande o suficiente e rápido o bastante, os lucros acabarão por vir. Não se deixe afetar pelas consequências, apenas vá atrás de um monopólio e arrebente tudo que estiver no seu caminho. O empreendedor é retratado como um super-herói que, em nome da inovação, tem o direito – não, o dever – de ignorar as regras que se aplicam a todos os demais. Esse é o ideal que nos trouxe até onde estamos agora. E não precisava ter sido assim.

A tragédia do patriarcado é que pegamos a experiência humana e a partimos ao meio. Estabelecemos que determinados aspectos do que significa ser humano são femininos e outros masculinos, e que os masculinos devem suplantar os femininos. Isso não aparece só na precedência dada aos homens em relação às mulheres na sociedade, mas também se expressa em valores que chamamos "femininos" sendo deixados de lado na economia.

A forma tradicional como criamos os meninos tem sido, mais do que qualquer outra coisa, lhes dizer para excluir, negar e reprimir tudo o que possa ser visto como "feminino" dentro deles. Não chore, não seja tão sensível, não fique aí admirando as flores. Mas todas essas manifestações, é claro, são facetas do ser humano.

Aquelas que estamos negando aos homens.

Na economia, fazemos a mesma coisa: os valores femininos classificados como sentimentos, dependência, conectividade, e tudo o que for considerado "suave", não são olhados como algo que crie valor econômico – ou mesmo tenha direito de existir no mundo intenso da economia – e, se existir, certamente será secundário. Responsabilidade social corporativa, considerações ambientais e justiça social são questões simpáticas, mas são peixes miúdos em comparação com coisas como domínio de mercado e participar de competição do tipo "quem ganhar leva tudo" até as últimas consequências. Nas tentativas de preservar essa lógica econômica a todo custo – uma lógica em que o masculino desbanca o feminino –, perdemos muitas coisas.

Inclusive nós mesmos.

A inovação não poderia tanto "consertar" quanto "arrebentar"? Ou as novas invenções tanto "ajudam" quanto "desestabilizam"? Não poderiam "contribuir" para o ecossistema do mercado em vez de "dominá-lo"?

No que escolhemos investir como sociedade diz muito sobre o que valorizamos – e o que não. Em que problemas estamos despejando milhões na tentativa de resolvê-los? Ou melhor, nos problemas de quem? E os problemas de quem *não* estamos enxergando?

A lógica da caça à baleia é masculina. Não por ser biologicamente inerente ao homem, mas porque incorpora valores que aprendemos a classificar como sendo assim, sendo, portanto, mais valorizados do que aqueles que classificamos como femininos. Como consequência, as empresas que tentam operar fora dessa lógica não gozam das mesmas oportunidades. Na verdade, excluímos da economia os valores que descrevemos como "femininos". Nós os transferimos para a esfera privada – um lugar em que é aceitável "cuidar" e "consertar", "ajudar" e "conservar", e onde isso é até exigido, pelo menos se você for mulher. O mercado, entretanto, é um lugar para "arrebentar", "desestabilizar" e "dominar". Como vimos, a definição do que é inovação exclui muitas empreendedoras. Mas isso não é o pior.

O pior disso é a riqueza da inovação que permanece inexplorada.

Em 1998, a rainha Ingrid da Dinamarca, aos 88 anos, chegou a uma cerimônia de casamento luxuosa, na residência real de verão dinamarquesa[26]. Trajava um vestido de renda turquesa, que complementou com um andador com rodas verde-hortelã.

Essa foi uma grande ocasião para a mobilidade das mulheres mais velhas nessa parte do mundo. Para as mulheres em largas faixas do norte da Europa, as imagens da rainha Ingrid empurrando seu andador com rodas sem nenhum problema em uma grande festa normalizou-o como uma ajuda para caminhar.

Apenas porque tem medo de tropeçar, isso não significa que precisa perder o baile. Só porque não anda como os outros não significa que se deva ficar escondida em casa, ou deixar de exibir aquele vestido de renda turquesa.

Naquele dia, quando sua invenção realmente irrompeu na mídia, já fazia quinze anos que Aina Wifalk tinha morrido. Sim, seu andador com rodas espalhou-se pelo mundo. Mas quantas ideias de outras pessoas que, seja lá por qual razão não se encaixavam, nunca viram a luz do dia?

A história de Aina Wifalk pôde ao menos ser escrita. O que não aconteceu com as histórias das soluções que permaneceram desconhecidas. Quem desempenha um papel na invenção em nosso mundo? E quem não desempenha?

E qual o custo disso para todos nós?

6

Como influenciadoras ficam mais ricas do que hackers

As três primeiras cores do batom custavam 29 dólares e se esgotaram em trinta segundos. No dia seguinte era possível encontrá-las no eBay por quase dez vezes mais. O mercado estava clamando por esses kits contendo um batom e um lápis labial combinando. A ideia era que usar o lápis na parte externa, acompanhando a linha natural dos lábios, e depois preenchê-los com o batom, deixando-os mais carnudos do que eram. A técnica não era nova, nem as cores, mas a enorme demanda elevou extraordinariamente os preços em todos os sites de compra e venda da internet[1].

Quando Kylie Jenner lançou outras três cores de batom quatro meses depois, foram vendidas em dez minutos. Então com 20 anos, dali a poucos anos ela venderia metade da empresa por 600 milhões de dólares. Não importava que as pessoas comentassem que o negócio dela tinha sido construído em cima de cifras exageradas e mentiras[2]. O dinheiro que ela tinha ganhado com a empresa era real.

Kylie Jenner apareceu pela primeira vez na tevê aos 10 anos. Ela fez sua estreia fazendo o papel dela mesma em um reality show sobre a família em que tinha nascido[3]. Naquela época, o programa era transmitido para 160 dos 190 países do mundo. Toda semana, o mundo podia sintonizar no canal e seguir Kim, Kourtney, Khloé, Kendall, Kylie e a mãe, Kris Jenner, ao longo do dia. Os homens da família serviam apenas como acessórios na série – o programa girava todo em torno das mulheres: Kim e Kourtney se exercitando em sua academia doméstica enquanto tomavam goles de milk-shake e rolavam a tela do celular; Khloé, no sofá, atacando uma enorme tigela de salada para viagem; Kendall partindo em um jato particular usando agasalho esportivo e cílios superlongos feitos com pelos de vison.

Essas irmãs estadunidenses acabaram por definir o mundo ocidental feminino ideal na década de 2010, de uma forma não muito diferente de como a modelo inglesa Twiggy o tinha definido nos anos 1960. Naquela época tinha sido a silhueta magérrima e olhos grandes contra o fundo de uma Londres efervescente. Agora era uma pele impecável, olhos de gatinho, maçãs de rosto salientes, cinturas finas e lábios carnudos. Sem falar da bunda. Músicos cantavam músicas e mais músicas louvando o traseiro feminino. Desde quando o pintor barroco Peter Paul Rubens abandonou os pincéis, nos anos 1600, a bunda não tinha ocupado uma posição tão central na cultura popular. Kim, Kourtney, Khloé, Kendall e Kylie foram aclamadas como símbolos desse novo ideal.

As irmãs ajudaram milhões de mulheres a descobrirem suas sobrancelhas e começarem a tratar delas com diligência e escovas especiais. Elas normalizaram o Botox ao transmitir a aplicação de injeções da toxina em seu rosto, e tornaram aceitável ficar noventa minutos diante do espelho aplicando diferentes tons de blush nas maçãs do rosto. Elas também ficaram incrivelmente ricas.

Mais do que as outras, Kylie. A mais nova.

Na década de 2010, era muito fácil começar uma empresa bem-sucedida se você, como Kylie, tivesse mais seguidores no Instagram do que o número de habitantes da Alemanha. Se esse fosse o caso, então você já tinha o objeto da competição mais acirrada – a atenção. Então, é provável que não precisasse de capital de risco.

Kylie Jenner conquistou a imaginação das jovens num momento em que era muito difícil chegar a elas, confinadas em seus mundos digitais, fora do alcance das estratégias tradicionais de propaganda. O fato de Kylie ainda conseguir falar às jovens lhe deu poder econômico – um poder que certamente surpreendeu até mesmo ela.

Em fevereiro de 2018, Kylie escreveu no Twitter: "*Entãooo, alguém mais deixou de abrir o Snapchat? Ou sou só eu... ah isso é tão triste*"[4]. De imediato, interpretou-se que Kylie não gostava mais da plataforma social Snapchat, o que disparou uma reação de "VENDER VENDER VENDER" no mercado. Antes do fim do dia, o valor das ações do Snapchat tinha caído a 6% e 1,3 bilhão de dólares tinha sido varrido do seu valor de mercado[5].

Quando Kylie começou a vender batons em 2015, as pessoas na internet já vinham falando dos seus lábios há dois anos. Ela tinha ou não tinha feito preenchimento? As pessoas punham os lábios dentro de copos e sugavam até que os lábios parecessem tão inflados quanto os dela. Isso aconteceu exatamente quando a indústria de cosméticos estava passando por uma mudança estrutural. As jovens estavam abandonando a L'Oréal e a Maybelline das mães em troca de novos produtos de marcas recentes que tinham ouvido falar nas redes sociais ou em tutoriais de maquiagem no YouTube, onde mulheres da idade delas delineavam o contorno dos olhos e moldavam as sobrancelhas em frente de câmeras de celular. Foi esse movimento de abandono do antigo e imersão no digital que Kylie conseguiu explorar.

A atenção que a cercava – a mesma atenção que derrubaria as ações do Snapchat – era naquele momento dirigida para a venda dos seus próprios produtos, que também estavam ligados à parte mais famosa do seu corpo: os lábios.

E o dinheiro foi entrando.

Em 2018, a revista estadunidense *Forbes* classificou Kylie Jenner como a mais jovem *self-made* bilionária, um título que antes pertencera ao fundador do Facebook Mark Zuckerberg. A trajetória para os possivelmente mais ricos na idade mais jovem possível parece que mudou, da construção de websites em dormitórios estudantis em Harvard para a venda de batons a partir da muitas vezes filmada na mesa da cozinha da mãe de Kylie em Los Angeles. As influenciadoras aparentemente derrotaram os hackers no capitalismo, e quem poderia imaginar que seria a isso que a revolução digital nos levaria em seguida?

Em 2010, o famoso investidor estadunidense Peter Thiel resmungou desapontado: "*Queríamos carros voadores, em vez disso ganhamos 140 caracteres*"[6]. Era esse realmente o auge da inovação? Hoje, Thiel poderia declarar do mesmo modo: "*Queríamos carros voadores, em vez disso temos Kylie Jenner por trás de cinco diferentes filtros cintilantes no Instagram*".

A década de 2010 foi quando a internet mostrou que podia fazer algo novo: combinar a capacidade da televisão de atingir as pessoas com a intimidade de um telefonema. Era a mídia social. E gerou uma economia amplamente dominada por mulheres.

A década viu blogueiras, mães empreendedoras e instagrammers passarem a representar negócios femininos bem-sucedidos, isso enquanto o número de mulheres nas principais empresas de tecnologia como Apple, Google, Facebook e Microsoft permanecia escandalosamente baixo[7].

A mídia social também trouxe uma mudança radical nas atividades que antes pertenciam à esfera privada. De repente, fazer comida, planejar férias familiares, arrumar a mesa, fazer arranjo de flores ou escolher roupas para as crianças passaram a ser coisas em torno das quais seria possível montar um negócio. As plataformas de mídia social tornaram possível que mulheres relativamente comuns ganhassem dinheiro a partir do seu casamento, filhos e escolhas de consumo de uma forma completamente nova.

O interessante é que isso estava acontecendo em uma sociedade que em geral não valorizava tanto o trabalho feminino tradicional. Tarefas como fazer comida, planejar férias familiares, arrumar a mesa, fazer arranjo de flores ou escolher roupas para as crianças não eram consideradas "atividades econômicas" na teoria econômica padrão[8]. Eram invisíveis e consideradas sem "relevância econômica". Mas agora, de repente, negócios inteiros podiam ser montados em torno disso.

Sem mesmo ser um homem. No passado, muitas vezes somente quando um homem pisava em campos tradicionalmente femininos – da lida com laticínios à preparação de comida – é que o dinheiro começava a entrar. Não dessa vez. Os novos modelos de negócio começavam a proliferar, de Nyköping a Nairobi e de Aarhus a Moscou.

Para alguém que não era Kylie Jenner, as coisas deviam se desenrolar assim: uma jovem chinesa vai à Itália para estudar bioquímica. Amante de compras, logo descobre que é muito mais barato comprar itens de estilistas europeus na Europa do que na China[9]. Ela também sabe que a demanda que existe na classe média chinesa por produtos de luxo está aumentando. Então por que não comprar saias Armani e sapatos Chanel em Milão e começar a vendê-los para as consumidoras chinesas?

A década de 2010 viu o surgimento generalizado desse tipo de compradora profissional que vendia produtos de luxo ocidentais para o mercado chinês com a ajuda da mídia social. Com a qualificação em estilo e moda que tinham desenvolvido, elas passaram a oferecer isso como um serviço que outros podiam comprar, usando a própria vida como vitrines.

Elas se fotografavam em provadores e filmavam a si mesmas desfilando em ruas pavimentadas de pedra. Encenavam uma vida que combinasse com os produtos que estavam vendendo, tornando-se manequins vivos em suas butiques digitais.

O que tinha começado como um interesse privado em moda podia de repente transformar-se em cinco compradoras diferentes pela Europa e um serviço de atendimento ao cliente na China.

"Trabalho glamouroso"[10] é o termo usado para o tipo de trabalho iniciado pelas influenciadoras nos anos 2010, e é agora um pré-requisito em um número crescente de indústrias. O trabalho glamouroso é o cuidado com o corpo e o eu para atrair seguidoras para a versão de vida que uma pessoa exibe nas plataformas sociais. Isso inclui todo o esforço empregado em maquiagem, estilo, exercícios, tatuagem de sobrancelha e qualquer outra coisa que faça o eu físico corresponder ao eu virtual. Mas também se trata de toda uma estratégia: a ideia que vai surgindo para fazer a vida de alguém aparecer de certa forma nas telas nas mãos de outras pessoas.

Trabalho glamouroso é ao que Kim, Kendall, Kylie, Kourtney e Khloé têm se dedicado com tanta perseverança. A estratégia delas foi construir uma marca pessoal, difundi-la em diferentes plataformas e, então, vender produtos por meio do enorme foco de atenção que geraram em torno de si.

Muitos dizem que as Kardashians são famosas por serem famosas. Mas não é verdade. Kim, Khloé, Kylie, Kourtney e Kendall são famosas pelo que consomem. São uma espécie de ídolos de consumo. E não se trata de coincidência o fato de o modelo de negócio em cuja criação elas desempenharam um papel importante nasceu no matriarcado – uma organização rigorosamente controlada, tendo a mãe, Kris Jenner, no comando.

"*O estudo apropriado da humanidade é o homem... mas o estudo adequado do mercado são as mulheres*", publicou a *Printers Ink*, a primeira revista sobre comércio do mundo dedicada ao florescente setor publicitário, em 1929[11]. A mensagem não podia ser mais clara: o consumidor é uma mulher, mesmo que usemos a palavra "homem" quando nos referimos à humanidade.

Em muitos países, os homens gastam mais dinheiro em roupa do que as mulheres. As mulheres, entretanto, tendem a passar mais tempo nas compras. E são as mulheres que controlam boa parte de todo o consumo global. É a mulher quem compra comida, roupas, fraldas, mesas de centro, detergente e solução de limpeza para lentes de contato. Não porque ela tenha mais dinheiro, mas porque a tarefa econômica de ir atrás de produtos para a casa coube a ela. Isso indica o fato de que o consumo é, até certo ponto, um trabalho.

A compra é uma das muitas coisas que precisam acontecer para uma casa funcionar. Alguém tem de perceber que os ovos acabaram, o aquário precisa de um ímã limpador de vidro, ou que, se houver um protetor debaixo dos pés das cadeiras da cozinha, as crianças não vão mais cair delas e se machucar.

Hoje espera-se que as mulheres pensem sobre essas coisas mais do que os homens: faz parte do trabalho mental e emocional feminino. É muito mais frequente a mulher assegurar que não falte papel higiênico, do qual, como sabemos, ninguém sente falta até acabar. Mas o papel que a mulher desempenha na sociedade como consumidora-chefe não é algo que lhe renda uma medalha. Muito pelo contrário: o consumo privado é muitas vezes enquadrado como algo sujo e frívolo.

Era o homem que saía para trabalhar, economizava, construía e inventava, ou assim consta da narrativa tradicional. Então a mulher gastava o dinheiro dele, e isso fazia a economia sobreviver. A esquerda e a direita política por muito tempo concordaram com os pontos básicos dessa história. Os conservadores viam o homem como representante do elevado e do intelectual, enquanto a mulher representava a base e o material. Os socialistas, por sua vez, com frequência pensaram na produção como algo coletivo, masculino, criativo e útil, enquanto o consumo era feminino, individualista e muitas vezes sem sentido.

Mesmo hoje, os homens procuram se distanciar do conceito de compra. Quando um homem gasta 100 libras por mês em discos de vinil, não se diz que ele "compra", mas "que tem interesse em música". Se ele fica horas procurando o acessório certo para a sua moto, tem "paixão por velocidade", não "paixão por comprar". Uma mulher chefe de Estado com uma bolsa que custa 5 mil libras será classificada pela mídia como uma compradora compulsiva, mas ninguém pisca diante de um político que possui doze ternos que custam mil libras ou mais cada um.

A imagem da mulher compradora compulsiva com um armário repleto de bolsas de marca tornou-se símbolo de irresponsabilidade econômica. Ainda que o valor de uma bolsa de luxo de segunda mão muitas vezes seja maior do que seu preço de compra. Compare isso com um reluzente Volvo novinho, que começa a depreciar em uma rapidez alarmante no instante que sai da concessionária.

O poder do consumidor foi uma das primeiras formas de poder econômico que a mulher possuiu de verdade. No início do século XX, as mulheres suecas não tinham o direito de votar, mas conseguiram formar associações de consumidores. Se o leite estivesse cheio de estrume líquido ou um comerciante tivesse vendido a elas salsichas enchidas com sobras, era no papel de consumidoras que podiam tentar fazer uma mudança[12].

Do mesmo modo, nos anos 1700, as inglesas não tinham a opção de votar contra a escravidão. Não votavam nas eleições, nem podiam ser candidatas ao Parlamento. Mas, por meio de suas compras, eram capazes de protestar contra a existência de navios negreiros. Sabemos que as senhoras de classe média compravam broches, caixas de rapé, telas de lareira e almofadas com slogans antiescravidão bordados neles. É claro que o ativismo delas foi descartado como um modismo passageiro de uma elite cultural urbana hipócrita. Mas o que mais poderiam ter feito?

Mais tarde elas boicotaram o açúcar, cuja matéria-prima era colhida pelos escravos em condições terríveis. É claro que é questionável qual a diferença que isso fez, mas é inegável que as mulheres donas de casa da classe média inglesa fizeram uso do poder que tinham como principais compradoras de produtos para casa[13].

De modo semelhante, na economia, as mulheres historicamente tiveram mais interesse na evolução dos preços do que na evolução salarial. O custo dos produtos tinha impacto maior na vida diária. Significativamente, muitas vezes era quando o preço do pão subia que as mulheres iam para as ruas. Isso foi visto na Revolução Francesa de 1789[14] e na Revolução Russa de 1917[15]. Podemos dizer que o poder consumidor feminino tem sido uma força a ser reconhecida. Apesar disso, o consumo feminino muitas vezes é usado para caracterizar o declínio moral de uma sociedade, em oposição, digamos, ao desenvolvimento progressivo.

Em 1852, quando foi criada a moderna loja de departamentos em Paris,[16] os cérebros pensantes de então declararam que as mulheres francesas jamais seriam capazes de lidar com ela. A atração das vitrines era quase sexual para as senhoras, sugeriram. As mulheres, por sua própria natureza, eram superficiais e impulsivas. Atraídas pela beleza, sensualidade e conveniência, em geral não eram confiáveis quando se tratava de tentação. Todos nós nos lembramos de quem fez Adão morder a maçã, não é verdade?

Quando as lojas de departamentos abriram suas portas, abrigavam inovações importantes que eram consideradas um tanto perigosas, pelo menos para os mentalmente fracos (isto é, as mulheres). Uma característica-chave do conceito da loja de departamentos era que você poderia entrar sem precisar comprar nada.

Eram construídas como espetáculos em si mesmas, mundos de entretenimento projetados para manter o cliente dentro de suas paredes o maior tempo possível. Tinham escadas lindas, espelhos cintilantes e tentações de todos os cantos do mundo. E o principal: era perfeitamente aceitável apenas entrar e ficar admirando tudo. Com isso, comprar se tornou um passatempo. Muitos ficaram imaginando até onde essa evolução chocante poderia ir.

Outra inovação importante que veio associada às lojas de departamento foram os preços fixos[17]. Dentro delas não era preciso pechinchar ou negociar para conseguir o chapéu que queria: não, ali era possível saber de imediato quanto custava. Isso acelerou as vendas.

O conceito inteiro da loja de departamentos envolvia também seu tamanho: a pessoa era forçada a percorrer andar por andar para encontrar o que precisava. Era quase como se quisessem que as mulheres se perdessem.

Émile Zola escreveu seu clássico romance *O paraíso das damas* no cenário das florescentes lojas de departamento. O eminente escritor francês passou semanas fazendo pesquisa no Le Bon Marché, uma famosa loja de departamentos na Rive Gauche da capital francesa. Na visão de Zola, a loja de departamentos chegou quando as francesas começaram a abandonar a Igreja. A seu ver isso não era coincidência[18]: de certo modo, comprar tinha se tornado a nova religião das mulheres, escreveu.

A mulher tinha parado de aperfeiçoar sua alma e se sentia motivada a aperfeiçoar seu corpo. No novo culto da moda, o corpo e a beleza emergiram, tendo a loja de departamentos como templo.

Mas o que Zola deixou de explorar foi o fato de que havia algo muito concreto que igrejas e lojas de departamento tinham em comum, algo que de certa forma explicava por que as mulheres eram atraídas para ambos os lugares. Eram espaços públicos pelos quais o corpo feminino podia circular em relativa segurança. A nova loja de departamentos dava à mulher francesa mais abastada um direito de que antes ela não usufruía: o direito de flanar. De repente a mulher podia vagar em um local público sem correr o risco de assédio ou de um ataque sexual. Podia circular como se estivesse na rua, mas com muito mais proteção. Era, simplesmente, um espaço público que a mulher podia frequentar sem um homem e sem medo.

As mulheres da classe operária, entretanto, continuavam a ser apalpadas atrás dos balcões como sempre. A loja de departamentos de maneira nenhuma representou a liberdade para todas – longe disso –, mas, enquanto o Estado não criava um espaço público seguro para as mulheres, o setor privado tentava.

E era muito bem pago para isso.

Em 1909, quando o estadunidense Harry Gordon Selfridge fundou sua imensa loja de departamentos em Londres, viu isso como um ato feminista[19]. Na Selfridges, o empreendimento que ainda coroa a extremidade oeste da rua Oxford, o dever da mulher de comprar se tornava algo para desfrutar. O empresário encheu a Selfridges de restaurantes elegantes mas com preços razoáveis onde a cliente podia comer sozinha sem ser perturbada, algo que era genuinamente impossível na maior parte dos outros estabelecimentos londrinos. Selfridge instalou uma biblioteca para que ela pudesse retirar livros e criou uma área de leitura e um setor de primeiros socorros. No meio do prédio havia também um espaço tranquilo, com iluminação suave onde, imaginava, a mulher poderia se sentar no aconchego de um sofá macio e fechar os olhos.

Antes de voltar para o seu dia de compras.

É evidente que existia uma lógica comercial por trás de tudo isso. Como homem de negócios que era, Selfridge queria manter as clientes dentro da loja o maior tempo possível. Mesmo assim, permanece o fato de que ele criou um espaço urbano em que pelo menos algumas mulheres podiam se movimentar com muito mais liberdade do que antes. Ou seja, a ideia de compras como parte do caminho para a liberação feminina, pelo menos para as mulheres brancas, não é nova.

O consumo é algo vergonhoso que pode corromper uma sociedade inteira, advertiu Émile Zola, enquanto outros, como Harry Gordon Selfridge, o imaginaram como uma possível via para a liberação feminina. Essa discussão ainda continua em muitas frentes, só que soa mais como: Seria Kylie Jenner um modelo a seguir ou um caso com que se preocupar? O fato de ela voar por aí em um jato particular cor-de-rosa no valor de 50 milhões de dólares é inspirador ou apenas outro sintoma de capitalismo atrasado? Não conseguimos decidir. Nem antes, nem agora. Mas a questão pode ser ainda mais importante hoje em dia, porque deixou de ser uma questão de uma loja de departamentos bem planejada em uma das avenidas de Paris. A nova tecnologia tem visto a lógica de consumo espalhar-se pela nossa vida de forma inteiramente nova.

Na loja de departamentos do século XIX, preços fixos eram o ponto alto. Mas, nestes dias, é possível ler on-line um artigo de revista e acessar na hora um link patrocinado que leva a uma página em que pode comprar aquilo que acabou de ver. Em geral, é assim que as plataformas sociais onde você está passando cada vez mais tempo ganham dinheiro. E a integração do comércio com a tecnologia que carregamos no bolso tornou-se uma parte central de como experimentamos o mundo no início do século XXI[20].

Se o consumidor é uma mulher, e o nosso mundo é cada vez mais consumível, isso dá a ela mais poder, ou se dá à custa dela? É uma pergunta importante.

Uma influenciadora é paga para viver uma vida cujos componentes estão à venda. Suas seguidoras estão ansiosas para ouvir o que ela tem a dizer sobre sua síndrome do pânico ou a respeito do seu novo gato, mas também querem poder comprar o sofá onde está sentada quando fala sobre isso naqueles *posts*.

A evolução das plataformas sociais é tal que não se trata mais de só mostrar opções de consumo diferentes – "V*ejam a blusa que comprei!*" Em vez disso, trata-se de pessoas tendo a chance de ver as opções de consumo e comprarem na hora uma "parte" do que você representa para elas. Isso é realmente uma espécie de revolução comercial.

Atualmente existem aplicativos capazes de "escanear" o mundo à nossa volta[21]. A ideia é ser capaz de ver onde comprar o jarro que está admirando ao tirar uma foto e passar a imagem pelo aplicativo. Assim, a indústria do varejo agora sonha em transformar o mundo inteiro em uma única vitrine clicável. Se você vê alguém usando uma jaqueta de que gostou, bastará tirar uma foto e logo vai conseguir o link de onde comprá-la, tornando assim o mundo real tão consumível quanto o digital. Tudo será como a loja de departamentos de Harry Gordon Selfridge – tudo subordinado a uma única lógica comercial.

Os anos 2010 confundiram os limites entre consumo e produção, e cada vez mais começamos a falar sobre uma nova categoria de "prossumidores"[22]: pessoas que não eram nem consumidoras nem produtoras, mas uma combinação dos dois. Foi nessa zona fronteiriça que muitas mulheres construíram suas empresas.

Uma influenciadora é uma prossumidora. Ela consome vitaminas enquanto está fazendo propaganda dos mesmos comprimidos ao se fotografar no momento em que os toma. Seu trabalho principal é convencer as seguidoras que devem tomar as vitaminas de qualquer modo, quer esteja sendo paga para isso, quer não. O truque é convencer as seguidoras de que é uma consumidora normal como elas. O que a influenciadora é. E também não é.

Na verdade, toda usuária de Instagram é, de algum modo, uma prossumidora. Usamos a plataforma ao mesmo tempo que a criamos por meio do nosso conteúdo. A questão é se isso é realmente novo: muitas inovações do século passado envolviam forçar de várias maneiras os limites entre consumo e produção. Por exemplo, os fast-foods: o consumidor se torna coprodutor na hora da refeição. Os consumidores levam a comida para a mesa e depois a deixam limpa, o que permite ao restaurante oferecer preços mais baratos.

Ou as lojas de móveis prontos, em que a consumidora também se torna marceneira quando tenta, o melhor que pode, aparafusar a estante em sua sala.

Embora quase sempre pensemos no consumo e na produção como entidades separadas, elas raramente são. Mas, nos anos 2010, essa linha inegável ficou ainda mais indistinta, o que criou muitas oportunidades para as mulheres.

Afinal, a narrativa fundamental da mulher na economia era que ela pertence à esfera privada – que o homem sai de casa e faz trabalho pago, enquanto a mulher permanece em casa. Embora isso não tenha sido o caso por um longo período da história – a mulher quase sempre também trabalhou na economia formal –, essa é uma percepção incontestável de como as coisas funcionam[23]. O homem está lá fora na esfera pública, enquanto se presume que a mulher pertença à esfera privada.

Mas o que aconteceu na década de 2010 foi que a nova tecnologia tornou pública grande parte da nossa esfera privada. Você tirava uma foto do seu café da manhã e postava online para todos verem, e algumas pessoas descobriram que podiam até ganhar um bom dinheiro ao postá-las. Pelo menos se tivessem o dom de cortar os morangos em formatos elaborados e arrumá-los salpicados com sementes de chia.

Do mesmo modo, o casamento e os filhos podiam se tornar uma carreira de tempo integral, se fosse boa o suficiente para criar uma reportagem contínua de estilo de vida online sobre eles. O que era diferente na nova economia era o fato de se basear quase inteiramente na capacidade de criar um vínculo emocional com a audiência. "Ser pessoal" naqueles anos assumiu um sentido comercial todo novo.

Pegue como exemplo a maternidade. A década de 2010 foi aquela em que o mundo ocidental ficou obcecado pela maternidade. Quais celebridades estavam grávidas ou não, quais eram férteis ou inférteis ou como elas resolveram educar seus filhos – todos eram imensos tópicos de conversa. As pessoas atualizavam suas fotos de perfil nas mídias sociais com ultrassons da criança que estavam carregando.

Quando a maternidade como conceito, ideia, desafio e problema acontecia diante dos olhos do público dessa forma inteiramente nova, muitas vezes se via o digital e o íntimo se fundirem.

Para as celebridades femininas, com frequência esse tipo de maternidade digital era um modo de deixarem de ser um sonho inatingível para se tornarem alguém com quem o consumidor pudesse se identificar. A maternidade era uma forma de combinar o glamour de celebridade com a demanda da internet por intimidade[24]. Juntas, Kim, Kylie, Khloé, Kendall e Kris tiveram um total de doze filhos. A maternidade é crucial para a marca delas em quase todos os níveis. Elas representam um tipo de maternidade glamourosa, empreendedora, em que seu produto mais recente é batizado com o nome da filha e depois você posa com ela online enquanto as encomendas chegam.

Mulheres jovens compravam batons de Kylie Jenner porque a viam como autêntica. Ela era real para elas de uma forma que a modelo no cartaz mais recente da L'Oréal não era. Mesmo que a modelo tivesse a mesmíssima aparência de Kylie Jenner, as jovens não a ouviram falar sobre seus relacionamentos, nem viram sua barriga grávida besuntada com gel azul num exame de ultrassonografia. Foi possível se identificar com Kylie porque ela compartilhava coisas, e sua maternidade constituía uma grande parte disso.

E isso era tão irônico! A maternidade, durante tanto tempo vista como o oposto de tudo o que o mercado defende, agora de repente tinha peso comercial nem um pouco insignificante.

Historicamente, as identidades maternal e profissional da mulher eram vistas como opostas em sua essência, mas o mesmo não podia ser dito em relação ao homem. Acreditamos que ter um emprego e sustentar a família é parte integral do que significa ser um bom pai. O que não se aplica à mulher, e nos anos 2010, para muitas mulheres, começar uma empresa em torno da sua identidade como mãe tornou-se uma forma de criar uma ponte sobre esse abismo.

A empresa de Kylie Jenner foi iniciada em uma mesa de cozinha – mas era uma mesa constantemente filmada e fotografada. A esfera privada ainda era o local de trabalho da mulher, mas a tecnologia a trouxera de repente para o domínio público. De algum modo a revolução era essa: mais mulheres podiam criar alternativas a um mercado de trabalho que nunca foi feito para elas.

Até certo ponto, o empreendedorismo em geral tem sido uma "porta de saída" para as mulheres. Na África, o continente com a porcentagem mais elevada de empreendedoras, o empreendedorismo é muitas vezes uma resposta à discriminação. As mulheres têm mais dificuldade de arranjar emprego e mais frequentemente não têm o tipo de habilidades formais que muitos empregadores procuram. As mulheres também assumem a responsabilidade básica pela casa e pelos filhos, o que significa que precisam de empregos com uma flexibilidade que não existe. Então, elas os criam para si mesmas.

De modo semelhante, na Europa, muitas vezes as mulheres decidem que querem trabalhar de outra forma: uma advogada pode estar cansada de ganhar menos do que seus colegas homens, ou simplesmente não vê sentido na política de uma empresa que exige a presença dos funcionários no escritório durante 12 horas por dia.

A evolução tecnológica nos deu mais empreendedoras porque tornou mais fácil para as mulheres abrirem empresas e gerenciá-las de casa. Na verdade, o empreendedorismo da década de 2010 foi com frequência saudado como o novo feminismo. Dessa nova safra de empreendedoras, a mais comentada foi a mulher que trabalhava de casa e que ganhava a vida exibindo o que consumia enquanto compartilhava fragmentos do dia a dia da sua família. Lógico que esse não só acabava sendo o tipo de empreendedorismo que mais combinava com o papel do gênero feminino, como era apresentado simplesmente como uma extensão disso. Mas havia um preço a pagar. Sua vida íntima se tornava pública, e os detalhes compartilhados online passavam a pertencer às grandes empresas tecnológicas. Kylie Jenner – uma mulher – deve ter sido quem mais ganhou no Instagram.

Mas ele pertence a Mark Zuckerberg.

Naqueles anos, compartilhar momentos muito pessoais tornou-se uma estratégia de negócio. O truque era combinar um exterior perfeito com um mundo interior vulnerável que revelava a perfeição exterior como algo que era *externo* – e portanto poderia ser alcançado ao comprar os produtos promovidos. Esse tipo de intimidade pode funcionar como estratégia de negócio, mas também pode levar uma pessoa a renunciar de si mesma. A intimidade que os seguidores sentem que dividem com quem admiram pode levá-los a sentir um certo senso de propriedade.

Mas talvez estejamos nos antecipando. Afinal, a intimidade como estratégia de venda não é novidade. Os homens também a usam. Construir relacionamento emocional com os clientes está longe de ser algo que as mulheres descobriram ou sobre o qual tenham exclusividade. Do mesmo modo que uma mulher pode usar plataformas sociais para construir relacionamentos que podem se transformar em vendas, um homem também tenta criar intimidade nos negócios por meio de diversos meios.

Ir a um jantar de negócios e ficar muito bêbado é uma estratégia para criar intimidade em potenciais relacionamentos comerciais que é vista como tradicionalmente masculina. Os homens ficam embriagados e assim criam uma ligação. A boate de striptease, sem dúvida o lugar mais clichê para fazer negócios, é outro.

Por que alguém se sente compelido a levar outro alguém a um show heterossexual de peitos? A resposta é intimidade. Não com as mulheres no palco, é claro: elas estão ali para serem vistas. Não, uma expedição a um clube de striptease é para criar intimidade com outros homens. Compartilham uma experiência que os expõem, e essa intimidade pode fornecer a base para uma futura relação de negócios.

É fácil perceber que há algumas armadilhas aqui.

Estudos mostram que a autoestima de adolescentes diminui quanto mais tempo passam em plataformas sociais. Ao mesmo tempo, o desenvolvimento dessas plataformas pode também ser visto como um meio para as mulheres ganharem dinheiro com habilidades tradicionalmente femininas. E o que há de errado em construir uma empresa em torno da beleza, sua casa, criação de filhos, culinária ou querer estar em casa quando as crianças voltam da escola? Temos a tendência de não criticar celebridades masculinas como George Clooney por ganhar meio milhão de dólares por comercializar seu hobby (tequila!). Mas existe, é claro, uma diferença.

Desde a infância, as mulheres são encorajadas a sempre pensar sobre como se apresentam para os outros. Historicamente, a atratividade tem sido uma necessidade econômica para as mulheres de uma forma que não foi colocada para os homens. Como as mulheres não têm tido as mesmas oportunidades econômicas dos homens para se tornarem independentes, tiveram de contar mais com a boa vontade dos outros.

Até hoje, em muitas partes do mundo, a viúva impopular é muitas vezes posta fora da comunidade se não houver leis ou instituições locais que garantam seu direito à herança. Do mesmo modo, os livros de Jane Austen descrevem a relação direta entre ser popular em um baile e ser capaz de prover seu sustento no outono da vida. Tudo gira em torno de agradar o homem – ou, se isso falhar, ao menos de não se manter afastada de sua comunidade. Parece, então, muito estranho que as mulheres sejam obcecadas em relação ao que os outros pensam delas? Durante séculos, ser querida determinou as chances de sobrevivência econômica das mulheres.

Não é surpreendente, portanto, o fato de muitas mulheres terem desenvolvido um sexto sentido sobre como deveriam ser vistas. Depois, ocorreu a elas que podiam fazer um bom uso disso na economia digital. Com a mídia social, a habilidade da mulher de se fazer apreciada e criar laços emocionais de repente podia ser monetizada. Se Kylie Jenner tivesse nascido duas décadas antes, é provável que fosse rica de qualquer modo. Mas não tão rica. As supermodelos e estrelas da tevê até então podiam ficar milionárias, mas quase nunca bilionárias.

As influenciadoras que ganharam mais dinheiro na década de 2010 foram as que, como Kylie, assumiram o papel de ídolos do consumo. Que as pessoas perdidas em selvas de produtos se voltem a alguém confiável para recomendar um carrinho de bebê não é estranho. Então por que uma mãe blogueira não deveria ganhar para anunciar produtos? Revistas semanais pertencentes a homens fizeram isso por décadas. Por que uma estrela de cinema não deveria ser capaz de investir em si mesma e usar isso para vender sua própria linha de tênis? Por que o dono dos estúdios de Hollywood é quem deve fazer dinheiro com o público que não tira os olhos dela?

Consumo é algo que codificamos como feminino, mas dificilmente conseguimos dizer que essa lógica consumista é algo que rejeitamos ou ignoramos como a maioria das coisas associadas com mulheres. Muito pelo contrário: ser consumidora é uma das poucas identidades codificadas como femininas que está começando a se tornar universal de verdade. E, com ela, o consumo privado passou a desempenhar um papel crescente na economia.

Em 10 de maio de 1940, Winston Churchill tornou-se primeiro-ministro do Reino Unido. A guerra se espalhava pela Europa, e em um discurso no Parlamento o novo premiê disse estas famosas palavras: "*Nada tenho a oferecer, senão sangue, trabalho, lágrimas e suor*".[25] Sessenta anos depois, o presidente dos Estados Unidos George W. Bush fez um discurso em uma situação de crise diferente, logo em seguida aos ataques terroristas de 11 de setembro de 2001. Nele, Bush convocou o povo a fazer algo muito diverso: pediu para as pessoas "*irem às compras*"[26]. Churchill apelou para a ética de trabalho do seu povo, enquanto Bush falou às pessoas como consumidoras. E, em muitos aspectos, isso fez sentido.

A economia do Reino Unido dos anos 1940 era abastecida precisamente pelo tipo de ética de trabalho abnegado a que Churchill estava tentando se referir. Nos Estados Unidos de 2001, entretanto, uma parcela grande da produção tinha sido transferida para trabalhadores do outro lado do mundo. O que não quer dizer que muitos estadunidenses não tenham trabalhado arduamente naqueles anos. Mas o trabalho era muitas vezes ligado a empregos de baixa remuneração no setor de serviços, então foi o consumo que cresceu, alimentado pelo crédito e taxas de juros baixas – tudo o que acabaria por levar à crise financeira de 2008.

Em décadas recentes, inúmeros economistas têm falado da "feminização" do mercado de trabalho[27]. Com isso querem dizer que há mais mulheres no trabalho remunerado, mas também que todo o mercado de trabalho se tornou mais "feminino". O que não quer dizer que o mercado de trabalho está ficando mais cor-de-rosa e fofo ou histérico uma vez por mês.

Significa que se tornou menos seguro.

Os empregos são cada vez mais flexíveis, mal remunerados e sediados em casa. O que tradicionalmente se entendia por "emprego" – ficar na fábrica oito horas por dia e então conseguir sustentar a família com seu ordenado – tornou-se cada vez mais difícil em muitas economias. Em vez disso, o trabalho mal remunerado e em tempo parcial está se tornando mais generalizado – o tipo de trabalho que antes era adequado para as mulheres. Pensava-se, afinal, que elas não "precisavam" ganhar tanto quanto os homens.

Do mesmo modo, muitas economias foram "feminilizadas" ao se voltarem cada vez mais para o consumo. Tanto os homens quanto as mulheres foram encorajados a ver sua identidade econômica como consumidores acima de tudo. Isso foi o que tornou tão natural para George W. Bush conclamar os estadunidenses a assumir esse papel em 2001.

Em seu livro *Art & Energy* [Arte e energia, em tradução livre], Barry Lord discute essa mudança[28], que acredita ter começado na década de 1970. Nossa identidade como consumidores tornou-se cada vez mais importante culturalmente por volta da mesma época em que as sociedades começaram a ser impulsionadas pelo petróleo.

O petróleo facilitou uma explosão de produtos de consumo baratos, cuja compra e venda tornou-se parte significativa da nossa economia. Isso infiltrou-se também na nossa identidade cultural: paramos de nos enxergar primordialmente através da nossa relação com a produção, mas como consumidores. Esse era o nosso papel principal na economia e, assim, em tempo de crise, a contribuição que podíamos dar como cidadãos era comprar. Nisso repousa o nosso poder e, nesse sentido, todos nós, de certa forma, nos tornamos "mulheres".

Por assim dizer, a loja de departamentos nos consumiu.

O ponto defendido por Lord é que nossa identidade está enredada com nosso consumo de energia. Hoje, essa identidade de consumo extremamente forte brota de uma sociedade alimentada com combustíveis fósseis. Não seremos capazes de nos desligar dos combustíveis fósseis sem encontrar uma nova identidade econômica.

Se continuarmos a nos ver antes de tudo como consumidores, nunca seremos capazes de enxergar soluções para a emergência climática. Precisamos deixar de consumir o mundo e passar a protegê-lo. E Kylie Jenner provavelmente não está nos ajudando nisso.

Até aqui, este livro argumentou que muitas coisas que aprendemos a classificar como femininas precisam, em nossa avaliação, de uma atualização. Que olhar de forma depreciativa para tudo, desde malas com rodinhas até mulheres em carros elétricos, não só não ajudou como realmente nos atrasou. Do mesmo modo que a teimosia em insistir que somente coisas duras como metal podem ser consideradas tecnologia, ou que a lança deve ter vindo antes da vara de cavar.

Enquanto isso, a lógica pela qual a inovação precisa "dominar", "arrasar" e "desestabilizar" criou uma economia que, em muitos aspectos, é desumana. Encontrar uma alternativa vai exigir que pensemos de forma diferente sobre gênero, porque nossas ideias sobre gênero ditam o que valorizamos e o que não, em nossa vida pessoal e na economia como um todo.

Mas ganhar 600 milhões de dólares com a venda de batons não é sinônimo de liberação apenas porque é uma mulher que está fazendo isso. O jato particular de Kylie Jenner não produz menos poluentes só porque sua decoração é cor-de-rosa. Não é uma questão de pintar o mesmo mundo de rosa e chamar isso de progresso.

Kylie Jenner representa uma versão extremada do papel de consumidora que foi atribuído à mulher em nossa economia, combinada com os símbolos tradicionalmente masculinos de sucesso material como jatos particulares – ainda que em cor diferente. Em si mesmo talvez isso não tenha nada de ofensivo. Já devotamos muito tempo ofendendo o consumo feminino como ele é. Mas também não devemos confundi-lo com liberação.

A liberação para a mulher não é expandir a lógica de consumo da loja de departamentos para abranger o mundo todo, mas dar às mulheres acesso ao restante da economia nos mesmos termos dados aos homens.

E esse é um projeto muito maior, que vai mudar quase tudo.

CORPO

7

Como o cisne negro acaba por ter um corpo

No início só havia duas coisas no cosmos: gelo e fogo. Havia o reino abrasador de Muspelheim ao sul, e o reino gelado de Niflheim ao norte, e do fogo para o gelo estendia-se Ginnungagap, o vazio aberto onde a sabedoria residia. Era dessas três fontes – gelo, fogo e o nada – que os vikings acreditavam que o mundo tinha se originado.

Certo dia, fagulhas dos fogos de Muspelheim encostaram no gelo de Niflheim. Devia ser apenas uma questão de tempo que isso acontecesse, mesmo que *tempo* como o conhecemos agora ainda não existisse. Onde o gelo e o fogo se misturaram formou-se um corpo de água, e daquela água emergiram duas criaturas: uma vaca e um gigante. O nome do gigante era Ymir. Ele bebeu do úbere da vaca e adormeceu. Do suor de suas axilas saltaram os gigantes gelados, que batendo juntos seus pés geraram um ser terrível com seis cabeças.

Esse foi o caos formado pelo encontro do gelo com o fogo, que desencadeou a criação do mundo.

O gigante Ymir bebeu o leite da vaca, e a vaca, por sua vez, lambeu pedras de sal para se nutrir. Um dia, sua língua grande e úmida acabou extraindo o deus Búri da pedra. Búri teve três netos: Odin, Vili e Vé. Eles foram os primeiros deuses e cresceram no vazio do Ginnungagap, tendo os gigantes gelados como primos. Foram Odin, Vili e Vé que mais tarde decidiriam que Ymir tinha de morrer e, com espadas que eles mesmos forjaram, abateram seu progenitor. Da artéria carótida que cortaram ao meio, jorrou um sangue azul que afogou os outros gigantes.

Então pegaram o corpo de Ymir e dele criaram o mundo: a carne de Ymir se tornou a terra, os ossos as montanhas, o sangue os mares e lagos. Transpuseram a coroa da cabeça dele para o ponto culminante de Ginnungagap, e com ela formaram os céus, e o adornaram com fogos de Muspelheim como estrelas. Pegaram quatro das larvas que estavam devorando o cadáver de Ymir e as colocaram nas bordas do céu, que passaram a ser os quatro pontos cardeais: leste, oeste, norte e sul.

Do solo rico brotou a árvore da vida, o imenso freixo Yggdrasil. Seus galhos se estenderam pelos céus, abraçando tanto os fogos de Muspelheim como o gelo de Niflheim. Foi quando Odin pegou dois pedaços de madeira e com seu machado talhou as primeiras pessoas: o homem, Ask, e a mulher, Embla.

Como você já deve ter percebido, certamente não faltava imaginação aos vikings, o que torna muito interessante sua falta de criatividade quanto ao surgimento da humanidade. Odin não nos suou nem lambeu para nos dar origem, não: ele nos talhou com um machado; os humanos foram produto mais da tecnologia do que do mistério. O mundo pode ter surgido da lambida de sal das vacas e da batida dos pés de gigantes gelados, mas os deuses criaram a humanidade mais ou menos do mesmo jeito que os vikings construíam barcos e casas.

George Zarkadakis, especialista em inteligência artificial, destacou que nossas ideias sobre de onde viemos muitas vezes tendem a ser suspeitamente semelhantes à tecnologia dominante na nossa sociedade[1]. Na Bíblia, nos ensinaram que Deus *"formou o homem do pó da terra"*[2]. Da mesma forma, os gregos antigos pensavam que Prometeu nos moldou a partir da água e da terra. Na mitologia egípcia, os deuses moldavam as crianças no barro antes de deslizá-las para dentro do útero das mulheres, e no Sudão se dizia que Deus usava barros de cores diferentes, o que explica por que os humanos têm diferentes cores de pele. Zarkadakis escreve que esse tipo de metáfora com barro era comum em especial nas sociedades agrárias, em que a sobrevivência dependia das colheitas, e onde potes feitos de barro eram um prodígio de tecnologia.

Então nossas metáforas mudaram.

Na Grécia Antiga, os engenheiros desenvolveram complexas redes de canais, aquedutos e sistemas de irrigação. Ctesíbio de Alexandria criou um relógio de água com um ponteiro indicador e um órgão hidráulico que tocava músicas com o peso da água. A primeira máquina a vapor foi inventada no Egito; na Alta Mesopotâmia, Ismail al-Jazari construiu um barco que flutuava em um lago com quatro músicos automatizados tocando cançonetas mecânicas para o rei.

Se água, vapor e certa habilidade de engenharia podiam fazer as coisas se moverem, não era lógico que os humanos funcionassem do mesmo modo? Começamos a nos ver cada vez mais como construções alimentadas por líquido ou vapor.

Hipócrates avançou na ciência médica e passou a ver o corpo como sendo controlado por quatro líquidos diferentes: sangue, bile amarela, bile preta e fleuma. Na verdade, as metáforas hidráulicas ainda são empregadas, principalmente quando se trata de descrever emoções. Podemos nos sentir "bombados", ou dizer que "a pressão foi muita", ou apenas verbalizar a necessidade de um "escape" emocional. De algum modo, ainda pensamos que as emoções se formam dentro de nós como vapor em um motor.

No século XVII, o filósofo francês René Descartes passeava pelos jardins reais de Saint-Germain-en-Laye, criados pelos famosos irmãos Francini de Florença. Os irmãos italianos tinham se especializado em fontes, mas quando digo fontes não me refiro a um sapo de pedra cuspindo jatinhos de água, ou um singelo tanque borbulhando que serve de banheiro para os pássaros locais. Estou falando de estátuas hidráulicas: mecanismos aquáticos que podiam se mover, tocar músicas e dançar. Os jardins em Saint-Germain-en-Laye eram verdadeiros labirintos com misteriosas passagens e grutas onde era possível ficar cara a cara com animais mecânicos ou ouvir o tilintar de órgãos aquáticos. Eram alguns dos feitos tecnológicos mais espetaculares da época, construídos em grande parte da Europa às expensas de príncipes e papas.

Descartes formularia mais tarde a ideia muito influenciadora de que o corpo não passava de *"uma estátua ou uma máquina"*[3]. Observem as estátuas hidráulicas, ele escreveu, se movem e tocam! Vejam como parecem ganhar vida! Se a humanidade podia construir esse tipo de máquina, então não era certamente lógico que Deus fosse capaz de criar coisas ainda mais complexas? E a humanidade não é essencialmente isso – uma máquina complexa?

Na Idade Média e na Renascença, figuras mecânicas dançavam em relógios e órgãos em grande parte da Europa. O maquinário era muitas vezes patrocinado pela Igreja Católica, que investia pesadamente no desenvolvimento dessa tecnologia, financiando novas edições e traduções de antigos manuais sobre a construção dele. Havia mesmo um pobre Jesus que se contorcia e fazia caretas enquanto pendia da cruz em sofrimento mecânico pelos nossos pecados.

Nas grandes catedrais, o relógio não apenas soava as doze badaladas com um abrupto *ding dong*, mas apresentava um espetáculo totalmente mecânico. Anjos abriam portas para Virgens Marias feitas de madeira, depois levantavam a cabeça e erguiam as trombetas. Um Espírito Santo movido por uma engrenagem passava voando, enquanto um Gabriel automatizado saltava e bestas horrendas rolavam os olhos e punham a língua de fora. Enfim, São Pedro surgia com os outros apóstolos e, com doze martelos, batiam as horas. Claro, esses espetáculos tecnológicos causavam muita impressão nas pessoas daquele tempo. Assim como os vikings chegaram a acreditar que os deuses tinham nos talhado com machados, as pessoas de então começaram a imaginar Deus nos montando com um enorme kit de ferramentas. Por que nossos músculos, ossos e órgãos não poderiam em teoria ser substituídos por engrenagens e válvulas?

Caminhando naqueles jardins, Descartes percebeu que a mesma fonte hídrica podia fazer diversas estátuas fazerem coisas diferentes. Uma única força movia o dedilhar de Apolo na lira e o bater das asas dos pássaros na gruta seguinte, uma só corrente de líquido que parecia trazer um mundo inteiro à vida. Descartes começou a representar o corpo humano funcionando do mesmo modo. Nossos nervos percorriam nosso corpo como canos, argumentou, e por eles corria algo que energizava o sistema todo. A única questão era o quê. Ao mesmo tempo, os músculos e tendões eram como "motores e molas", e dentro do peito o coração tiquetaqueava como um relógio.

Os nervos iam do cérebro para o corpo, assim como canos de água nas estátuas hidráulicas, era o que ele pensava. Se algo nos tocasse, desencadearia uma reação através dos nervos para a cabeça. Mais tarde chegou a acreditar que os sentimentos provavelmente funcionariam da mesma forma: tudo, do medo à vaidade, luto e amor, de algum modo tinha de ser uma forma de reação mecânica. De nossas lágrimas às nossas entranhas, tudo podia ser entendido e explicado do mesmo modo que um relojoeiro conseguia entender e explicar seu relógio.

Hoje pode ser fácil ironizar as ideias de Descartes: é claro que talvez ele tivesse se envolvido um pouco demais com as estátuas hidráulicas, mas para ele tudo parecia bastante lógico, porque via a si mesmo nas máquinas – algo que nós humanos continuamos a fazer.

No início da década de 1900, por exemplo, era comum falar do cérebro como um tipo de comutação telefônica[4] – um fenômeno que obviamente se originava da importância crescente da telecomunicação. Nossos nervos não eram mais canos pelos quais o líquido fluía, pensávamos, mas algo que enviava sinais ao comutador biológico que carregávamos na cabeça. Se tocasse em um forno quente, digamos, um sinal de "ai, ai, ai" seria enviado ao cérebro, que, por sua vez, enviava um comando na velocidade da luz para que a mão se afastasse. Com o tempo, percebemos que o processo todo era bem mais complexo. Não éramos estátuas hidráulicas nem comutações telefônicas. Ainda assim continuamos, repetidas vezes, a nos ver precisamente como uma versão mais complexa da máquina mais complexa que fomos capazes de construir.

E por que fazíamos isso? As metáforas muitas vezes podem ser úteis, mas por que escolhemos determinadas metáforas? Por que, nos mitos de criação, ficamos tão dispostos a nos enxergar como produtos de tecnologia? Por que não imaginamos, por exemplo, algo na linha de deuses trazendo humanos para este mundo do mesmo modo que os humanos trazem os filhos ao mundo? É, no mínimo, tão lógico quanto todos os cenários de deuses nos talhando, moldando, construindo ou perfurando. Evidentemente uma metáfora desse tipo colocaria o poder da criação no útero feminino em vez de nas mãos dos homens.

E isso seria assustador, não é mesmo?

L. Ron Hubbard fundou a Cientologia em 1954. Esse movimento controverso teve origem em um livro de autoajuda que o bem-sucedido escritor de ficção científica tinha publicado quatro anos antes. O título era *Dianética: A ciência moderna da saúde mental*, e nos interessa por causa da metáfora usada por Hubbard: o cérebro humano, declara, funciona como um "computador"[5].

Hubbard é consistente ao descrever o pensamento humano em termos de "processo", "circuitos" e "bancos de memória", todos importados diretamente do mundo dos computadores. Ele sugeria que uma pessoa poderia "consertar" sua mente da mesma forma que conseguiria consertar o computador. Ora, quando desempenha suas funções de forma otimizada, o cérebro pode reunir todos os dados relevantes e resolver todos os problemas imagináveis para nós. Infelizmente, nossos sistemas estão cheios de defeitos que adquirimos ao longo dos anos, mas isso pode ser resolvido. É possível se livrar dos erros e assim ter um desempenho melhor.

"*Como cientólogo, tenho a tecnologia para lidar com os problemas da vida*", declara o ator John Travolta no site do movimento[6]. Na verdade, até hoje os cientólogos descrevem seus métodos secretos como "a tecnologia". Os homens são computadores com o poder de se reprogramar. A cientologia pode ser uma forma extremamente nova de religião, mas nesse aspecto vem dos tempos do deus viking Odin e seu machado: nos enxergamos na tecnologia dominante do dia.

Atualmente todo mundo é um pouco cientólogo, já que temos a tendência de falar sobre o cérebro como "computador biológico".

Imaginamos que "processamos informações" ou "reinicializamos" como os computadores fazem, cooptando termos como "hardware" e "software" e aplicando-os a nós mesmos. Os componentes físicos da computação, como o processador, a tela, placa de vídeo e placa-mãe, são chamados em geral de "hardware", enquanto as instruções com que você programa a máquina são o "software". Do mesmo modo, nas últimas décadas temos sido encorajados a pensar em nossos corpos como uma forma de hardware e nossos pensamentos como uma forma de software. Obviamente o cérebro precisa de um corpo, pensamos, mas somente do mesmo modo como um programa de computador precisa de uma máquina, ou um parasita precisa de uma árvore. Isso nos leva em parte a pensar na inteligência – ou humanidade, nesse sentido – como algo independente do corpo. O corpo passa a ser um robô que carrega nosso "eu", um conceito que extrapolamos com exagero. Alguns dos maiores pensadores do nosso tempo, como o físico Stephen Hawking ou o cosmólogo Max Tegmark, previram que no futuro seríamos capazes até de fazer a "transferência" da nossa consciência para outra coisa que não o corpo humano[7].

Essa conclusão é tirada da ideia de que os humanos funcionam como computadores. Se a inteligência e a personalidade são formas de software, segue-se que seria possível "rodá-las" em uma máquina que não o corpo. A essência da humanidade é simplesmente um tipo de software avançado que está retido em uma prisão biológica. Mas, graças à tecnologia, no futuro será possível trocar o corpo por algo melhor, como se faz ao transferir o conteúdo do computador velho para um modelo novo. Ao fazer isso, seremos capazes de escapar do nosso corpo e de tudo que representa por meio de sua fragilidade, doença e, por fim, morte. O que nos leva de volta inegavelmente ao território religioso. Essa é uma história impressionante de como a humanidade vai alcançar a vida eterna na Terra, só que essa em particular tende a ser contada na linguagem da ciência.

A questão é se a posteridade vai achar essas ideias tão bizarras quanto agora achamos as ideias de Descartes sobre humanos serem uma espécie de estátua hidráulica, ou as veremos como um passo na jornada em direção a um entendimento melhor do cérebro e de nós mesmos.

O fato de os computadores terem sido chamados de "cérebros eletrônicos" quando surgiram faz muito sentido. Eles realizavam processos lógicos, recolhiam dados brutos e produziam novo conhecimento, parecendo, muito simplesmente, "pensar". Por volta de 1968, o matemático e pioneiro da computação John von Neumann escreveu o livro *The Computer and the Brain* [O computador e o cérebro, em tradução livre], que traçou uma série de paralelos entre os computadores da época e o cérebro humano. Apesar de a nova linguagem pavimentar o caminho para muitas conquistas científicas e a metáfora ter se provado útil, isso não a torna verdadeira.

O cérebro não é um dispositivo digital; suas células não são objetos binários que podem ser ligados e desligados. Existem inúmeras diferenças entre nosso cérebro e os computadores, e a principal é que o cérebro tem um corpo. É, de fato, um corpo – corpo que, além disso, existe num contexto. Os cérebros estão interagindo com o resto do corpo e com o entorno desde o momento em que começaram a se desenvolver no útero.

Esse fato não pode simplesmente ser abstraído.

Tempos atrás, paramos de pensar em nós mesmos como energia vinda do pó e da água. E, assim como deixamos de lado a ideia de que somos redes de telegrafia ou de telefonia, ou dispositivos elétricos, é provável que um dia vamos parar de nos ver como computadores. Uma nova metáfora surgirá, refletindo nossa futura tecnologia do mesmo modo que a ideia da humanidade como um computador reflete a atual.

Mas a ideia de que o humano é "como um computador" já teve consequências. A noção de sermos semelhantes a robôs de carne programáveis teve um grande impacto sobre como organizamos nossa economia. Para entender essas consequências, basta voltar ao começo de 2020 e ao momento em que a grande pandemia atingiu o mundo.

* * *

No dia 11 de fevereiro de 2020, o número confirmado de casos da Covid-19 fora da China era de 400. Cinco semanas depois, 90 mil. No dia 22 de janeiro, o Reino Unido elevou seu risco de "muito baixo" para "baixo". Treze semanas depois, 41 mil britânicos tinham morrido. Em outras palavras, tudo estava sob controle até que, de repente, não estava mais. O vírus parecia ter surgido do nada. O que, é claro, não era o caso.

Quando os professores explicam esse tipo de crescimento, muitas vezes descrevem o nenúfar. Imagine um lago com um só nenúfar desabrochado em um ameno dia às vésperas do verão. Agora imagine que hoje é dia 1º de junho [no hemisfério norte], e que todo dia o número de nenúfares no lago dobrará. Quando seu calendário indicar que é 30 de junho, a água diante de você estará inteiramente coberta de nenúfares. Então, quando a superfície da água ficou apenas coberta pela metade? A resposta é 29 de junho.

Para a maioria das pessoas isso não é difícil de entender: se o número de nenúfares está dobrando todos os dias, então entre 29 e 30 de junho eles passam de cobrir metade do lago a cobrir a superfície inteira. Ninguém às margens do lago seria capaz de evitar essa mudança drástica, limitando-se a observá-la, só que o fato real é que os nenúfares "apenas" dobraram de número, do mesmo modo como tinham feito entre o dia 1º e o dia 2 de junho.

A questão seguinte: se a superfície do lago estava completamente coberta com nenúfares no dia 30 de junho e pela metade no dia 29, em que dia ficou coberta apenas 1%? A resposta aqui é 24 de junho. Diferentemente da resposta anterior, para a maioria esta resposta parecerá errada. Como a cobertura vai de 1% para 100% em apenas seis dias? Entretanto é assim que o crescimento exponencial funciona.

No dia 24 de junho, quando 99% do lago estava livre de nenúfares, você não conseguiria imaginar em seus mais loucos delírios que apenas seis dias depois estaria inteiramente coberto de flores. Foi exatamente assim que muitos de nós nos descobrimos em fevereiro de 2020 com a pandemia: demos uma espiada lá fora e vimos alguns nenúfares, mas não conseguíamos conceber que em apenas poucas semanas estariam por toda a parte – que seríamos instados a nos abrigar em casa, enquanto pessoas lutavam pela vida em unidades de terapia intensiva por todo o mundo.

Foi aí que os economistas e analistas financeiros começaram a recorrer ao discurso de "cisnes negros", a expressão favorita para qualquer coisa que não conseguiram prever.

O que é um "cisne negro"? Sim, é outra metáfora, popularizada e redefinida por Nassim Taleb em 2007[8]. No capítulo de abertura de seu livro *A lógica do cisne negro*, ele conta a história de como os europeus durante muito tempo estavam convencidos de que todos os cisnes eram brancos. Até que chegaram à Austrália, onde, de repente, descobriram que os cisnes também podiam ser negros. De uma só vez, a visão de uma única ave negra deitou por terra todas as conclusões anteriores dos europeus. Sim, a crença anterior de que todos os cisnes eram brancos era baseada em milhões de observações feitas durante séculos, mas bastou só um cisne negro para refutar essa conclusão. Isso mudou tudo.

Taleb usa o termo "cisne negro" para descrever as coisas que não podemos prever. Aquilo que repousa além da nossa noção do que "poderia acontecer", mas que, quando acontece, é o que mais causa impacto sobre nós.

Um cisne negro é, em primeiro lugar, algo que não se consegue imaginar. Segundo, é algo com enormes consequências que muda o mundo como o conhecemos – por exemplo, dois aviões atingirem o World Trade Center ou uma guerra estourar depois do assassinato de um arquiduque austríaco chamado Francisco Ferdinando num cruzamento em Sarajevo.

Terceiro, cisnes negros são coisas que tentamos explicar em retrospecto. Sem dúvida, deveríamos ter percebido que Osama bin Laden constituía uma ameaça, pensamos agora, ou que era uma má ideia Francisco Ferdinando viajar para a Bósnia. Taleb sugere que isso se trata apenas da natureza humana: assim que o inconcebível acontece, ficamos desesperados para conseguir explicá-lo, mesmo quando não somos capazes disso.

Em resumo, cisnes negros são algo muito diferente dos nenúfares no lago. Que os nenúfares vão cobrir toda a superfície do lago no dia 30 de junho é inteiramente previsível, já que sabemos que dobram de número todas as noites. Um cisne negro, por sua vez, não pode ser previsto. O que explica por que é menos uma questão de conseguir localizar cisnes negros específicos antes que pousem, e mais uma questão de organizar sociedades e vidas para enfrentarem eventos imprevisíveis.

Esse é o ponto principal defendido por Taleb.

A pandemia de 2020 foi um cisne negro? Não, não foi. Um cisne negro deve ser impossível de se prever, e a possibilidade de uma pandemia global dessa natureza vem sendo discutida há anos. Muitos tinham previsto este cisne em particular. O próprio Taleb escreveu sobre o risco de uma pandemia mundial em 2007[9]. Em nosso planeta globalizado, a questão nunca foi *se* viveríamos uma pandemia dessa magnitude, mas *quando*. Em poucas palavras, a pandemia de 2020 foi um cisne branco comum.

Mas, ainda assim, deu no que deu.

Hospitais de ponta se viram sem métodos estabelecidos para tratar o novo vírus, enfermeiras se enrolaram com sacos de lixo para fazer as vezes de equipamentos de proteção individual, as pessoas costuraram máscaras em fábricas domésticas improvisadas, e nas economias ocidentais, onde parecia possível pedir qualquer coisa que quisese com alguns cliques no celular, a farinha de trigo desapareceu da prateleira dos supermercados. Pela primeira vez desde que começou a ser medido, o crescimento caiu em todo o mundo, tanto em países ricos quanto nos pobres, conforme o setor de serviços, o maior empregador da moderna economia, foi sendo forçado a parar de Malmköping a Mumbai.

Em termos puramente econômicos, foi uma crise como nenhuma outra. As crises econômicas em geral tendem a ir do abstrato para o concreto. A crise financeira global de 2008, por exemplo, começou com produtos financeiros tão complexos que nem mesmo os financistas que os venderam entendiam no que consistiam. Quando o mercado enfim percebeu que o ouro não passava de hipotecas repaginadas de pessoas que nunca seriam capazes de pagá-las, os investidores entraram em pânico. A comoção derrubou alguns bancos estadunidenses em rápida sucessão, e a crise então espalhou-se pela economia, gerando consequências devastadoras para pessoas reais, que perderam emprego, poupança, casa e, em alguns casos, a própria vida. E foi assim que passamos a pensar sobre crises econômicas – com o corpo humano, por assim dizer, vindo por último.

Mas a crise de 2020 foi exatamente o oposto. Foi uma crise financeira global que se originou no corpo humano. Seres humanos mais vulneráveis começaram a morrer em massa por causa do novo vírus, então decidimos fechar grande parte da economia formal, brecando voluntariamente o rolo compressor econômico que tinha sido construído com um único fim: o crescimento.

E com um guincho monumental tudo parou.

Isso serviu como um enorme lembrete de um fato fundamental: a economia baseia-se no corpo humano. Isso parece óbvio agora, mas volte a março de 2020, quando o mercado despencou 1.500 pontos diante dessa percepção. Quando os economistas, um depois do outro, começaram a chamar de "cisne negro" o fato de que o vírus podia infectar as pessoas, espalhar-se e impedi-las de trabalhar. Em outras palavras, viram isso como um evento raro, de grande importância, difícil de prever. Mas que corpos possam infectar outros corpos com um vírus – que humanos são ao mesmo tempo vulneráveis e ligados uns aos outros – não é um "cisne negro". Essas são as condições da vida humana.

Como pudemos nos esquecer disso?

A revolução digital de 2010 pareceu transformar os smartphones em uma espécie de controle remoto. Com um na mão, você podia contratar de um faxineiro a um motorista em poucos toques. E por que não alguém para buscar sua roupa na lavanderia ou fazer sua maquiagem? Você só precisava do aplicativo certo e – é claro – os meios para pagar por isso. Chamamos os novos serviços baseados em aplicativos de "inovação", e com certeza inúmeros deles foram brilhantes. O único problema foi que nos esquecemos de que havia pessoas na outra extremidade.

Mesmo que você chamasse a faxineira com um toque no botão, e mesmo que fosse uma pessoa diferente daquela que tinha vindo na última semana, ainda assim era uma pessoa. Mas os trabalhadores na economia *gig*, ou economia sob demanda, são tratados como uma extensão da tecnologia que os chama. Nem mesmo são chamados de trabalhadores, apenas de pessoas que cumprem diferentes "tarefas".

As empresas para as quais essas pessoas trabalham existem graças a outras cinco inovações. A primeira: o smartphone, que tornou possível para os clientes tocar uma tela e encomendar o que quisessem. A segunda: a tecnologia do mapa digital capaz de orientar o jardineiro para chegar à casa do cliente. A terceira: algoritmos capazes de gerenciar o trabalho e encontrar a pessoa certa para o cliente certo. A quarta: montanhas de capital de risco que os investidores da empresa podiam queimar até conseguirem algo como o monopólio do setor, seguindo a lógica da caça à baleia. E, por fim, a quinta: quantidade suficiente de pessoas preparadas para assumir um trabalho inseguro e mal remunerado.

O aplicativo de transporte Uber, por exemplo, organizou o trabalho de seus 3 milhões de motoristas em um *app* que – completamente digitalizado – os instruía sobre quais passageiros aceitar e a rota a seguir. Isso significava que, se você trabalhava para a Uber, podia decidir quando trabalhar, por quantas horas e quem queria no seu carro. Muitos motoristas gostavam desse aspecto do trabalho. Por outro lado, isso os colocava sob vigilância constante. O *app* sabia onde estavam, a velocidade em que estavam dirigindo e quais os clientes que escolhiam. Se não seguissem as instruções, podiam ser penalizados ou mesmo excluídos da plataforma[10].

Do mesmo modo, trabalhadores retiram mercadorias dos imensos armazéns da Amazon e percorrem rotas traçadas quase inteiramente por algoritmos[11]. A pequena máquina que carregam na mão e usam para ler códigos de barras era, em essência, seu patrão. Ela controlava se o funcionário estava retirando quatrocentos itens designados para ele por hora e se levava sete segundos para pegar cada item da prateleira. Registrava quando ia ao banheiro e se estava andando rápido o suficiente.

Os cuidadores do serviço de *home care* do bem-financiado sistema de saúde sueco trabalhavam sob condições similares. Recebiam muitas vezes sua programação diária por telefone cinco minutos antes do seu turno. Desse sistema digital era possível receber a programação que então iria dirigir os movimentos do cuidador durante o dia todo. O trabalho era fatiado em diferentes tarefas, com o smartphone na mão dizendo exatamente quanto tempo deveria levar a execução de cada uma[12].

O sistema dizia ao cuidador que a senhora Almqvist do terceiro andar precisava tomar banho uma vez por semana. Isso deveria levar 45 minutos. Ela precisava ser alimentada três vezes ao dia, levando 15 minutos por refeição. Então havia as idas ao banheiro, para as quais o *app* instruía a ajudá-la cinco vezes por dia. A programação inteira era um modo de descrever o trabalho até o mínimo elemento possível, quase como se alguém tivesse tentado escrevê-lo em código. Não que um robô pudesse nos dias de hoje desempenhar esse tipo de trabalho (trataremos mais disso no próximo capítulo). Mas, de qualquer modo...

No Reino Unido, cuidadores são pagos muitas vezes pelo número de minutos que o *app* os alocou para cada cliente. O tempo de trabalho entre clientes é então calculado usando GPS, um cálculo feito frequentemente sem nenhuma consideração real em relação ao tráfego ou ao tempo que se leva para vestir um casaco e subir na bicicleta. Do mesmo modo, a programação computadorizada não deixa margem para imprevistos – roupa de cama que precisa ser trocada ou café derramado –, muito menos para jogos de cartas ou papos sobre animais de estimação e poda de plantas. E assim o trabalho muda, girando menos em torno de cuidados e mais voltado para uma série de tarefas individuais orientadas pela tecnologia. Talvez não seja estranho que o cuidador se sinta esgotado: afinal, não é um robô dirigido por um algoritmo. Mas é assim que o sistema o vê.

Essa forma de organizar o trabalho é destinada a tornar a equipe permutável. Não interessa quem bate à porta da senhora Almqvist naquela quinta de manhã, já que aquela pessoa está lá para assisti-la com 45 minutos de banho e uma ida ao banheiro de 15 minutos. Isso foi o que a pandemia de 2020 trouxe à tona.

Na Suécia, por exemplo, ficou evidente que as pessoas mais idosas que recebiam cuidados em casa – algumas das quais precisavam de mais proteção contra o vírus – estavam em contato, em média, com mais de dezesseis pessoas a cada período de duas semanas[13]. Ou seja, não fazia diferença que estivessem guardadas sob proteção: o vírus entrava na casa delas conforme um estranho após o outro entrasse ali para ajudá-las com uma ida ao banheiro de quinze minutos, de acordo com as instruções de um aplicativo.

Em meio a uma pandemia global, não dá para fingir que sua equipe é formada por robôs. Mesmo que uma pessoa venha entregar um pacote ou limpar sua casa ao toque de uma tela como se fosse uma mera extensão do serviço digital, ela não é. Ela ainda tem um corpo humano. Essa foi a razão que fez com que, diante do novo vírus, todos os problemas da economia sob demanda de repente ficassem expostos. As pessoas poderem ficar em casa se estivessem doentes era agora uma questão de importância nacional, mas os trabalhadores da economia sob demanda não podiam fazer a mesma coisa. Não tinham direito a auxílio-doença, e muitas vezes não tinham um gerente humano com quem contar ou que pudesse ao menos lhes garantir álcool para higienizar as mãos ou máscaras para se proteger.

Nas cidades italianas e francesas onde quase tudo estava fechado, os trabalhadores da economia sob demanda ainda faziam suas entregas. Muitos sentiam que não tinham escolha: ficar em casa e assumir a responsabilidade por sua saúde e pela dos outros significava perder totalmente sua renda.

Na Suécia, os cuidadores de serviços de *home care* diziam se sentir como anjos da morte em potencial sempre que suas programações digitais os instruíam a entrar na casa de uma pessoa idosa vulnerável sem roupa de proteção. Não eram máquinas, mesmo que o serviço deles fosse organizado como se dispensasse corpos humanos.

Os serviços de *home care*, que antes consideravam suas equipes como executantes intercambiáveis de tarefas ligadas a um trabalho específico, não podiam mais fazer isso – não se quisessem proteger seus idosos da morte. Os aplicativos de motoristas, que durante anos tinham feito uso de batalhas judiciais para fugir de toda e qualquer responsabilidade como empregadores, foram forçados a mudar de comportamento, pelo menos temporariamente. No mínimo se não quisessem espalhar ainda mais o vírus. A crise econômica que se seguiu não foi um "cisne negro". Foi efeito em cadeia da nossa dependência econômica fundamental do corpo humano.

E de nossas tentativas de esquecer disso.

Na década de 2010 achávamos que estávamos criando robôs análogos a humanos. Acreditávamos que logo toda a sociedade seria automatizada, e que as máquinas em breve seriam melhores do que nós em tudo, graças ao número de transístores que podíamos enfiar em microchips em seus cérebros eletrônicos. Mas a coisa não era tão fácil. Ainda não tínhamos criado máquinas que são como pessoas; em vez disso, organizamos seres humanos como se fossem máquinas.

E chamaram isso de inovação.

Pensávamos que a forma como tínhamos organizado os trabalhadores naqueles anos era o resultado da nova tecnologia, quer fosse aplicada no serviço de *home care* sueco, quer ao modelo de negócio no ramo de cabeleireiros holandês. Mas não era.

Só porque a tecnologia existente permite que os entregadores sejam mais autônomos, isso não significa que deveriam ser responsáveis por encontrar substitutos quando ficassem doentes[14]. Uma coisa não se segue à outra. Atualmente, muitos trabalhadores da economia *gig* são forçados a pagar taxas às empresas para as quais trabalham se não encontrarem um substituto para si mesmos. O que obriga inevitavelmente as pessoas a trabalhar quando estão doentes. Sistemas semelhantes são encontrados em tudo, de startup a empresas estabelecidas de propriedade do governo francês[15]. A lógica é a mesma.

E é precisamente esse o problema.

Um dos muitos riscos provocados por isso é o travamento de inovações verdadeiras. Não existe incentivo para as empresas para que realmente pensem fora da caixa; tornamos tudo fácil demais para alterarem as condições básicas de emprego de seus funcionários e faturarem em cima disso. As empresas ficaram com quase todos os benefícios de uma equipe robô sem precisar inventar esses robôs nem pagar por seu uso. Em vez disso, pagam uma remuneração mínima, ou menos, para humanos agirem como robôs.

Mas o fato de fingir que uma pessoa é um robô não a torna um. Nem criar um aplicativo lhe dá o direito de tratar pessoas que trabalham no cuidado a idosos como se fossem robôs. Exploração não é o mesmo que inovação. E a exploração humana nem é algo novo.

Basicamente, é o modelo de negócio mais antigo do mundo.

Ao mesmo tempo, há, é claro, lições a aprender da economia sob demanda. Inúmeros estudos indicaram que as pessoas que trabalham para essas empresas podem ter um senso de satisfação maior, apesar de também sentirem mais ansiedade em relação às suas finanças. Muitas pessoas claramente valorizam a flexibilidade que seu trabalho oferece[16], e isso deve ser levado em consideração ao se refletir sobre o futuro do mercado de trabalho.

Esses estudos, entretanto, tendem a se concentrar nos trabalhadores que transportam pessoas por aplicativos ou fazem entregas. Sabemos muito menos a respeito da opinião das mulheres que trabalham no sistema de cuidados domiciliares, que está cada vez mais prisioneiro dessa forma de pensamento. Na esfera internacional, muito se tem dito sobre as oportunidades que a economia sob demanda oferece – em especial para as mulheres. Tendo em vista que as mulheres sustentam a responsabilidade básica de cuidar da casa e dos filhos, é difícil para elas terem carreiras do mesmo modo que os homens. É onde a economia *gig* supostamente aparece como salvadora.

Uma mulher que trabalhava formalmente como faxineira pode agora encontrar novas oportunidades para ganhar dinheiro aqui e ali, deixando mais fácil conciliar o trabalho com a maternidade. E até certo ponto isso é verdade: a economia *gig* ajudou muitas mulheres a ganharem dinheiro, o que não teriam conseguido de outro modo. As mulheres pedem flexibilidade, e a nova tecnologia pode garantir isso sem que precisem abrir a própria empresa. O único problema é que ainda precisam lidar com fatores extremamente inflexíveis todos os meses, como o preço dos alimentos e o aluguel. Enquanto muitas dessas mulheres viverem à margem, nenhum aplicativo do mundo será capaz de oferecer-lhes flexibilidade real. Elas simplesmente vão aceitar todas as demandas que conseguirem. Estejam ou não doentes. Sentindo-se ou não fisicamente seguras ao trabalhar para aquele cliente.

Estamos atormentando nosso cérebro tentando chegar a uma solução tecnológica complexa para ajudar as mulheres quando a boa e velha invenção do dinheiro vivo poderia contribuir bastante para isso. Por que não começar pagando um salário decente para as mulheres nos empregos que têm um papel tão fundamental na manutenção do mundo?

Isso não significa que precisamos voltar ao mundo do emprego permanente e horários rígidos. Esse era o modelo construído em outra sociedade. A questão é que, ao tentar criar algo novo, precisamos trabalhar a partir da realidade.

E nossa realidade é o corpo humano. Nossa economia é o corpo humano. Corpos que trabalham, que precisam de cuidados, que criam outros corpos. Corpos que nascem, envelhecem e morrem. Corpos que precisam de ajuda em diversas fases da vida, e uma sociedade que pode organizar isso. A questão é que o corpo é radical. Admitir a existência do corpo tem um impacto imenso sobre a economia. Uma sociedade organizada em torno das necessidades que os corpos humanos têm em comum seria fundamentalmente diferente da sociedade que vemos hoje e consideramos ser a única possível.

Levar a sério o corpo é criar uma economia que põe as necessidades humanas à frente e no centro de tudo. Questões físicas, como a fome, o frio e a doença, ou falta de serviços de saúde ou assistência à infância de repente se tornam problemas econômicos centrais.

Ser lembrado do corpo é ser lembrado que a vulnerabilidade e completa dependência também fazem parte da experiência humana. Ser lembrado de que o corpo nasce de outro corpo, e que quando sai do útero fica à mercê do que o rodeia. A doença pode torná-lo dependente mais uma vez, assim como a velhice quase sempre o faz. E não há nada de errado com isso.

Faz parte de ser humano.

O corpo nos faz lembrar de todas essas coisas que julgamos incômodas: nossa vulnerabilidade e nossa dependência de outros. As coisas que nos ensinaram a ver como "femininas". Afinal, foi disso que o patriarcado sempre tratou – pegar as partes da experiência humana que nos assustam, rotulá-las como femininas e marginalizá-las. E, como vimos, isso significa que nos perdemos de vista, e também que construímos uma economia que não acomoda aquele pequeno detalhe: a existência do nosso corpo. A pandemia de 2020 mostrou que essa situação não é sustentável com uma clareza que jamais poderíamos esperar.

A hierarquia que criamos entre o que é considerado feminino e o masculino mais uma vez está mostrando suas garras. Ela nos faz fugir de tudo o que chamamos "feminino" em nós mesmos, o que nos leva a ver o cérebro como um computador e a humanidade como um tipo de robô controlado por algoritmos, estátua hidráulica, comutador telefônico ou qualquer outra coisa que não esteja relacionada ao corpo que efetivamente nos trouxe para este mundo. Tudo parece mais fácil do que observar de verdade nosso corpo e aceitar o que a existência dele significa. Seja qual for o seu gênero.

Não apenas por nós, mas pela sociedade como um todo.

Não é uma questão de existir alguma "verdade" no útero que tenhamos perdido, ou que precisemos recuperar por meio de alguma dança energizante à luz da lua cheia. É que deixamos o corpo feminino representar a corporificação da essência da humanidade. E depois seguimos negando a nossa realidade corporal precisamente por causa das associações com a feminilidade.

As consequências são enormes. Não apenas na economia.

Muito do que nos une começa no corpo humano. Nossa saúde não pertence a nós. Essa foi uma verdade inconveniente revelada pela pandemia. Nossa saúde está ligada à saúde dos outros, à saúde do planeta e da terra, à saúde dos ancestrais e dos descendentes. Sem deixar de lado a saúde da economia. Somos parte de um todo maior.

René Descartes apontou para as estátuas hidráulicas de Saint-Germain-en-Laye e disse que a humanidade era uma variante delas. Qual a diferença entre ele e os futuristas dos nossos dias que apontam para os algoritmos e declaram que somos como eles? Essa é uma pergunta sincera. E um apelo à humildade. Sabemos, de fato, muito pouco sobre como funcionamos. Então por que negar o óbvio: que temos um corpo, e que isso nos torna ao mesmo tempo vulneráveis e dependentes uns dos outros?

Os deuses vikings não nos talharam com um machado. Não somos uma estátua hidráulica, comutação telefônica ou um computador. Viemos, esperneando e chorando, de dentro de um útero pulsante, vermelho de sangue.

Lide com isso.

E crie uma economia baseada em algo que realmente sabemos que é verdade.

8

Como Serena Williams derrota Garry Kasparov

Aos 9 anos, Serena Williams está arremessando uma bola de futebol americano em uma quadra de tênis em Compton, no sul de Los Angeles. Foi mais ou menos nessa época que seu pai declarou ao mundo que um dia a irmã mais velha dela, Venus, ocuparia o topo do ranking do tênis profissional feminino e que Serena provavelmente ainda seria melhor. Só começaram a acreditar nele cerca de sete anos mais tarde, quando Venus surgiu do nada para chegar à final do US Open[1].

Serena e Venus jogam a bola de futebol americano para lá e para cá, uma para a outra. Tendo começado a cerca de um metro de cada lado da rede, as irmãs se movem para trás devagar, arremesso após arremesso, até se posicionarem em linhas de base opostas, a bola girando no ar entre elas.

O pai, que treina as duas, só se ocupou com o tênis na meia-idade, usando fitas de vídeo emprestadas da biblioteca local. Foi numa dessas fitas que viu a semelhança envolvendo o futebol americano. Na verdade, conseguir que uma bola de futebol americano cruze uma quadra de tênis girando em uma espiral fechada requer quase o mesmo movimento de mão para lançar um saque alto.

O que torna o saque do tênis um arremesso tão difícil de dominar é que envolve não apenas bater na bola acima da rede em alta velocidade, mas também acertá-la na área de saque do outro lado. Isso por si só deveria ser praticamente impossível: é preciso golpear com toda a força a bola para que passe por cima da rede, o que pode fazê-la cruzar a quadra numa velocidade tal que não caia na área a tempo.

Evidentemente que para uma pessoa alta o suficiente será muito mais fácil servir a bola com alguma força: basta bater para baixo a partir da sua altura completa. Serena Williams, entretanto, só vai chegar a 1,75 metro. É aí que entra o futebol americano.

Tudo se resume a uma questão de rotação.

Ao sacar no tênis, o truque é não bater a bola no plano. Em vez disso, precisa se alongar, pular e quase fazer a raquete voar até a bola. Esse movimento de arremesso é que faz a bola girar, o que, por sua vez, faz o ar em volta fazer a mesma coisa. Um bolsão de baixa pressão se forma sob a bola, e conforme o ar é puxado para cima, a bola é empurrada para baixo, fazendo-a quase parar e cair no lugar certo[2].

Sir Isaac Newton, o pai da física moderna, observou esse fenômeno no século XVII da sua janela no Trinity College, em Cambridge[3], quando aconteceu de dar uma espiada em um jardim onde jogavam tênis. O pai de Serena Williams compreendeu isso assistindo às fitas de vídeo que pegara na biblioteca em Compton. Qualquer um que consiga aprender a girar uma bola de futebol americano através de uma quadra de tênis será capaz de incorporar o mesmo movimento de mão ao seu saque. A chave é a repetição: fazer a mesma coisa repetidas vezes até gravá-la no corpo, por assim dizer.

Muitas das nossas faculdades se aproveitam dessa forma de inteligência corporal ou memória muscular. Na verdade, todos os dias nos apoiamos nesse conhecimento para nos conduzir na vida. Ainda que o corpo humano seja um detalhe ignorado frequentemente quando tentam inventar máquinas que se pareçam conosco. Isso criou problemas técnicos em tudo, desde inteligência artificial e robôs a carros sem motorista, que é a questão tratada neste capítulo. Muitos desses problemas podem ser atribuídos às ideias sobre gênero, já que se relacionam à distinção que fazemos entre mente e corpo, o que coloca muitas vezes o cérebro como masculino e o corpo como feminino. Daqui para a frente, as ideias que vamos discutir podem parecer um pouco mais complicadas para assimilar. Uma coisa é olhar carros elétricos no início do século XX, rir das noções das pessoas sobre o feminino e o masculino e ver como as ideias de então – que os carros devem ser barulhentos e perigosos para serem carros *de verdade* – estão ligadas aos ideais predominantes em torno da masculinidade. É muito mais difícil, entretanto, reconhecer como cometemos erros semelhantes ainda hoje.

O que não significa que não os cometamos.

Voltemos a Serena Williams naquela quadra de tênis de Compton.

Naquela época, a família Williams usava uma perua Volkswagen amarela para transportar as filhas mais novas para praticar tênis. Um dos assentos da perua tinha sido retirado e deu espaço para um velho carrinho de compras cheio de bolas de tênis, que Serena e Venus usavam para praticar o serviço, saque após saque, dia após dia, ano após ano.

Depois de passarem a bola de futebol americano de lá para cá, as duas irmãs ficam lado a lado e fazem saques com as bolas de tênis, uma depois da outra, por sobre a rede. Esse tipo de prática de saque pode parecer uma forma monótona de passar as horas, mas só porque não sabemos o que se passa na cabeça de Serena Williams. Cada saque de Serena é carregado de informações às quais reage com pequenos ajustes. Ela ouve e sente cada batida. Sabe exatamente onde sua raquete está o tempo todo e nunca afasta os olhos da bola. Repete cada batida até que esse conhecimento se torne uma segunda natureza. O que ele não é – de modo algum.

Pelo menos não se pensarmos sobre a teoria por trás disso.

Para vencer no tênis, no mesmo instante em que o saque parte da raquete do adversário, é preciso imaginar mais ou menos para onde a bola está indo, uma equação que exige cálculo da velocidade inicial da bola e da taxa de desaceleração, fator presente em qualquer vento ou rotação, e análise das possíveis trajetórias da bola, tudo isso enquanto leva em conta a superfície em que está jogando, das quadras gramadas de Wimbledon às acrílicas de Melbourne. Então, por fim, você tem um milésimo de segundo para aplicar o resultado de todos esses cálculos com a sua raquete.

Mas a única operação matemática que observamos Serena Williams fazer em uma quadra é contar: um, dois, três, quatro, cinco. A maior jogadora de tênis de todos os tempos sempre quica a bola cinco vezes antes do primeiro serviço, duas vezes antes do segundo. Focar a mente numa tarefa simples e repetitiva é uma das formas mais fáceis de silenciá-la.

Quando está na quadra, Serena Williams não está pensando em equações. Seu saque consiste de uma série de movimentos que, repetidos e exercitados ano após ano, aos poucos se tornaram parte do seu corpo. Mesmo que ela se sentasse com você e explicasse tudo o que faz em uma quadra – mesmo que fosse possível para ela comunicar tudo o que sabe sobre o esporte –, isso não significa que você seria capaz de usar uma raquete como ela usa.

"*Podemos saber mais do que aquilo que somos capazes de relatar*", escreveu o filósofo e economista húngaro Michael Polanyi, daí o "paradoxo de Polanyi"[4]. Só porque você sabe tudo a respeito de guiar um carro – leu todos os livros e manuais e consegue desenhar de olhos vendados o interior de uma vela de ignição –, isso não quer dizer que é *realmente* capaz de dirigir um. A maioria das pessoas que dirigem faz isso sem necessariamente conseguir verbalizar tudo o que faz ao volante. O que exatamente você procura quando olha pelo retrovisor? Que sons seu subconsciente está ouvindo lá fora? Por que sua mão se move para a alavanca de câmbio?

Todos os dias, nós humanos fazemos coisas que não conseguimos descrever, seja derrotar Maria Sharapova em sets consecutivos ou agarrar a tigela de cristal que acabou de deslizar da prateleira da cozinha. Você não seria capaz de calcular a trajetória da tigela caindo, mas ainda assim conseguiu pegá-la. Esse é o paradoxo de Polanyi. Significa apenas que você pode fazer mais do que aquilo que consegue explicar. Isso pode parecer uma declaração bastante óbvia, mas quando se trata do trabalho que pode ou não ser feito por máquinas, as consequências são enormes.

Talvez você se lembre da pioneira em computação, a estadunidense Ida Rhodes, do capítulo sobre o poder feminino e o poder do computador. Ela relacionou sua habilidade de programar computadores à sua habilidade de ensinar matemática, e ambas basicamente recaem na mesma coisa: a habilidade de explicar como fazer algo de uma forma que a outra parte possa compreender.

Para conseguir que uma máquina faça algo, primeiro é preciso explicar o que queremos que ela faça. Isso envolve fracionar a tarefa em etapas menores, e então escrever um programa que exija que a máquina as realize uma a uma. Assim, por muito tempo, se não conseguíssemos explicar alguma coisa a uma máquina dessa forma, ela não era capaz de realizá-la.

Essa é uma consequência do paradoxo de Polanyi.

Se não consegue explicar o que faz quando *vê* uma cadeira no canto da sala, é difícil conseguir que um computador faça a mesma coisa. Como você pode lhe contar que é uma cadeira em vez de uma tartaruga? Difícil dizer. E é precisamente o motivo pelo qual tem sido muito complicado conseguir que as máquinas consigam fazer algo como *ver*[5].

Por outro lado, outras coisas têm sido razoavelmente fáceis. Por exemplo, foi muito fácil explicar como calcular que 450 dividido por 5 é 90 e, como consequência, há muito tempo temos máquinas que podem nos ajudar com esse tipo de problema. O fato de que é mais fácil conseguir que máquinas façam algumas coisas e muito mais difícil que façam outras tem moldado fundamentalmente o desenvolvimento da tecnologia. O paradoxo de Polanyi significa que um robô vai achar difícil competir com Serena Williams e replicar aquilo em que ela é muito boa. Serena Williams observa, sente, avalia, ajusta e age por instinto diante das informações que chegam através dos sentidos, mas ela não consegue explicar o que faz porque é sua "segunda natureza". Entretanto, há outros esportes em que as máquinas são melhores.

Como o xadrez.

* * *

Estamos em 1985 e Garry Kasparov tem 22 anos. O jovem soviético tinha sido convidado para ir a Hamburgo, que ficava na então Alemanha Oriental. Mais tarde no mesmo ano, Kasparov vai se tornar o mais jovem Campeão Mundial de Xadrez[6]. Kasparov está de pé no meio de uma sala acarpetada, vestido informalmente com uma camisa listrada e uma jaqueta de verão verde. Mesas foram dispostas em volta dele, servindo de apoio a 32 tabuleiros. Kasparov está aqui para enfrentar 32 computadores, e ele vencerá todas as partidas. Mesmo que a imprensa mundial esteja mais interessada no que Kasparov tem a dizer sobre a situação política da União Soviética ao *Der Spiegel* (e ele tem muito a dizer) do que sua exibição com os computadores, a disputa de xadrez é o que torna essa visita histórica.

No início dos anos 1980, as melhores máquinas jogadoras de xadrez disponíveis para o público eram produzidas por cinco empresas. Elas enviaram seus melhores modelos de computador para Hamburgo. Kasparov levou cinco horas para vencer a todos, e ninguém se surpreendeu. Em nenhum momento Kasparov imaginou que, apenas doze anos depois, perderia para apenas um.

Mas foi rápido assim que as coisas se inverteram.

Em 1997, então com 34 anos, Kasparov perdia a famigerada partida contra o supercomputador Deep Blue da IBM, em Nova York. Dessa vez a partida foi matéria de primeira página, e os jornais relataram o resultado como o último prego no caixão da supremacia humana na Terra. Se um computador podia superar um cérebro como o de Kasparov, parecia que o resto da humanidade também deveria capitular.

Chegara a era da máquina.

O Deep Blue custou 10 milhões de dólares em 1997, mas hoje você pode baixar um aplicativo em seu celular capaz de derrotar Kasparov. Hoje, um único computador poderia facilmente realizar o que Kasparov fez em 1985: a máquina poderia enfrentar 32 mestres de xadrez humanos e vencer cada partida. Então grande parte do equilíbrio de poder entre humanos e as máquinas mudou.

Será?

Porque, se pensarmos um pouco mais a respeito, fica claro que nenhum computador poderia realmente fazer o que Kasparov fez em Hamburgo em 1985. Imagine ele lá em pé, aos 22 anos, rodeado de mesas naquela sala acarpetada. Ele não está apenas jogando contra 32 computadores: ele está também caminhando de tabuleiro em tabuleiro, pegando as peças com as próprias mãos[7]. E é nisso, como o próprio Kasparov observou, que as máquinas atuais teriam dificuldade. O processo físico de pegar uma peça de xadrez e colocá-la no tabuleiro sem derrubá-la pode ser uma coisa que até uma criança conseguiria fazer, mas para uma máquina isso é um problema. Precisamente porque é um processo físico.

Trata-se de um fenômeno amplamente conhecido na robótica: é muito fácil ensinar matemática avançada e xadrez às máquinas; bem menos fácil, entretanto, ensinar-lhes habilidades mecânicas. Kai-Fu Lee, um dos principais investidores chineses em inteligência artificial, declarou: "*A IA é muito boa para pensar, mas os robôs são ruins quando se trata de mover os dedos*"[8]. Do ponto de vista econômico, o que isso significa?

Peguemos a faxina como exemplo. Imaginamos que limpar é algo simples ou, pelo menos, é assim que essa tarefa é avaliada economicamente no mundo atual. As pessoas cujo trabalho é limpar casas e escritórios são, na maioria, mulheres, que em geral estão entre as mais mal pagas em todo o mercado de trabalho e as quais, com frequência, têm a cor da pele que outros discriminam. A lógica econômica por trás do baixo status da faxina é que pensamos nela como um trabalho que "qualquer um pode fazer".

Se um vírus mortal derrubasse a economia britânica inteira, então, sim, o professor Needhorne, em Warwick, limparia a própria casa. Poderia não ser um serviço tão perfeito quanto o da sua faxineira, mas quebraria um galho.

Limpar não exige nenhum treino especial, é o que pensamos. Mas isso é porque somos humanos e não máquinas. Assumimos como natural nossa disposição física inerente. Mas pense nisso a partir da perspectiva dos pobres robôs: o paradoxo de Polanyi mostra que é muito mais fácil para um computador aprender tudo o que o professor Needhorne sabe sobre os fósseis deste mundo do que saber como limpar a casa dele. Muito, muitíssimo mais fácil. Do mesmo modo que você não seria capaz de jogar tênis como Serena Williams ainda que ela lhe contasse o que pensa na quadra, o robô também não seria capaz de limpar a casa do professor só com a explicação de como isso é feito.

Fazer faxina, na verdade, é uma coisa bem complexa.

Vamos supor que, certa noite, o professor Needhorne está lendo na cama no andar de cima. Entusiasmado com a leitura, esbarra na xícara de chá que está ao lado. O chá quente se derrama sobre a mesinha de cabeceira e atinge o cobertor e o tapete. Veja, se por algum motivo a mãe dele entrasse no quarto naquele momento, ela começaria três processos simultâneos sem pensar duas vezes.

Primeiro, pegaria um pano para limpar o chá da mesinha, depois uma esponja para absorver o chá que respingou no tapete e depois começaria a tirar a roupa de cama.

Enquanto esfregasse o tapete, instintivamente sentiria quanta pressão deveria exercer para conseguir limpá-lo. E, se em algum momento, começasse a suspeitar que sua esfregação poderia prejudicar as cores do tapete, na hora aplicaria menos pressão quase sem pensar. Ela, de fato, faria quase tudo sem pensar, inclusive a bronca dirigida ao professor Needhorne. Para um robô, isso é mais ou menos um milagre.

Como derrotar Maria Sharapova em sets consecutivos.

Resumindo, existe uma razão para que as empregadas-robô que costumamos ver nos desenhos sejam ainda uma quimera. A principal questão que as máquinas enfrentam aqui é a imprevisibilidade das casas. Limpar uma casa envolve uma extensa série de situações diferentes. Você não pode simplesmente dizer ao robô para "lavar a roupa": se fizer isso, ele precisa primeiro saber como se mover e para onde voltar suas diversas câmeras e sensores. Precisa entender a diferença entre meias e calças, guardanapos vermelhos e camisetas brancas, lã e algodão.

Nós humanos achamos muito fácil circular por ambientes imprevisíveis. O que não é surpreendente dado que somos o produto de cerca de duzentos mil anos de vida neste ambiente imprevisível chamado Terra[9].

As máquinas não têm a mesma vantagem. Provavelmente seria mais fácil construir uma casa autolimpante do que um robô capaz de limpar nossas casas atuais de maneira satisfatória. Ao construir uma casa autolimpante a partir do zero, é possível adaptar o ambiente à máquina, em vez do inverso. É possível instalar diferentes sensores nos pisos e projetar móveis que enviassem atualizações sobre os níveis de poeira a uma central de limpeza. Ou algo assim.

Esta tem sido a abordagem para remediar as dificuldades enfrentadas pelas máquinas ao lidar com a imprevisibilidade do nosso mundo. A tendência é colocá-las em seu próprio "universo", um ambiente construído de acordo com as necessidades delas – mais conhecido como "fábrica". Ali os robôs podem atingir a excelência sem serem perturbados pela complexidade do mundo exterior. Assim não é surpreendente que os trabalhos que são automatizados mais rapidamente em nossa economia são os das fábricas[10].

Foram os empregos que os robôs tiraram dos humanos com mais facilidade. Mais adiante neste livro vamos examinar isso mais a fundo, em particular os estudos econômicos que mostram que robôs tiram mais empregos de homens do que de mulheres. Mas isso também nos faz voltar ao paradoxo de Polanyi: se as máquinas conseguem fazer o que um humano faz em uma fábrica, mas não o que faz ao limpar a casa, então no futuro o emprego de faxineira será mais seguro do que muitos empregos de operários.

E se os homens trabalham em fábricas e as mulheres em casa, então dá para perceber como as coisas podem ficar.

Mas falaremos disso mais para a frente.

Vamos nos ater ao corpo por enquanto. Porque, se a inteligência artificial é boa para pensar, mas ruim para mover os dedos, qual a razão de não termos priorizado as preocupações físicas, tanto quanto o xadrez, por exemplo, ao tentar desenvolver essa tecnologia? Em vez disso, pensávamos que, se as máquinas aprendiam a ser bem-sucedidas em coisas "difíceis" (como derrotar Garry Kasparov no xadrez), então seriam capazes quase automaticamente de assumir coisas "fáceis" como separar as roupas para lavar.

Não foi esse o caso.

Apesar de grandes avanços no desenvolvimento de máquinas que podem fazer diagnósticos médicos complexos, um robô ainda teria que lutar para fazer o trabalho de, digamos, um garçom.

O robô seria mais capaz de calcular a trajetória precisa de um cometa pelo céu do que prever como o interior de um restaurante seria afetado por duas crianças de 3 anos correndo entre as mesas. Essas são as coisas imprevisíveis com as quais lidamos instintivamente.

O famoso roboticista Hans Moravec escreveu que esse fenômeno repousa na própria evolução. As habilidades que um garçom usa parecem simples à primeira vista, mas são o produto de bilhões de anos de desenvolvimento por meio do qual a raça humana exercitou e refinou a arte de sobreviver na Terra. Sabemos como nos mover pelos espaços ou retirar copos de diferentes pesos de uma mesa, e também que água no piso traz o risco de um escorregão. A complexidade de ver, ou escalar, ou compreender por instinto que a bola que vem voando está apontando diretamente para a sua cabeça pode ser algo que não nos damos conta, mas isso não significa que não exista. Apenas que se torna invisível.

Mas xadrez e matemática são coisas diferentes. Porque não faz muito tempo que praticamos os dois, observa Moravec.

E como não praticamos ambos durante bilhões de anos, aprendemos as leis da matemática e a lógica do branco e preto do xadrez por intermédio de processos mais conscientes. Aprendemos a tabuada a duras penas, e depois nos ensinaram as regras do xadrez. O que significa que também podemos explicar essas coisas ao computador. E desse modo as máquinas ficaram boas em álgebra e no xadrez, o que é surpreendente. Mas isso não as tornou automaticamente capazes de fazer tudo em economia. E por que pensávamos que as tornaria?

A partida que Garry Kasparov jogou e acabou perdendo para o Deep Blue durou apenas uma hora, mas na mídia estava sendo apresentada como uma espécie de batalha existencial entre a criatividade humana e o modo frio e calculador do computador mover-se pelo mundo. Se o computador vencesse, então um exército de máquinas sem rosto logo dominaria. À humanidade só restaria aceitar as condições do seu status mais baixo neste mundo. Nossa única esperança contra o domínio das máquinas era um cavaleiro em armadura brilhante vindo da recém-desmoronada União Soviética: Garry Kasparov. Esse era o drama existencial que projetávamos sobre aquela partida. O que venceria: a capacidade humana para resolver problemas com sentimento e instinto, ou a força bruta de milhões de equações por segundo?

Como sabemos, Kasparov perdeu. E com isso parte do mundo pensou que só restava uma conclusão: se um computador conseguia derrotar Garry Kasparov no xadrez, era só uma questão de tempo até que as máquinas conseguissem fazer todo o resto. "*Destacar-se no xadrez foi considerado por muito tempo como símbolo de uma inteligência mais abrangente. Na minha visão, essa é uma suposição incorreta*", escreveu Kasparov em 2018. Demos muita importância às suas partidas contra o Deep Blue porque pensávamos que a humanidade residia na inteligência. E que à inteligência se equiparava a habilidade de vencer no xadrez.

Mas há uma série de outras coisas que as máquinas fazem melhor do que nós que não levaram a conclusões tão dramáticas. Na primeira vez que construímos uma empilhadeira que transportava mais peso do que um humano conseguiria, não falamos sobre o fim do nosso domínio sobre a terra. Morcegos enxergam melhor no escuro – isso significa que em cinquenta anos serão nossos senhores?[11] Por que chegamos a pensar que uma máquina que podia nos derrotar no xadrez desenvolveria a capacidade de fazer tudo?

É aí que entra o gênero.

O roboticista Rodney Brooks escreveu que os pesquisadores de inteligência artificial por muito tempo viram a inteligência como a habilidade de lidar com "*as coisas que os cientistas homens altamente preparados consideravam desafiadoras*"[12]. Era por isso que os computadores recebiam os encargos de jogar xadrez, demonstrar teoremas matemáticos e envolver-se em álgebra complexa. No mundo do cientista homem, essas tarefas eram sinal de status elevado.

Mas aquele mundo se mostrou ser muito pequeno.

Queríamos construir "máquinas humanas", mas nossa definição de "humano" era baseada numa certa masculinidade racional, acadêmica. Os computadores eram reservados para os problemas considerados "desafiadores", e na nossa mente eles eram considerados intercambiáveis com as atividades que tínhamos aprendido ver como "masculinas". Então chegamos à conclusão de que, se as máquinas conseguissem lidar com esses problemas "masculinos", obviamente seriam capazes de dominar o resto do mundo.

Mas elas não conseguiram. E ficamos presos nesse obstáculo por muito tempo.

Claro, a questão é saber se, caso existissem mais mulheres estudando a inteligência artificial, isso teria feito diferença. Se os pioneiros nessa área não constituíssem um pequeno grupo de professores brancos, a pesquisa teria começado a enxergar a faxina como um problema tão legítimo quanto o xadrez? E teríamos avançado no desenvolvimento tecnológico?

Bem possível.

Temos agora meios de contornar o paradoxo de Polanyi, mas com suas próprias limitações. Algumas máquinas podem ensinar a si mesmas a fazer coisas simplesmente praticando-as. Isso se chama "aprendizagem de máquina", mas para funcionar é preciso contar com uma quantidade tão grande de dados que o processo pode se mostrar problemático. No nosso mundo, os dados também tendem a ser baseados em homens, não em mulheres.

Mas, acima de tudo, esse é um processo que precisa ser refeito constantemente. Se alguém ensinou um robô a pegar uma garrafa do chão, por exemplo, em princípio terá de começar do zero se, em vez disso, quiser que pegue uma xícara de café. Como sabemos, não é assim que os humanos funcionam: podemos aplicar uma habilidade genérica a fim de pegar outras coisas com naturalidade.

Observe uma criança de 1 ano com seus brinquedos: ela os deixa cair e os apanha do chão. Ela pode até levar um tombo, ou se atrapalhar com o chocalho que está caído, mas não tem dificuldade de aplicar o que aprendeu para pegar uma pá ou uma bola.

Agora imagine que você tem um veículo autônomo. Esse carro precisa ensinar a si mesmo a ler as placas da estrada. Mas, para a máquina ser capaz de obedecer ao comando "Pare no semáforo vermelho", primeiro precisa saber qual é a aparência de um semáforo vermelho.

O ser humano simplesmente *vê* um semáforo vermelho, mas o carro que dispensa motorista é controlado por um algoritmo, e o algoritmo "vê" diferentes agrupamentos de linhas. É desse modo que o ensinamos a decompor imagens em matemática, a fim de entendê-las de forma gradual.

Agora imagine que você está em seu novo carro autônomo em uma estrada rural. Você ativa o piloto automático, abaixa o encosto do banco e relaxa enquanto o carro segue e o sol brilha. De repente, duas placas, uma em cada lado da estrada, informam que ali o limite de velocidade é 30 quilômetros por hora. Mas algo aconteceu com uma das placas. Alguém colou uma fita adesiva nela, talvez tenha sido danificada por um animal que bateu nela, talvez um adolescente a tenha pichado. Um ser humano consegue perceber instintivamente que algo assim deve ter ocorrido e não lhe dá importância. Nosso cérebro lê a placa como "30 km/h", sem pensar duas vezes. Mas o carro autônomo não – porque ele não pensa, ele calcula. O que significa que aquele pedaço de fita adesiva provoca um problema real para o sistema. De repente, o algoritmo pode interpretar a placa como "80 km/h" em vez de "30 km/h", apenas porque há um pedaço de fita sobre ela. O carro acelera alegremente, bate, capota, e você voa para fora da estrada na curva fechada.

"O paradoxo de Polanyi!", você exclamaria, se estivesse consciente.

Resumindo, o preto e branco do xadrez não se aplica à realidade, e isso cria constantes problemas para nossas máquinas porque elas calculam o caminho ao longo da existência, enquanto os humanos, em muitos sentidos, *sentem* o caminho com o corpo. Por isso as máquinas se dão melhor em fábricas.

Agora, é óbvio que podemos fazer pelos carros autônomos o que fizemos por outras máquinas. Poderíamos construir um "universo" de estradas especiais em que só eles pudessem trafegar, evitando assim os problemas que ocorrem no mundo real, desde placas respingadas de lama a pedestres inesperados. As estradas seriam construídas de tal modo que os veículos dirigidos por algoritmos pudessem seguir em paz, longe de toda a complexidade do trânsito dirigido por humanos. Mas, se fizéssemos isso, qual seria a diferença entre um carro autônomo e, digamos, um trem? Um nome para esse tipo de estrada não seria, veja bem, *trilhos*? Ok, seríamos capazes de viajar em veículos individuais do modo como viajamos de trem hoje em dia, mas não é essa a ideia de carros autônomos que nos tem sido vendida. Empresários da tecnologia nos prometeram carros sem motorista que podem circular no tráfego normal como nossos carros fazem, sem mudanças na sociedade, mas com o bônus de poder jogar videogames no banco de trás. Esses carros não existem, e muitos duvidam que algum dia venham a existir.

"*Elefantes não jogam xadrez*", diz Rodney Brooks[13]. E olha que os elefantes são bem espertos. Em muitos sentidos, são mais espertos do que os computadores mais velozes, ainda que em outros também sejam muito menos. Em suma: é complicado. Os cachorros parecem ser capazes de entender quando os donos estão tristes, mas os computadores podem achar isso desafiador. Qual deles é mais esperto? Só porque uma máquina consegue derrotar Garry Kasparov no xadrez, isso não significa que possa vencer Serena Williams no tênis. O que a tenista expressa é uma forma diferente de inteligência. Uma inteligência corporal. E é nisso que repousa grande parte do que nos faz humanos.

Mas, de algum modo, temos problema em admitir isso.

O xadrez é um jogo de guerra, os quadrados no tabuleiro são um campo de batalha. Quando o xadrez foi inventado, na Índia, no século VI, todas as peças eram homens. Somente quando o jogo chegou à Europa, quatrocentos anos depois, é que uma das peças começou a ser chamada de rainha. Naquele tempo, era a peça mais fraca do tabuleiro.

A única mulher no jogo tinha menos mobilidade do que todos os outros. Podia mover-se apenas um quadrado por vez, e somente na diagonal. Mas algo mudou no século XV[14]. O poder da rainha aumentou no tabuleiro, assim como na vida real.

As elites europeias de repente se viram dominadas por figuras como Catarina, a Grande, da Rússia e Isabel I de Castela. Em consequência, a rainha do xadrez também passou a ocupar mais espaço no tabuleiro e passou a ser a única peça que podia se mover em qualquer direção que quisesse, a seu bel-prazer. Hoje, o rei no xadrez é apenas um peão glorificado, apesar do seu título. Ainda assim, quem joga xadrez basicamente são os homens, e o tipo de inteligência exigido no jogo é algo associado aos homens.

Em outras palavras, quando se trata de criar uma máquina pensante, nós a transformamos em um homem. Ou naquilo que implicitamente consideramos que é um homem. Fazendo isso, ignoramos muitas das faculdades que permitem que nós, humanos, funcionemos no mundo. Tudo porque elas foram classificadas de "femininas", e, portanto, algo que era certo subestimar.

Tanto na economia como nas máquinas.

Serena Williams na quadra de tênis é uma das expressões mais puras do tipo de inteligência humana que as máquinas têm a maior dificuldade para replicar. Sim, uma máquina pode bater mais forte na bola. E, sim, talvez um dia os robôs sejam capazes de jogar bem o tênis: a quadra de tênis é, afinal, um ambiente mais previsível se comparada ao resto do mundo. Mas não é essa a questão.

A questão é que acabamos vendo o mundo como um tabuleiro de xadrez e, erroneamente, assumimos que o que o mantinha girando era apenas o pensamento racional. O fato de nos prendermos a essa falácia está ligado à nossa visão de gênero.

David Foster Wallace escreveu um ensaio sobre o astro do tênis Roger Federer[15]. Nele, o escritor declara que no patamar de elite a que pertence Roger Federer, o esporte é uma expressão da beleza humana.

Porque, sim, acontece que os homens têm corpo também, embora possamos ver Roger Federer como "menos corporal" do que Serena Williams: antes de tudo, ele é um homem branco e ela, uma mulher negra. Em 2018, o *Herald Sun* publicou uma charge de Serena Williams que a Associação Nacional dos Jornalistas Negros dos Estados Unidos descreveu como "caricatura racista e sexista" que era "desnecessariamente pejorativa"[16]. As mulheres negras são reduzidas com frequência à ideia da fisicalidade pura e ameaçadora, que é de algum modo considerada mais primitiva.

Nesse ensaio, Foster discute em especial a beleza de Federer – uma beleza que não tem nada a ver com sexo ou normas culturais. Quando apresenta seu melhor jogo, segundo o autor, o que Federer expressa é uma beleza universal.

O esporte pode, em seus melhores momentos, tornar-se um meio para reconciliar o espectador com o fato de que ele tem um corpo. Grandes jogadores como Federer podem catalisar nossa consciência de como é maravilhoso alongar, sentir, enxergar e se mover neste mundo – ou simplesmente interagir fisicamente com a matéria. Pense no momento em que o bebê percebe que consegue levar as mãos até o rosto. *Aquela* sensação. Já nós adultos precisamos de Roger Federer para sentir isso.

É claro que Serena Williams e Roger Federer conseguem fazer coisas com o corpo que nós não podemos nem sonhar. Mas esses sonhos são importantes, diz Foster Wallace. Por quê? Porque nos conectam com nossa humanidade ao nos conectar com nosso corpo.

Mas ele observa também que isso, para muitos homens, pode ser incômodo. O corpo faz o homem se lembrar da sua fraqueza. Como sabemos, é o corpo que um dia vai morrer. E não só isso: é o corpo que pode tornar o homem dependente de outros e de seu entorno em função de doença ou envelhecimento. O homem não quer ser lembrado disso. A dependência não se encaixa dentro do papel do seu gênero.

Por isso, como vimos, o corpo foi classificado como pertencente ao gênero feminino por milhares de anos. A mulher foi vista como mais ligada à realidade do seu corpo por meio do parto, dos seios que vertem leite e do sangue que flui do seu útero. A mulher precisava ser corpo para que o homem pudesse ser outra coisa. Ainda se ensina aos homens que superar o corpo é sinônimo de se tornar homem. Mas um par de testículos não é menos corporal que um par de ovários, e ainda assim a masculinidade é vista como alguma forma de intelecto racional no controle da máquina que é o corpo. A mulher, ao contrário, é completamente redutível a seu eu físico.

E agora nos vemos de volta à tragédia fundamental do patriarcado: quando gêneros são definidos por suas oposições, ninguém tem acesso ao espectro total do que significa ser humano.

David Foster Wallace escreve que, apesar de muitos homens ansiarem por ver Roger Federer na quadra, não conseguem aceitar a vivência esportiva de beleza pelo que ela é. E assim eles têm de projetar o esporte como algum tipo de guerra. Essa é uma técnica de distanciamento.

Com frequência, os homens falam do seu "amor" pelo esporte. Mas é um amor que precisa ser expresso pela sintaxe da guerra para ser aceito por outros homens. O homem encobre a experiência da beleza física que sua alma busca no esporte através da forma como fala dele, discutindo-o em termos de hierarquia, análises técnicas ou um senso nacionalista ou tribal de nós contra eles. Mas a ladainha de estatísticas esportivas, a arrogância, a pintura no rosto e o grito de guerra das canções que vêm das arquibancadas são coisas a que o homem recorre para tornar a experiência esportiva que o coloca em contato com o próprio corpo compatível com sua ideia de masculinidade.

Foi o ideal masculino – que tem horror a admitir a importância do corpo – que tentou fazer a tecnologia à sua própria imagem.

E assim conseguimos máquinas capazes de derrotar Garry Kasparov.

Mas não Serena Williams.

FUTURO

9

Como acabamos nos esquecendo de perguntar a Mary

O ano era 1842 e Friedrich Engels tinha 22 anos. Aos olhos de seu pai, era mais do que tempo do filho superar o radicalismo juvenil. Então ele o tirou da casa da família, que ficava no que corresponde hoje à parte ocidental da Alemanha, para passar dois anos em Manchester, no norte da Inglaterra[1]. Na cidade têxtil inglesa, o jovem Engels devia trabalhar nos escritórios de uma fábrica que produzia linha de costura. Depois de ter desfrutado dos benefícios de uma vida em gestão intermediária, voltaria para a Alemanha integrado, amigo do trabalho e conservador. Pelo menos era esse o plano do pai, mas se provou um erro de cálculo: a ida para Manchester levou Engels a fundar o comunismo moderno com seu amigo Karl Marx[2].

O jovem Engels foi, em muitos aspectos, o primeiro socialista da esquerda caviar, um homem que desfrutava de caça à raposa e salada de lagosta. Mas, quando chegou em Manchester, encontrou uma cidade envolvida na Revolução Industrial – muitas vezes chamada de "a primeira era da máquina". O que Engels viu em Manchester o faria engasgar com a salada de lagosta.

As novas máquinas tinham alcançado aquela cidade do norte, e a industrialização seguia a toda velocidade. Havia locomotivas a vapor, fábricas e chaminés gigantescas que enchiam o céu de fumaça. As pessoas estavam trocando suas casinhas na área rural e sua produção caseira por uma vida totalmente nova na cidade. A tecnologia parecia arrastar toda a sociedade em sua esteira, numa corrida selvagem e turbulenta em direção a... bem, ninguém sabia ao certo a quê.

Os economistas gostam do desenvolvimento tecnológico: costumam pensar que a inovação é o que pode trazer padrão de vida mais elevado para todos. É provável que estejam certos quanto a isso. Como o economista Joseph Schumpeter coloca a questão, capitalismo não se trata de produzir *"mais meias de seda para rainhas, mas de torná-las acessíveis às moças das fábricas"*[3]. E se o objetivo é que as jovens operárias usem meias de seda, então com certeza vai ser preciso um avanço tecnológico.

Porque é a inovação que aumenta a produtividade na economia, o que significa que o salário das moças pode subir: de repente elas podem produzir vinte meias de seda no tempo que levavam para fazer cinco.

E se as máquinas assumirem os trabalhos mais árduos e perigosos, então metade das moças pode fazer outra coisa. Quando a sociedade fica mais rica, é possível investir na educação, por exemplo. Antes que se perceba, essas moças terão se tornado engenheiras têxteis ou editoras de moda. É assim que as coisas deveriam funcionar.

Inventamos novas máquinas e elas, por sua vez, nos livram de tarefas que preferiríamos não fazer. E como as máquinas também nos deixam mais ricos, essa nova riqueza cria a demanda por novas coisas – como salões de beleza para cães, vasos de cerâmica importados e cookies com gotas de chocolate. O que cria novos empregos para banhar e enxugar cachorros, servir bolos e vender cerâmicas, empregos mais gratificantes e bem pagos do que aqueles que vieram antes. Enquanto isso o preço das meias de seda cairá – afinal, é possível fazê-las muito mais rapidamente – e então as moças das fábricas poderão usar seda nas pernas, um luxo que até a geração anterior era quase exclusivo de um punhado de rainhas. É mais ou menos assim que deveria ser.

É evidente que muitas coisas podem dar errado pelo caminho, como Engels percebeu em Manchester. O futuro comunista trabalhava em Salford, a oeste da cidade. Na ocasião ele era um radical confuso que se encontrara com Karl Marx apenas uma vez. Mas, na fábrica em Salford, se apaixonou por uma jovem irlandesa politicamente ativa, que o levaria pela mão e lhe mostraria a primeira era da máquina.

Ou, talvez acima de tudo, seu custo chocante.

Engels viu que os imigrantes irlandeses moravam em casas decadentes, com janelas quebradas, porões úmidos, as famílias no escuro, vivendo em meio ao mau cheiro e à miséria[4]. As fábricas tinham o ar tão empoeirado que os operários tossiam sangue, e as máquinas eram dispostas tão perto umas das outras que às vezes os operários ficavam presos entre elas. Ao andar pela cidade, era comum ver corpos completamente deformados – joelhos que se dobravam para dentro, tornozelos inchados, colunas arqueadas em ângulos anormais. Conheceu crianças obrigadas a trabalhar doze horas por dia e que eram açoitadas se não conseguissem cumprir a jornada. Ele foi até o rio e foi tomado pelo mau cheiro dos detritos e do lodo verde-escuro, e viu as imensas chaminés esconderem o sol por trás de nuvens pretas de fumaça.

Engels tornou-se uma espécie de Dante do século XIX, descendo círculo após círculo de um inferno de condições desumanas. E colocou tudo isso no papel. Seu livro, *A situação da classe trabalhadora na Inglaterra*, era uma denúncia jornalística indignada, escrita por um alemão expatriado de 24 anos, subgerente, que negociava no ramo de linhas de costura. Karl Marx, que vinha sofrendo de bloqueio criativo em Londres, ficou tão enfurecido pela descrição que Engels fez das condições terríveis em Manchester que retomou a escrita para concluir sua grande obra, *O capital*.

Muitos anos mais tarde, milhões seriam executados em nome de Marx e Engels, por uma das ditaduras mais brutais do mundo. Mas isso não significa que Engels não viu as coisas terríveis que o chocaram nos anos 1840 em Manchester. O sofrimento que veio no rastro da primeira era da máquina foi horrível.

E o pior é que as coisas poderiam ter sido diferentes. As máquinas não precisavam destruir a vida das pessoas. Poderiam ter proibido o trabalho infantil, o despejo de detritos nos rios e a jornada de trabalho de doze horas por dia. Casas decentes e uma legislação de proteção à saúde, segurança no trabalho e saídas de incêndio poderiam ter sido construídas. Então não só milhões de vidas teriam sido salvas, mas talvez isso tivesse sucesso onde o pai de Engels falhou: evitar que o filho se tornasse um revolucionário.

Desse modo, a história do século XX teria sido muito diferente. A grande lição disso tudo é que sempre existe uma alternativa. Não é a tecnologia que decide como organizar a economia. São os humanos.

Muitos especialistas dizem que agora estamos vivendo na "segunda era da máquina", tão dramática quanto a que Engels testemunhou[5]. Os robôs estão chegando, dizem, e logo será possível automatizar a maioria das tarefas. Hoje temos tecnologias que conseguem entender o que dizemos, reagem a isso e se reportam a nós; algoritmos que conseguem filtrar milhões de documentos legais para encontrar exatamente o que estamos procurando; impressoras 3D capazes de produzir partes sobressalentes para motores a jato, e cirurgiões que podem operar remotamente usando braços robóticos equipados com bisturis.

E só espere até que essa nova tecnologia repercuta na economia, dizem, então *tudo* vai mudar. A segunda era da máquina não só vai causar o desemprego de caminhoneiros e atendentes de fast-food, como também vai acabar com os advogados de patente, consultores de gestão e especialistas em recursos humanos. Dessa vez os robôs estão atrás também dos empregos da classe média[6].

Você pode ter dificuldade para assimilar isso. Porque, sim, seu celular é mais avançado do que era ontem e, sim, você percebeu que muitos carros novos podem fazer baliza sozinhos e, sim, parece que somos constantemente sacudidos por uma crise política atrás da outra. Mas uma revolução industrial? O fim do nosso modo de vida antigo? Isso não corresponde à natureza radical daquilo que Engels observou nos anos 1840?

Mas isso depende de onde você está.

As revoluções industriais em geral tendem a ocorrer primeiro em nível regional. O economista Carl Benedikt Frey escreveu que a alta sociedade rural inglesa dos romances de Jane Austen se sentava nos condados ao sul propondo casamento uns aos outros em meio a xícaras de chá floridas[7], ignorando por completo que toda a indústria têxtil em Northamptonshire – a apenas 160 quilômetros de distância – estava à beira do colapso. Do mesmo modo, grandes setores do mundo despertaram em choque em novembro de 2016 diante da notícia de que Donald Trump tinha se tornado presidente dos Estados Unidos. Que tensões sociais foram essas que não tínhamos percebido?

Uma delas foram os robôs. Os economistas apontaram com rapidez que os estados que votaram em Donald Trump foram aqueles onde as máquinas tinham substituído a maioria dos empregos.[8] Nos últimos anos, vimos uma concentração gradual dos empregos mais bem pagos e da maior parte do capital nas grandes cidades, enquanto outras regiões foram abandonadas à própria sorte. Em seguida, muitas dessas regiões se vingaram votando em diversos partidos populistas. E se esse é realmente o começo da segunda era da máquina, então a economia e a nossa vida vai ser transformada para sempre.

A única questão é como.

Uma das análises mais determinantes coloca que a economia vai se dividir em três. Primeiro, temos a elite: os já super-ricos continuarão, sem nenhuma surpresa, a ficar ainda mais ricos na esteira das melhorias tecnológicas. Isso vai levá-los a se afastar do resto da população, não apenas do ponto de vista econômico e social, mas até mesmo biologicamente, dizem inúmeros futuristas. Esse grupo será capaz de aplicar novas tecnologias em si mesmo, tornando-se uma espécie de super-humanos que conseguem modificar seu corpo em tudo, alcançando desde a vida eterna à habilidade de enxergar através das paredes. O efeito será os ricos literalmente rompendo com o resto da humanidade e reescrevendo irreversivelmente o destino biológico do gênero humano.

Pelo menos para eles mesmos.

No segundo grupo, logo abaixo da elite, temos outra classe de pessoas que também vai se sair bem, ou assim pensam os futuristas. Essa classe vai ser formada por todos que se sustentam vendendo diversos serviços pessoais à elite. Pense em instrutores de pilates, terapeutas de casal, professores de escolas particulares, estilistas e coaches. As pessoas que prestarem esses serviços para a elite formarão a nova classe média, e a elite sem dúvida tem muito dinheiro para gastar com elas.

E então temos o terceiro grupo. E é aí que as coisas começam a ficar problemáticas. O grupo é formado por todo mundo que perdeu o emprego por causa dos robôs ao longo do caminho[9] – pessoas que guiavam táxis, trabalhavam em bancas de jornal, escreviam contratos legais e pegavam mercadorias em armazéns. Bilhões de pessoas que não serão mais necessárias para a economia, pelo simples fato de que teremos máquinas que podem fazer tudo o que antes elas faziam no mercado de trabalho, só que muito melhor e mais barato.

Assim, bilhões de pessoas ficarão desempregadas para sempre. Simplesmente não serão necessárias, e nenhum crescimento no mundo será capaz de lhes dar um emprego. O futurista Yuval Noah Harari chama esse grupo de "a classe inútil". O que faremos de todas essas pessoas de quem não precisamos mais? Nos últimos anos isso se tornou uma das maiores questões discutidas em conferências sobre tecnologia no futuro cuja inscrição custa 10 mil dólares[10]. E contam com bilionários no público pensante.

O que farão dos seus dias todas as pessoas que não serão mais necessárias para a economia? Podemos realmente confiar que vão ficar sentadas sossegadas em casa jogando no computador? Ou elas – imagine o horror – vão se revoltar? Marchar sobre o Vale do Silício empunhando forcados? Vão votar em líderes políticos que são ruins para os negócios, ou que pensam que as empresas de tecnologia deveriam pagar impostos como todo mundo? Será que essa "classe de inúteis" vai causar tumultos nas ruas e destruir os carros voadores? E isso forçará a elite a se mudar para abrigos autossuficientes, ecológicos, com telhados com placas de aquecimento solar e guardas-robôs armados diante da porta? Um abrigo desses pode ser comprado, é claro. Mas não tem graça nenhuma ficar sentado dentro dele por muito tempo: na verdade, a casa grande nunca está segura quando a senzala não está feliz.

É por isso que um bom número de bilionários da tecnologia famosos começou recentemente a abraçar a ideia da renda básica universal (RBU)[11]. Assim, todas as pessoas, tendo ou não um emprego, teriam um rendimento mensal garantido pelo governo. A ideia é que, se milhões de pessoas se "tornarem supérfluas" para a economia, é melhor dar um dinheiro a elas a fim de que pelo menos não morram de fome. Com sorte isso também significará que não começarão uma revolução. Ou seja, a elite está pagando para ser deixada em paz: peguem sua renda básica universal e nos deixem com nossos corpos bio-hackeados e exércitos de servos-robôs. Por favor.

Variantes dessa história – a de que a segunda era da máquina vai dividir a sociedade em três grupos – têm sido elaboradas diversas vezes nos últimos anos. As pessoas podem discordar sobre qual iniciativa tomar, mas quase sempre a narrativa é a mesma: a segunda era da máquina vai elevar a massa permanente de desempregados a uma escala nunca vista. Mas será que um grupo tão grande de pessoas vai realmente se tornar "supérfluo" para a economia? Para refletir sobre essa questão, precisamos olhar para a perspectiva deixada de lado muitas vezes neste debate: a da mulher.

Voltemos ao livro de Friedrich Engels sobre sua vivência em Manchester nos anos 1840, abrindo na página em que o jovem Engels relata uma história que tinha sido contada a ele em uma carta. É mais ou menos assim[12]:

Era uma vez um homem chamado Joe. Ele estava viajando por Lancashire e, nos arredores de Manchester, decidiu procurar um velho conhecido de nome Jack. Depois de indagar um pouco, afinal lhe deram o endereço dele. Mas algo estava errado. Jack estava morando em um porão úmido, com um só cômodo escassamente mobiliado. Quando Joe entrou, viu o amigo sentado perto da lareira. E o que ele estava fazendo?

Jack estava sentado em um banquinho, remendando as meias da mulher! Joe quase caiu de susto. Jack, mortificado, logo tentou esconder as meias atrás das costas. Mas, é claro, era muito tarde.

"*Jack, que arte diabólica levou você a fazer isso? Onde está sua mulher?*", Joe perguntou. "*Este é o seu trabalho?*"

Jack foi forçado a confessar sua vergonha. Fungando, explicou a Joe que sabia que remendar meias não deveria ser seu trabalho, só o fazia porque sua pobre mulher trabalhava o dia inteiro na fábrica. Saía de casa às 5h30 e não voltava antes das 20h, e quando chegava estava tão cansada que não tinha energia para mais nada. Por isso Jack tinha de cuidar da casa tanto quanto Mary, já que estava desempregado havia três anos. Desde que as máquinas tinham chegado a Lancashire, os únicos empregos disponíveis eram para mulheres e crianças, choramingou.

"*É mais fácil achar cem libras na rua do que um trabalho para homem*", disse.

Lágrimas amargas escorreram pelo seu rosto.

"*Jamais imaginaria que você ou qualquer outra pessoa me veria remendando as meias da minha mulher, porque é um trabalho ruim, mas ela mal consegue se manter em pé; tenho medo de que fique doente, e daí não sei o que será de nós.*"

Jack então descreveu tristemente como era a vida familiar antes das máquinas chegarem à cidade. Ele e Mary tinham uma casinha e mobília também. Naquele tempo, era ele, o homem, que saía para trabalhar, e Mary, a mulher, ficava em casa.

"*Mas agora o mundo está de cabeça para baixo. Mary precisa trabalhar e tenho que ficar em casa, cuidando dos filhos, varrendo e lavando, cozinhando e remendando*", soluçou. "*Você sabe, Joe, [como é difícil] para alguém que estava acostumado com tudo diferente.*"

Joe concordou com tudo isso e olhou com tristeza para Jack enquanto se sentava perto do fogo. Estava bastante emocionado pela trágica história do amigo, o que o motivou a descrever o encontro naquela carta que, por fim, acabou nas mãos de Friedrich Engels.

Joe amaldiçoou as máquinas. Xingou os donos das fábricas e o governo, que tinham deixado tudo isso acontecer. No fim da história, Engels fez uma pergunta retórica: "*Poderia alguém imaginar um estado de coisas mais insano do que o que foi descrito nessa carta?*"

As máquinas tinham criado uma economia que "*castrava o homem e tirava a feminilidade da mulher*", Engels declarou. Na verdade, em Lancashire, famílias como a de Jack não eram nem um pouco incomuns. Na primeira era da máquina, as invenções surgiram e pegaram os trabalhos mais bem pagos – que muitas vezes eram desempenhados por homens. No lugar deles, as fábricas começaram a empregar mulheres e crianças, porque já não era necessária força física para produzir do mesmo modo. E como mulheres e crianças não eram valorizadas, era possível pagar-lhes somente um terço do salário dos homens. De repente, uma esposa e dois filhos tinham de arrumar trabalho nas fábricas apenas para repor a renda perdida pelo marido. Ele, por seu lado, muitas vezes permanecia em casa.

O que é interessante em relação a como Engels descreve a cena do homem desempregado, chorando ao pé do fogo, é que ele não foca na parte material. Em vez disso, a história de Engels é antes de tudo sobre o sentimento de desesperança que Jack vivenciava: tinha perdido seu orgulho masculino e sua direção de vida. É com isso que Engels quer que o leitor se sinta indignado.

E foi assim que muitos leitores se sentiram.

Evidentemente a dor de Jack é bem real e não deve ser motivo de riso. A masculinidade ofendida é um problema grave. É uma força que dá margem à violência, ao suicídio e à tragédia familiar, com o poder de criar feridas emocionais que são passadas de geração a geração, em círculos viciosos de orgulho ferido e desesperança. Os homens também têm de desempenhar os papéis do seu gênero, e os homens também sofrem com isso.

Os desenvolvimentos tecnológicos tiraram de Jack tudo que o valorizava. Durante a vida inteira lhe disseram que precisava trabalhar e sustentar a família ou não seria um homem de verdade. E ele acreditara nisso. E fez o que tinham lhe ordenado. Mas então as máquinas lhe tiraram qualquer chance de ser um homem de verdade, e, se não pudesse ser um homem "de verdade", ele não era nada.

Pelo menos era nisso que o levaram a acreditar.

Não, não era esquisito que Jack quisesse quebrar as máquinas, ou que as amaldiçoasse amargamente quando estava sentado naquele porão úmido com as meias de Mary no colo. A vida de Jack tinha sido destruída pela Revolução Industrial. Nenhum economista que viesse do futuro em uma máquina do tempo poderia consolá-lo com o fato de que todas as invenções que tiraram seu trabalho, no final, levariam a sociedade a uma grande prosperidade – nem mesmo se pulasse da máquina do tempo e sacasse alguns gráficos, ou lhe dissesse que as conquistas tecnológicas da primeira era da máquina permitiriam que seus bisnetos ganhassem a vida como instrutores de ioga e consultores de empresas, nem assim Jack teria entendido.

Se uma transformação tecnológica na sociedade não for conduzida corretamente, corre-se o risco de destruir muitas vidas. Que a mesma tecnologia levará ao crescimento e ao enriquecimento não serve de consolo para aquele que foi sacrificado ao longo do caminho. Como Jack. E essa é a razão da fúria de Engels.

Existe, entretanto, uma pergunta que Engels não fez, e que é realmente fundamental. Ouvimos muita coisa sobre Jack, mas o que Mary pensava?

Não sabemos.

Será que Mary odiava a situação – trabalhar na fábrica enquanto Jack cerzia suas meias em casa? Ou teria ela se conformado com tudo? À noite, será que tinha forças para sorrir, lançar um olhar sedutor e dar um alento à masculinidade ferida do marido? Será que zombava dele? E se zombava, fazia isso pelas costas ou na cara dele?

Ou será que simplesmente achava que estava tudo bem com a nova ordem familiar? Com um pouco mais de dinheiro, talvez – ou se Jack conseguisse ficar um pouco mais feliz?

Não temos a menor ideia.

Engels nunca perguntou nada a Mary.

* * *

A primeira era da máquina envolveu uma enorme renegociação entre gêneros e papéis desempenhados pelos mesmos. O que acontecerá também com a segunda. O problema é que raramente consideramos esse aspecto da tecnologia quando ela surge. Fazemos inúmeras conferências sobre como os robôs vão afetar o mercado de trabalho, mas, na maior parte do tempo, o tópico "gênero" não recebe nem uma segunda olhada, apesar de nossas ideias sobre gênero afetarem toda a forma com que o mercado de trabalho é estruturado. As mulheres fazerem determinadas coisas e os homens outras é o modo como a economia funciona hoje em dia. Podemos até querer que não funcione assim.

Mas é assim que funciona.

Basicamente, a maioria das mulheres hoje trabalha com outras mulheres, enquanto os homens trabalham com outros homens. Na Europa, 69% das mulheres assalariadas trabalham em indústrias em que mais de 60% do pessoal é formado por mulheres[13]. Na Alemanha, 69% dos homens trabalham em indústrias em que, no mínimo, 70% de seus colegas são homens. Nos Estados Unidos, 80% dos grupos de professores do ensino básico e do médio, de enfermeiras e de secretárias são formados por mulheres. A Suécia, por sua vez, é uma das economias mais segregacionistas de gênero: cerca de 16% das mulheres suecas trabalham em profissões em que as mulheres constituem até 90% da força de trabalho. E, quando existem filhos, a segregação só cresce: mais mulheres assumem empregos mais flexíveis – e portanto mais mal pagos –, enquanto os homens tendem a fazer o oposto.

Isto é, se conseguirem.

Que as profissões podem ser predominantemente femininas ou masculinas é um fator que muda de tempos em tempos. A Namíbia e a Tanzânia têm uma porcentagem maior de mulheres eletricistas do que a Noruega[14], por exemplo. Mas, em geral, as mulheres trabalham mais no setor de serviços enquanto os homens trabalham mais na produção[15]. E esse é em parte o motivo por que a pandemia de 2020 atingiu as mulheres tão dura e rapidamente: quando restaurantes, salões de beleza e clínicas de fisioterapia foram forçados a fechar, muitas mulheres perderam o emprego. Desde a década de 1970, as recessões foram chamadas muitas vezes de "recessões masculinas" pelo impacto desproporcional que tiveram no emprego dos homens, mas esta foi diferente – porque começou numa parte da economia em que muitas mulheres trabalham.

O mercado de trabalho é dividido por gênero. E se devemos supor que estamos na segunda era da máquina que vai bagunçar o mercado de trabalho, então seus efeitos também serão ligados a gênero. A única questão é saber como.

Uma forma de narrar a história recente é mais ou menos esta: cerca de trezentos anos atrás, de repente começamos a desenvolver máquinas que eram fisicamente superiores ao corpo humano, pelo menos quando se tratava de levantar, martelar, puxar, mover e arrastar. Essa foi a primeira era da máquina, e resultou que a força física se tornou menos importante para o mercado de trabalho. O que significou que Jack foi de repente reduzido a remendar as meias de Mary, a força dos seus braços foi substituída por uma máquina que, então, podia ser operada por uma simples mulher. Ou uma criança.

É possível ver Jack nas estatísticas econômicas atuais: apesar de todas as novas invenções do século XIX, os salários ficaram estagnados por muito tempo. Durante muitos anos, a nova prosperidade simplesmente não se traduziu em uma vida melhor para as pessoas normais. Muito pelo contrário. Quando Engels escreveu com entusiasmo revolucionário que os proprietários das fábricas *"ficam ricos em cima da miséria da massa assalariada"*, estava apenas expressando um fato[16]. O crescimento na Inglaterra era sem paralelo, ainda que as pessoas estivessem ficando mais pobres.

E isso continuou pelas quatro primeiras décadas dos anos 1800. Esse período foi mais tarde batizado de "a pausa de Engels", em homenagem ao teórico revolucionário.

E, então, a pausa chegou ao fim. O pobre Jack provavelmente morreu desempregado e infeliz em seu porão úmido, mas seu neto conseguiu um emprego – um emprego melhor, ganhando um salário maior. A nova tecnologia, que trouxera um efeito tão doloroso no início, começava a criar novos empregos. O neto de Jack não precisou cuidar da casa ou cerzir meias: pôde seguir uma carreira e comprar uma casa grande em um lindo subúrbio. Ele viveu uma vida com que Jack jamais teria sonhado. Quando o crescimento econômico enfim começou a beneficiar mais gente, não só solucionou a crise de masculinidade, mas também muitos outros grandes problemas.

Famílias e mais famílias saíram da pobreza à medida que os países começaram a desfrutar da nova riqueza que as máquinas trouxeram. As sociedades usaram essa riqueza para investir em coisas como saúde pública e educação, o que em seguida impulsionou mais crescimento. E, pouco a pouco, aconteceu uma coisa fantástica. Como as máquinas eram fisicamente mais fortes do que os humanos, pouparam muita gente de levantar coisas pesadas e carregá-las. Os bisnetos de Jack não trabalhavam com ferramentas, trabalhavam com planilhas! Entramos no que seria conhecida como a "economia do conhecimento". O que as pessoas podiam oferecer ao mercado de trabalho não se tratava mais de músculos, mas de cérebros. De "eu levanto, então estou empregado" para "eu penso, então estou empregado". E pensamos que as coisas ficariam assim. Estávamos felizes com essa divisão. As máquinas fariam o trabalho pesado, enquanto os humanos pensariam. Mas, então, chegou a segunda era da máquina.

E ameaçou bagunçar tudo de novo. E assim a história continua.

O problema em relação à inteligência artificial é que ela, supostamente, logo será mais esperta que nós. É por isso que estamos em pânico: se é o cérebro que conta na economia, e em breve os cérebros eletrônicos serão superiores aos biológicos, então o que vai restar para a humanidade fazer? Apenas nos fundirmos com máquinas e nos transformarmos em um tipo de ciborgue biônico que pode fazer buscas no Google dentro da própria cabeça?

Mas há muito tempo sabemos que nem testes de QI nem notas escolares podem prever o quanto uma pessoa vai ser bem-sucedida financeiramente[17]. Outras coisas entrarão em jogo[18]. Será que as máquinas serão capazes de replicá-las também – quaisquer que sejam elas? Essas "outras coisas", em grande parte, são exatamente aquelas com que as máquinas têm dificuldade: inteligência emocional. A capacidade de criar relacionamentos humanos ou de ler outra pessoa, entender o que acontece entre indivíduos quando se encontram e lidar bem com isso. A capacidade de despertar o melhor em outras pessoas e entender o que está acontecendo num grupo – na verdade, muito do que chamamos condescendentemente de *"soft skills"*. É fácil para os futuristas homens afirmarem com confiança que, se as máquinas tiverem QIs mais altos, então a história toda acabou para a humanidade. Mas o problema é que a "economia do conhecimento" sempre se baseou em muitas outras coisas a que os futuristas não deram muita atenção. Menos ainda a uma "economia de relacionamento" e uma "economia de prestação de cuidados".

Porque não é só a força física humana e a capacidade de pensamento racional que faz a economia girar. O trabalho de cuidar, criar confiança, entender as necessidades dos outros e lidar emocionalmente com diferentes situações e pessoas é uma parte invisível de qualquer economia. Além de ser um aspecto considerável de quase todos os trabalhos. Mas nossa tendência é não ver o que é "emocional" como uma habilidade, porque o consideramos feminino.

O mesmo se aplica ao mercado de trabalho. As qualidades que permanecerão quando enfim a inteligência artificial nos superar no pensamento racional são aquelas que, por preguiça, costumamos rotular como "femininas" e, portanto, são depreciadas do ponto de vista econômico.

Quando se trata de quantos empregos os robôs realmente serão capazes de ocupar, os economistas discordam. Alguns dizem 47%[19], outros 9%[20]. E esses dois números são muito diferentes[21].

Entretanto, existe ao menos algum consenso quanto aos pontos onde ficam os gargalos e o tipo de indústria em que a marcha progressiva das máquinas será mais difícil[22].

Aqui os economistas em geral nomeiam três áreas básicas. A primeira é a que discutimos no capítulo 8: os robôs lutam com muitas das coisas físicas que os humanos realizam sem pensar. Em resumo, o paradoxo de Polanyi tem importância para o mercado de trabalho. É mais fácil automatizar a inteligência de Garry Kasparov do que a de Serena Williams.

A segunda área em que as máquinas têm lacunas é a criatividade humana. Ninguém sabe do que a tecnologia será capaz em décadas futuras, mas hoje em dia os humanos se saem bem melhor do que robôs em trabalhos que exijam uma boa dose de pensamento criativo. Se for difícil explicar em termos simples o que você faz no trabalho todos os dias, é provável que seu emprego não corra perigo de ser automatizado.

A terceira área em que as máquinas se debatem é onde a inteligência emocional é exigida. As emoções humanas nos dão habilidades que são muito importantes no mercado de trabalho. Qualquer um que faça coisas como cuidar de outra pessoa, convencer alguém ou se comunicar com outros está, portanto, em uma posição bastante segura. Muitos estudos econômicos sugerem que não é provável que logo teremos máquinas como enfermeiros, professores de pré-escola, psiquiatras ou assistentes sociais[23].

O que não quer dizer que não existe espaço para robôs ou inteligência artificial em setores de predominância feminina como o do cuidado. Como o cuidado com idosos, por exemplo: novas tecnologias têm grande potencial para dar a muitos idosos uma nova sensação de liberdade. Se algum dia tivermos os prometidos carros autônomos, os mais velhos serão capazes de circular como nunca, de onde estiverem morando até os netos e um joguinho de cartas no sábado à noite. Mesmo que a visão e os reflexos deles não sejam os mesmos de antes.

Da mesma forma, robôs nos cuidados a idosos não precisam ser um pesadelo distópico: velhos camaradas solitários sentados, como zumbis, em frente a algumas máquinas piscantes. Se usada da maneira correta, a tecnologia pode dar independência e dignidade a pessoas mais velhas. É provável que muitas prefiram um robô que as auxilie a ir ao banheiro do que um estranho. E mesmo que não queiramos passar com médicos-robôs em todas as consultas, isso não significa que não serão extremamente úteis numa pandemia, por exemplo.

A questão é que é difícil imaginar um hospital *completamente* automatizado do mesmo modo que vemos uma banca de jornal ou uma estação de trem. Também é difícil imaginar um cuidado voltado a crianças feito com qualidade por quem não seja um ser humano.

É por isso que nos últimos tempos muitos estudos econômicos têm mostrado que a probabilidade de um emprego ser ocupado por um robô é muito mais elevada nos setores dominados por homens do que naqueles em que as mulheres predominam[24]. Na verdade, segundo inúmeras análises, quanto mais um setor é dominado por mulheres, menor o risco de robôs tomarem seus lugares.

O que nos leva de volta a Jack e Mary.

Ao longo da história, a sobrevivência econômica da mulher tem dependido de suas relações com outras pessoas mais do que a do homem. Sem desfrutar das mesmas oportunidades de independência econômica dos homens, muitas mulheres viveram literalmente da sua capacidade para criar, alimentar e manter laços sociais. É por isso que as mulheres acabam especializadas naquelas áreas em que as novas máquinas parecem enfrentar mais problemas.

Imaginemos que esta é realmente a segunda era da máquina, e que as máquinas de repente surjam com tudo e ocupem os empregos dos homens, sejam eles banqueiros, sejam construtores. Isso criaria uma economia na qual a demanda por muitas coisas que classificávamos como "femininas" será maior do que nunca, já que ainda precisaremos de pessoas nos cuidados voltados à saúde, aos idosos e às crianças. Serão então os homens desempregados que vão formar a "classe inútil" na economia, enquanto as mulheres conseguem manter o emprego e, de muitas maneiras, definem a nova era econômica por meio de sua especialização em emoções e cuidados, as habilidades em que ainda temos vantagem competitiva sobre as máquinas?

Desempregado, Jack está sentado em seu porão úmido assistindo a vídeos do psicanalista Jordan Peterson no YouTube, enquanto Mary acompanha um curso de Brené Brown sobre "vulnerabilidade como capacidade de liderança". Bem-vindos à segunda era da máquina!

Eis uma possível consequência dos desenvolvimentos tecnológicos que os futuristas homens subestimaram. Talvez os problemas econômicos do futuro girarão menos em torno de as moças não serem encorajadas a estudar programação, e mais em relação aos rapazes não serem incentivados a exercer cuidados?

O que é interessante é que muitos dos trabalhos em que os robôs têm maior dificuldade são os mesmos que não são muito valorizados no mercado de trabalho. Basta observar o quanto recebem os cuidadores: o trabalho deles está entre um dos menos seguros e mais mal remunerados do mercado.

Quem trabalha com pessoas ganha menos do quem trabalha com números ou máquinas. A questão é saber se esse princípio básico da economia vai mudar agora. Se as máquinas assumirem a maioria dos trabalhos relacionados com números e o motor do carro puder de algum modo ser fabricado em uma impressora 3D, isso vai elevar o status dos cuidados prestados a pessoas?

As feministas argumentam há anos que deveríamos valorizar mais a função de cuidar. Primeiro, porque consideram injustificável que uma parteira ganhe um quarto do que recebe um banqueiro de investimento. E, segundo, porque baixos salários na maior parte da área de cuidados é a principal razão de as mulheres estatisticamente ganharem menos do que os homens. Cerca de três quartos das pessoas que trabalham com saúde e assistência social são mulheres, segundo a Organização para a Cooperação e Desenvolvimento Econômico (OCDE). São 20 milhões de mulheres em comparação a 6,3 milhões de homens. As mulheres também tendem a ocupar os empregos mais mal pagos dentro do setor.

As políticas de gênero escandinavas, por exemplo, têm sido as mais ambiciosas do mundo. A Suécia investe quase a mesma porcentagem do produto interno bruto em benefícios parentais e cuidados com as crianças que os Estados Unidos investem na área militar. Apesar disso, a desigualdade salarial entre gêneros não é menor na

Suécia do que em outras partes da Europa, até mesmo em países que nem de longe introduziram políticas tão abrangentes de igualdade de gênero. A desigualdade salarial entre gêneros na Suécia também ficou inalterada por mais de 30 anos.

Ou seja, medidas ambiciosas para ajudar a combinar a vida familiar com uma carreira não parecem ser suficientes para que as mulheres avancem em todos os níveis da sociedade. Parece que há algo mais travando as mulheres na economia – alguma coisa que não se relaciona com falta de cuidado com os filhos ou a vontade dos pais de trocar fraldas.

Esse algo está ligado às habilidades vistas como valiosas e aquelas subestimadas na economia.

Há dois caminhos possíveis para sair desse problema: ou as mulheres precisam começar a procurar mais empregos em setores dominados pelos homens, deixando de girar em torno do gueto cor-de-rosa do mal pago setor de cuidados, e estudam para ser engenheiras em vez de especialistas em RH; ou precisamos mudar radicalmente a forma de valorizar as diferentes profissões.

O primeiro caminho parece bastante simples: ensinar as jovens a codificar, construir, calcular e fazer transações bancárias. O único problema é – como vimos com as programadoras e secretárias – que um setor muitas vezes tem seu status rebaixado quando passa a ter maior presença de mulheres[25]. A questão não é que os homens pegaram todos os empregos bem pagos: o problema é que determinados empregos são bem pagos *porque* são ocupados por homens.

O que nos deixa com a segunda estratégia: tentar dar uma freada radical na forma de pensar sobre homens, mulheres e valia econômica. Isso é muito mais complexo. Infinitamente mais complexo. Afinal, vimos que nossas ideias sobre gênero podem nos travar, seja em relação a produtos que inventemos, seja à forma como organizamos nossa economia. Mas isso é algo em que os robôs podem realmente nos dar uma mão: isso tudo pode acontecer como um efeito colateral da segunda era da máquina[26].

Como os robôs são ruins no campo do cuidado, dos sentimentos e relacionamentos, é isso que restará aos humanos para se especializarem. As máquinas reverteriam assim milênios de ordem patriarcal – além de fazerem os carros voarem e de nos darem meias finas indesfiáveis. Será isso que a segunda era da máquina vai nos trazer? O momento em que o futuro se torna feminino e o matriarcado se levanta como uma sociedade high-tech baseada no relacionamento? Um mundo onde aquele que não quiser desenvolver suas faculdades emocionais é deixado para trás economicamente, e onde os homens desempregados que não quiserem acompanhar aquele curso com a Brené Brown vão, em vez disso, receber sua renda básica universal e passar os dias enviando mensagens de ódio para mulheres políticas?

Acho que estamos nos precipitando aqui.

Se voltarmos à pesquisa econômica, veremos que não é bem o caso de os homens serem afetados mais duramente pela segunda era da máquina. Sim, há muitas mulheres nos setores de cuidados, serviço social e educação, e essas são áreas que provavelmente serão mais difíceis de automatizar. Mas as mulheres também detêm mais empregos que seguem procedimentos do que os homens. Elas se sentam nos caixas de supermercado ou fazem o controle para diferentes empresas, e a maioria dos analistas pensa que esse tipo de trabalho provavelmente será automatizável. O que significa que muitas dessas mulheres vão perder o emprego. Inúmeros estudos sugerem que, por esse motivo, serão as mulheres mais do que os homens que ficarão desempregadas na segunda era da máquina, pelo menos nos primeiros estágios dela.

Ainda assim, se isso acontecer, é provável que essas mulheres tenham opções. O passo para se tornar uma cuidadora é bem menor para uma caixa de supermercado desempregada, por exemplo, do que para um motorista de caminhão. É aí que os papéis desempenhados pelos gêneros podem se tornar de repente um importante aspecto econômico – assim como foi na primeira era da máquina. Em resumo, quando o papel do gênero masculino colide com uma revolução industrial em plena efervescência, tem o potencial de atrasar o desenvolvimento tecnológico e provocar grandes tensões sociais. Vimos isso antes. Basta perguntar ao Jack.

Imagine um governo confrontado de uma hora para outra com o desafio político de converter duzentos mil caminhoneiros desempregados em atendentes de hospital. Vamos supor que as máquinas ocuparam quase todos os empregos do setor de transporte, enquanto ainda existe a necessidade do trabalho humano no setor de cuidados. Qual seria a resposta política adequada?

Enquanto o governo tenta resolver o quebra-cabeça, surge um novo partido populista. Seu líder promete manter os empregos dos caminhoneiros custe o que custar, mantendo intacto o orgulho masculino da nação. Isso remete à dor que Engels descreve em Jack, nos anos 1840: as máquinas tiraram meu emprego e agora tenho de me tornar uma "mulher" para sobreviver economicamente, enquanto durante toda a minha vida me ensinaram que essa é a condição mais baixa a que um homem pode cair. Ter um grupo grande da população masculina se sentindo assim não é exatamente uma receita para paz, calma e estabilidade social.

Talvez não precisasse ser tão dramático. A maioria dos empregos não deve ser completamente automatizada. O que chamamos de "emprego" não é uma coisa homogênea, mas uma série de tarefas díspares que decidimos que uma pessoa com determinada qualificação deve executar das 9 às 18 horas nos dias úteis. Não existe uma lei natural que estabeleça, por exemplo, que aquele que chamamos de advogado precisa fazer sempre só o que um advogado costuma fazer agora.

Pense nas tarefas que vários programas de computador assumiram na sua profissão nas últimas décadas. Há coisas que fazíamos no escritório 20 anos atrás que nem sonharíamos em fazer hoje. Quando os caixas eletrônicas surgiram, os caixas dos bancos pararam de contar notas, mas mantiveram seus empregos – apenas mudaram de função. Então a pergunta talvez seja de que modo a tecnologia vai mudar o conteúdo de um emprego, em vez de indagar se vai usurpá-lo por completo.

Veja os radiologistas, por exemplo. Nessa profissão a inteligência artificial já pode competir com as pessoas[27]. A IA se mostrou fantástica ao fazer diagnósticos corretos com base em raio-x. Mas isso custou o emprego dos radiologistas? Não. Eles viram seu salário despencar? Não, também não[28].

Ler raio-x e outros exames por imagem é uma pequena parte do trabalho do radiologista. Muitos radiologistas realizam cirurgias avançadas e, talvez ainda mais importante, todos os radiologistas passam grande parte do dia se comunicando. O papel deles como especialistas tem muito a ver com explicar os resultados para outros médicos, o que os torna uma ponte humana entre uma tecnologia cada vez mais especializada e as outras pessoas na organização. Esse destino nem um pouco doloroso pode estar à espera de muitos de nós nos próximos anos, quando enfim chegar a segunda era da máquina. Estaremos livres dos aspectos mais robóticos do nosso emprego e seremos forçados a nos especializar mais em trabalhar com outras pessoas. A humanidade combinada com experiência especializada será cada vez mais um ativo cobiçado no mercado de trabalho, e as habilidades "emocionais" se tornarão cada vez mais importantes para mais empregos.

Essa é uma visão menos dramática do que poderia acontecer, mas também não está livre das dimensões de gênero. As capacidades emocionais sociais que se tornarão pré-requisitos nesse cenário não são compatíveis com o papel de gênero em que muitos homens foram criados. Ou seja, pode ser mais difícil para esses homens encontrarem seu novo papel no mercado de trabalho. Para a nova tecnologia fazer diferença, os métodos de trabalho precisam ser adequados em torno dela. E aqui o gênero masculino como se comporta hoje pode realmente ser um problema. Recusando-se a se reformular como cuidador, Jack continua a reclamar e a assistir aos vídeos de Jordan Peterson.

Ou talvez aconteça exatamente o oposto. Vimos como os papéis de gênero podem ser fluidos, para dizer o mínimo. A computação passou de um emprego mal remunerado ocupado por mulheres negras para uma área de status elevado que somente os cérebros de homens brancos seriam capazes de entender. Alguma coisa semelhante pode ocorrer às chamadas "*soft skills*" na segunda era da máquina?

A história será reescrita. Nossos netos aprenderão que "inteligência emocional", "intuição" e "instintos solidários" sempre foram inerentes à natureza humana, pelo menos desde que Jesus lavou os pés dos discípulos naquela Quinta-feira Santa. Talvez no futuro escreverão livros infantis incentivando as garotas a procurarem seguir carreira na bem paga área de cuidados dominada pelos homens? Você até pode rir e balançar a cabeça duvidando disso, mas será que não podemos concordar que esse é, pelo menos, um cenário tão plausível quanto pessoas bio-hackeando seus corpos e fazendo uploads de seus cérebros na nuvem?

O ponto principal é que, ao tentar entender a segunda era da máquina, precisamos considerar o gênero. Não podemos discutir o impacto da tecnologia no mercado de trabalho sem reconhecer que ele é organizado por gênero.

Não podemos nos esquecer de perguntar a Mary.

Especificamente, enfrentamos uma escolha política. Quase toda a discussão em torno da segunda era da máquina até agora se concentrou em como adaptar as pessoas ao desenvolvimento tecnológico, não a tecnologia às pessoas.

Os robôs ocuparão 47 ou 9% dos empregos? Essa é uma pergunta que, nos últimos anos, nos desesperamos tentando resolver. Evidentemente, se a tarefa é adaptar a sociedade aos robôs e não o contrário, é bom saber quais serão os números, para termos tempo de nos preparar. Mas essa forma de pensar leva a um debate em que tentamos prever o curso da tecnologia mais do que influenciá-lo.

Um pouco como tentar adivinhar se vai chover ou fazer sol no próximo feriado.

Veja, as máquinas não estão simplesmente "chegando". Alguém tem que pagar por elas, inventá-las, construí-las e vendê-las. Se estão chegando é porque nós as estamos criando. E sempre existe uma dimensão política nesse ponto.

Quando William Lee se apresentou a Elizabeth I com sua nova máquina de tricotar meias, ela se recusou a lhe dar uma patente[29]. A rainha não queria correr o risco de deixar todos os que trabalhavam na fabricação de meias na Inglaterra sem emprego, nem desejava criar mais monopólios. Pode-se argumentar que esse é um fato irrelevante para mencionar aqui: sim, no passado o estado moldou o desenvolvimento tecnológico ao travá-lo como fez Elizabeth I, mas agora não. Hoje somos mais sábios. Acabamos por ver que o Estado não pode nem deve tentar usar mão de ferro para deter uma nova tecnologia. O que nos permitiu saltos tecnológicos tão grandes nos últimos trezentos anos é que nós, diferentemente de Elizabeth I, não tentamos manobrar a tecnologia por meios políticos.

Só que isso não é exatamente verdade.

De fato, a primeira era da máquina aconteceu no Reino Unido graças em grande parte a decisões políticas feitas pelo Estado britânico, que optou pela intervenção militar a favor das máquinas: 14 mil soldados armados foram enviados para o interior da Inglaterra para impedir que os desempregados atacassem as novas máquinas com marretas. Muitos dos vândalos foram enforcados ou exilados na Austrália, e assim o Estado resolveu o problema ao se livrar daqueles que se colocavam no caminho da revolução tecnológica[30].

Ou seja, não é verdade que a primeira era da máquina chegou retumbante por sua própria vontade: exigiu intervenções políticas bem concretas. Em determinado momento, havia mais soldados defendendo máquinas de agitadores violentos no Reino Unido do que os que lutavam contra Napoleão na Espanha[31].

E aquela não foi uma guerra trivial na Europa.

Se os robôs têm certo impacto no mercado de trabalho, é porque nós permitimos isso. Não é só uma questão de como os regular e financiar, mas também de valorizarmos isso ou aquilo em nossa economia.

O iPhone não é construído por robôs: ainda é montado em grande escala por mãos femininas na Índia e na China. Isso não tem a ver só com o paradoxo de Polanyi, isto é, que os robôs ainda lutam com suas habilidades motoras finas, mas também tem a ver com o fato de que mãos femininas são muito baratas na economia global.

Quem vai querer inventar robôs que substituam as mãos femininas se continuam a custar tão pouco para as empresas? Em outras palavras, baixa remuneração e nossa aceitação pacífica de que não tem problema mulheres e pessoas de pele mais escura ganharem muito pouco em troca de trabalho duro podem atrasar o desenvolvimento tecnológico.

Quem vai querer inventar uma casa autolimpante quando vivemos num mundo em que mulheres ganham seu sustento fazendo faxina por valores tão baixos? Quem vai querer tecnologia para resolver os problemas que permanecem invisíveis, já que atualmente são cuidados de graça por mulheres? O que valorizamos e não valorizamos na sociedade afeta o tipo de tecnologia que o amanhã nos trará. Não há nada de estranho nisso: apenas precisamos estar conscientes disso. Então perceberemos que sempre temos uma escolha, e que a melhor forma de prever o futuro é criá-lo.

Não há necessidade de existir uma "classe inútil" de bilhões de pessoas vagando pelas ruas em gangues de desempregados, roubando e vandalizando os carros voadores das elites. Sim, podemos acabar em um mundo como esse, mas não por causa da tecnologia, mas pelas escolhas que fizemos pelo caminho.

Mesmo que fosse possível automatizar tudo, em alguma versão extremada das visões futuristas, enquanto houver corpos que careçam de cuidados, pessoas que necessitem de contato humano e de comunicação, e crianças que precisem de incentivo, conhecimento e abraços, haverá o que fazer pelos humanos na nossa economia. Então a questão seria apenas como financiar os empregos humanos, e essa é uma questão que pode ser respondida. Trata-se apenas de uma escolha política. Podemos tanto fazer uso da riqueza gerada pela nova tecnologia e usada por uma elite minúscula ficar super-rica e bio-hackear seus corpos, ou podemos usá-la para construir uma sociedade muito mais humana do aquela em que vivemos. Uma sociedade baseada em valores totalmente diferentes e uma análise completamente nova daquilo que de verdade importa mais.

Assim como a primeira era da máquina libertou muitas pessoas do desgaste físico do trabalho pesado, a segunda era da máquina também tem o potencial de nos libertar; para permitir que nos dediquemos mais a alimentar a criatividade e os relacionamentos. A tecnologia deve nos dar a oportunidade de fazer coisas que a maioria tem na mais alta conta. O potencial revolucionário da segunda era da máquina repousa não só na tecnologia em si, mas no potencial da tecnologia para nos confrontar com nossa humanidade.

Sempre foi fácil aceitar a narrativa de que os robôs vão roubar o nosso emprego. Essa narrativa toma de assalto a imaginação e confirma certas coisas que acreditamos serem verdadeiras sobre nós mesmos. Mas isso é perigoso, tendo em vista que obscurece as alternativas e pinta o quadro de um futuro inevitável ao qual teremos de adaptar nossa sociedade, além de nós mesmos. Ou, antes, as partes de nós que aprendemos a chamar de femininas, e assim nos reduzirmos existencial e economicamente.

Não estamos acostumados a reconhecer que sentimentos, relacionamentos, empatia e contato humano são importantes para a economia. Ou que são cruciais para a humanidade como um todo. Estamos acostumados a pensar nisso como uma espécie de cereja do bolo – os adornos que tudo o mais pode trazer – em vez de vê--los, talvez, como a mais importante infraestrutura fundamental, o que na verdade são. Isso é o que os robôs podem chegar a nos mostrar, e com isso a nova tecnologia realmente tem potencial de nos tornar mais humanos, não menos.

Friedrich Engels supôs que Jack era o protagonista da sua história. Quando o tempo todo era Mary.

10

Como decidimos não pôr fogo no mundo

A princesa Ana da Dinamarca tinha 15 anos quando se casou com o rei Jaime VI da Escócia, em 1589. Ele escolheu Ana a partir de um retrato, e os dois se casaram por procuração sem nunca terem se encontrado antes.

O Mar do Norte ficava entre eles[1], mas, quando chegou setembro, a princesa enfim estava pronta para cruzar o oceano entre a costa oeste da Dinamarca e a costa leste da Escócia, conhecer seu marido e subir ao trono.

A responsabilidade de entregar a princesa sã e salva tinha recaído sobre o almirante dinamarquês Peder Munk. Doze embarcações magníficas partiram da Dinamarca, mas a viagem foi um desastre. Duas vezes os navios chegaram tão próximo da costa escocesa que a terra estava literalmente à vista, e duas vezes ventos fortes os açoitaram de volta em direção à Noruega.

Pelo menos é o que diz a história.

Então o almirante ficou apreensivo. Aquelas não eram tempestades comuns, pensou: nunca tinha visto algo semelhante em toda a vida. Quando começava a ficar realmente preocupado, uma terceira tempestade irrompeu. Os ventos rasgaram as velas e jogaram os navios entre as ondas. Um canhão foi arrancado do lugar, rolou pelo tombadilho e esmagou oito marinheiros dinamarqueses diante dos olhos da princesa. Foi quando o almirante decidiu dar meia-volta, levando o navio da princesa em segurança até a Noruega.

Quando chegou a notícia dos problemas que sua jovem noiva enfrentara para atravessar o Mar do Norte, o rei Jaime ficou arrasado e tomou a decisão incomum de ele mesmo tentar buscá-la. Com grande esforço, conseguiu chegar à Noruega, onde a noiva o esperava. Mas, então, o tempo virou de novo, e o casal precisou esperar quase seis meses até conseguir navegar para a Escócia.

Àquela altura, o rei Jaime tinha ouvido rumores sobre feitiçaria por parte da tripulação dinamarquesa, já que a corte em Copenhague estava obcecada por esses boatos havia algum tempo. O rei escocês aos poucos foi se convencendo de que essas adversidades eram provocadas por algum tipo de feitiçaria, e que alguém chegado à magia negra não queria que sua rainha subisse ao trono. O rei estava aterrorizado.

O almirante Peder Munk voltou à capital da Dinamarca, onde ficara decidido que se investigasse a fundo o que ocorrera. Alguém tinha de ser responsabilizado pelos problemas que a princesa enfrentara para cruzar o Mar do Norte – afinal, isso quase custara a vida dela. A culpa primeiro recaiu no tesoureiro dinamarquês, que foi acusado de não ter equipado corretamente a frota, de ter economizado quase a ponto de levar ao desastre os navios naquelas tormentas inesquecíveis. O tesoureiro entretanto não aceitou as acusações. Ele pôs toda a culpa nas bruxas. Bruxas malignas deviam ter enviado alguma espécie de demônio para subir a bordo e causar as tempestades, argumentou. E as pessoas acreditaram nele. Logo o estado dinamarquês executou doze mulheres por terem enfeitiçado os navios. Três delas foram queimadas no castelo de Kronberg, em Helsingør, e a fumaça negra pairou sobre o estreito de Öresund.

Embora antes disso o rei Jaime não temesse de fato a magia negra, tudo mudou depois daquela viagem. Ele passou a fazer questão de se vingar das bruxas que tinham provocado as tempestades. Seus soldados logo encontraram uma parteira chamada Agnes Sampson e, sob tortura, extraíram dela uma confissão. Setenta pessoas foram processadas por aquele e por outros fenômenos climáticos inexplicáveis, naquilo que se tornou num enorme julgamento das bruxas escocesas. Agnes Sampson foi queimada viva na fogueira em fevereiro de 1591, e até hoje se diz que seu espírito vaga, nu e ensanguentado, pelos corredores do Palácio de Holyrood, a residência da monarquia britânica em Edimburgo.

O rei Jaime nunca superou as tempestades daquele inverno. Ele chegou a escrever um manual de caça às bruxas[2], literalmente um guia para descobrir, reconhecer e capturar bruxas. Culpar mulheres pelos problemas climáticos é uma perseguição muito antiga. Que bruxas podiam causar a perda de colheitas era algo que os papas repetiram por anos[3], e que elas podiam controlar a chuva ou invocar raios e trovões era uma crença partilhada por muitos europeus naqueles tempos.

Bruxas que faziam chover granizo e campos secarem. Se o tempo estivesse descontrolado, então a melhor coisa a fazer, como fez o almirante Munk depois de sua missão fracassada no Mar do Norte, era perguntar se alguém por acaso tinha ofendido uma bruxa. Era um caso de mau tempo ou de uma mulher ofendida em pé de guerra?

O clima vinha se comportando de forma muito estranha naqueles anos. A Europa passava por um período que mais tarde ficaria conhecido como a "Pequena Era do Gelo". Foi uma época de invernos muito severos que começou em 1590 – justo no ano em que o rei Jaime e sua princesa afinal conseguiram ir para a Escócia. Daquele inverno em diante, o clima se tornou mais úmido e frio. A geada surgia fora de estação, o granizo caía do céu e as aldeias ficavam inundadas. Milhares de ratos invadiam as cidades, e larvas estranhas devoravam plantações. As consequências econômicas foram grandes: em uma sociedade em grande parte agrária, o clima ditava o panorama econômico – e nesse caso ele estava afundando junto com a temperatura.

A comida ficou escassa, tanto pela perda das colheitas como por causa das mudanças climáticas que faziam com que o bacalhau e outros peixes não chegassem tão ao norte em sua migração. De repente, não era mais possível pescar em muitas partes do norte da Europa[4]. A culpa pela natureza se virar contra a humanidade recaiu nos ombros das bruxas.

A economista Emily Oster relacionou os grandes julgamentos europeus de bruxas a essas mudanças climáticas[5]. Cerca de 1 milhão de pessoas, principalmente mulheres, foram acusadas de feitiçaria na Europa, e muitas delas foram executadas. A maior parte das que foram mortas eram mulheres pobres e viúvas, que tinham algo em comum: a dificuldade de se sustentar sem um marido. Muitas eram forçadas a viver de esmolas, e era contra essas mulheres que a sociedade agora se virava.

A vida era difícil e as pessoas se sentiam pequenas – vítimas dos caprichos da Mãe Natureza. As mulheres pobres que mendigavam por comida talvez praguejassem quando eram enxotadas. Se viesse uma tempestade, ou uma vaca morresse, aquelas mulheres eram acusadas de feitiçaria. Isso significava que seus acusadores não precisavam se sentir maus cristãos por enxotar uma mulher faminta – porque, provavelmente, ela tinha um pacto com o diabo[6].

Estudos sobre a caça às bruxas em tempos modernos revelaram padrões semelhantes. Na virada do milênio, mulheres na zona rural da Tanzânia eram acusadas de feitiçaria e mortas quando chovia demais ou de menos[7]; a renda média daquela época na Tanzânia correspondia à da Europa Ocidental no início dos anos 1600[8]. Na Índia, a perseguição às bruxas se ligava também a conflitos envolvendo propriedade. Se a família de um morto não gostasse da viúva, a acusação de feitiçaria podia ser um meio de conseguir que ela renunciasse ao direito de propriedade da terra que tinha herdado[9]. Como se vê, a caça às bruxas pode ser um modo eficaz de se livrar de mulheres com quem é difícil lidar[10].

Em seu famoso livro sobre bruxas de 1486, o padre alemão Heinrich Kramer escreveu que *"toda a iniquidade é pequena em comparação à iniquidade de uma mulher"*[11]. E continuou: *"O que é uma mulher senão uma punição inevitável, um mal necessário... um mal da natureza pintado com belas cores!*". Ele clamava que a mulher era *"mais amarga do que a morte"*, mais fraca de corpo e alma do que o homem e, é claro, mais carnal[12]. A feitiçaria se originava da luxúria insaciável da mulher, era o que ele pensava. A vagina dela nunca se satisfazia. Bastava olhar para sua forma! Eram esses profundos desejos insalubres que supostamente punham a mulher em contato com o diabo e a levavam à ruína.

Se você acha que o que está escrito acima parece um pouco demais, ainda que para os anos de 1500 nada amigáveis em relação às mulheres, tem razão. Muitas instituições daquele tempo, do Vaticano à Inquisição Espanhola, descartaram um tanto do que Kramer tinha dito sobre bruxas[13]. Ainda assim, o livro teve influência, espalhando-se pelo continente graças à mais recente tecnologia da época – a impressão – e radicalizou os homens que o leram porque atuava sobre metáforas culturais preexistentes.

Historicamente, temos visto a mulher como uma versão deformada do homem. A alma e o intelecto do homem eram associados ao sol, ao calor e à secura. A mulher, por sua vez, representava o frio, o molhado e a umidade; quando ela menstruava, era considerada particularmente perigosa. A mulher representava os aspectos mais corrompidos da natureza humana, e portanto não causava surpresa que o diabo quisesse se unir a ela.

Ao longo da história, a bruxa assumiu muitas aparências, da velha feia e de nariz adunco à bela encantadora que seduz os homens apenas para transformá-los em porcos. A primeira mulher a ser acusada de feitiçaria nos infames e célebres julgamentos de Salem foi Tituba, uma mulher não branca escravizada, muito provavelmente uma indígena da América Central.

De muitas maneiras, o medo de bruxas sempre foi o medo do poder das mulheres, mas também era receio de que se unissem e fizessem coisas juntas. Ora, é *óbvio* que as mulheres que quisessem se encontrar com outras mulheres estavam indo a sabás de bruxas para dançar com o diabo, o que mais estariam fazendo?

Foi por isso que os grandes julgamentos de feiticeiras na Europa também mudaram a natureza do próprio diabo. Antes, ele se inclinava a assumir a forma de diversos pequenos demônios – com certeza maus e irritantes, mas quase sempre podiam ser afastados com borrifadas diretas de água-benta. O diabo era um servo que alguém podia chamar para desempenhar façanhas maliciosas, e, como os humanos podiam invocá-lo, tinham alguma participação no jogo.

Mas tudo isso mudou durante os julgamentos europeus das bruxas no final do século XVI e começo do XVII. De repente, eram as mulheres que deviam ser caçadas, então os homens começaram a imaginar que era o diabo que invocava a bruxa, e não o contrário. O diabo deixaria sua marca na bruxa, com quem teria uma relação sexual violenta; ela se tornaria sua serva, e ele uma combinação terrível de cafetão, mestre e dono. Era tão importante apresentar a mulher como subordinada ao homem que, mesmo quando acusadas de praticar magia negra, as mulheres ainda eram representadas como se estivessem presas a alguma força masculina. E assim o diabo começou a desempenhar um papel maior: as bruxas precisavam de um chefe homem[14].

Os julgamentos europeus das bruxas muitas vezes visavam as mulheres que atuavam como parteiras, faziam preparados de ervas ou ganhavam a vida cuidando de animais ou de pessoas. Naqueles tempos, os médicos tratavam os ricos da sociedade com o que chamavam de "remédios", que hoje mal conseguiríamos distinguir de poções estragadas. As bruxas, por seu lado, tratavam os pobres – aqueles que não dispunham de nada para gastar.

Por muito tempo as bruxas fizeram parte de muitas sociedades. Ter a reputação de bruxa podia até servir como boa estratégia de negócios, embora arriscada. Se as pessoas considerassem uma mulher perigosa, era provável que não recusassem comida quando lhes pedissem. Afinal, não iriam querer que alguém amaldiçoasse suas vacas.

Para outras mulheres, a feitiçaria era um negócio mais tradicional: recebiam um pagamento por aliviar indisposições e curar doenças. A súbita mudança de categoria da feitiçaria – de ritual mágico e forma de medicina que existia havia gerações para uma conspiração demoníaca que ameaçava a sociedade – foi exatamente o ponto mais estranho desses julgamentos. Por que as pessoas se voltaram contra as bruxas justo nessa ocasião?

Aí é que a mudança climática e a Pequena Era do Gelo aparecem como uma possível explicação. Se as bruxas podiam controlar o clima, e este de repente se tornara mais perigoso, isso também fazia da bruxa uma ameaça maior para a sociedade.

Mas nem todo mundo concorda que o clima foi o problema. O economista Cornelius Christian observou, por exemplo, que um período de intensa perseguição às bruxas na Escócia coincidiu com colheitas muito boas[15].

Outros economistas também consideram a perseguição de bruxas como uma espécie de efeito colateral infeliz do endurecimento da competição no mercado religioso[16]. Nas regiões em que católicos e protestantes estavam disputando as conversões, muitas bruxas foram queimadas na fogueira – um sinal, talvez, de que os líderes religiosos estavam tentando provar suas credenciais como os únicos a assumir a posição mais dura contra a feitiçaria, de forma não muito diferente daquela adotada pelos partidos políticos atuais em relação ao crime ou à imigração.

As teorias são muitas. Alguns culpam o catolicismo pelos julgamentos das bruxas. Outros, o protestantismo. Outros ainda, a religião em geral. Alguns acreditam que estavam ligados a surtos periódicos de envenenamento por ergotina, de um tipo de fungo alucinógeno consumido em determinadas variedades de grão, enquanto outros acreditam que estavam ligados a drogas de maneira geral. A execução em massa de pessoas acusadas de feitiçaria é com frequência descrita como uma explosão extraordinária, mas, bem, não temos muita certeza do quê. Algo inexplicável, que servia, é claro, para despolitizar tudo. Os julgamentos de bruxas foram e permanecem sendo uma violência (primeiro e acima de tudo, mas não exclusivamente) contra mulheres.

Que as bruxas fossem acusadas pelas tempestades e colheitas fracas durante a Pequena Era do Gelo europeia era lógico, pela noção que temos de que feminilidade e natureza estão ligadas[17]. O motivo que justifica que a mulher seja responsabilizada pelo clima é ela ser considerada mais próxima da natureza do que o homem. Até 1979, todos os furacões e as tempestades tropicais recebiam nomes femininos nos Estados Unidos. As feministas estadunidenses lutaram muito para mudar isso: *Podemos, pelo menos, ter uma porcaria de igualdade meteorológica?*, ponderavam. Mas as coisas vão bem mais fundo do que isso.

Durante séculos pensamos na natureza como feminina – escura, esquiva, terrível, ameaçadora, imprevisível e úmida, mas também capaz de gerar vida em seu útero. Na nossa cultura, a Mãe Natureza é definitivamente uma mulher. A tarefa tradicional do homem tem sido assumir o controle da natureza e colher suas recompensas, elevar-se acima dela ao dominá-la por completo. Mas, quando algo dá errado nesse processo – como uma tempestade ocorrendo na costa errada, ou insetos devorando as plantações –, então presume-se que a natureza "feminina" deve ter simplesmente perdido o rumo. E que o homem deve retomar o controle. Com violência, se necessário. Foi isso exatamente o que o rei Jaime tentou fazer depois daquelas tempestades.

Ao queimar mulheres, desejava recuperar o controle masculino sobre a natureza. E a vida.

Historicamente, a mulher tem sido vista como mais ligada ao mundo físico através do seu corpo. Se consegue dar à luz, menstruar e amamentar, então deve ser mais animal do que o homem, é o que se pensa em geral. Assim como os homens não brancos são considerados como mais "parte da natureza" do que os brancos, e as mulheres não brancas mais "parte da natureza" do que as brancas.

Se alguém não é um homem branco, então deve fazer parte da natureza, foi o que nos ensinaram. Isso significa que não é suficientemente refinado, nem dotado com a mesma racionalidade intelectual do homem branco. Ao longo dos anos essa ideia tem sido usada para legitimar muitas das piores formas de subordinação na sociedade. Afinal, a natureza é algo com que o homem branco pode fazer quase tudo, conforme lhe foi dito. Resumindo, se alguém comparar você à natureza raramente significa uma coisa boa. Em geral quer dizer que você – como a natureza – precisa ser posto no seu lugar.

Sabemos o que significou para as mulheres e pessoas não brancas serem comparadas à natureza, mas o que essa comparação significou para a natureza?

Vemos a Mãe Natureza como uma mulher. Na cultura patriarcal em geral pensamos nela como carinhosa, misteriosa e linda, mas também assustadora e insondável. Sua fúria pode inspirar temor, e é algo diferente, distanciada da tecnologia dura, masculina, com que tentamos dominá-la. Podemos idolatrá-la e adorá-la, mas a questão é se a respeitamos ou estamos interessados de verdade em entendê-la.

No mínimo como outra coisa além de ser um recurso a ser explorado.

Aprendemos a pensar, no mundo ocidental, que a natureza existe para a dominação humana, assim como as mulheres existem porque Adão precisava de companhia e podia abrir mão de uma costela. Portanto, tanto a natureza quanto as mulheres existem em grande medida para servir o homem. Dentro dessa noção está o cerne de muitos problemas atuais, e talvez a emergência climática seja o mais desafiador deles.

Os líderes e partidos políticos que hoje estão fazendo o possível para negar a emergência climática são quase sempre os mesmos que querem pôr as mulheres no lugar delas. As duas coisas, na visão deles, estão ligadas. O domínio da natureza está no papel do gênero masculino, e nem a mulher nem a natureza – e certamente não Greta Thunberg – podem dizer o que podem fazer ou não.

Nos Estados Unidos, uma proporção semelhante de homens e mulheres pensa que a mudança é real e provocada pelos humanos, mas as mulheres estão mais preocupadas. É mais provável que pensem que a mudança climática vai prejudicá-las pessoalmente e que é uma ameaça para plantas, animais e gerações futuras. As mulheres também apoiam políticas como as de controle da emissão de carbono muito mais do que os homens.

Na Suécia, pesquisadores da Universidade de Tecnologia Chalmers criaram o primeiro centro de pesquisa acadêmica mundial dedicado ao estudo do negacionismo climático. Para eles, a masculinidade é um tópico de estudo óbvio. Os homens tanto negam a gravidade das mudanças climáticas em maior grau do que as mulheres como se sentem mais ameaçados num nível bem básico – não pelas mudanças climáticas, mas pelo movimento que quer detê-las.

Há uma crescente superposição entre nacionalismo, antifeminismo, racismo e uma resistência a tudo o que o movimento pelo clima representa. Isso pode parecer ilógico a princípio, até levarmos em consideração as bruxas e a ideia de natureza como mulher.

As mudanças climáticas não só constituem o maior problema das inovações atualmente; são também um problema que está enredado em muitas ideias sobre gênero. Ser homem de verdade é dominar a natureza – não se comprometer para beneficiá-la. Só que esta última parte é o que hoje a emergência climática requer de nós.

Concebemos a ideia de que o estilo de vida do tipo bebedor de gasolina era "viril", e depois colocamos a lógica masculina acima de todos os valores. Então, quando esse estilo de vida patriarcal ficou insustentável, descobrimos que não podemos desistir dele, porque o colocamos acima de tudo. Até da própria morte.

Muitos homens que negam as mudanças climáticas também desprezam as figuras femininas proeminentes dos movimentos em defesa do clima com uma intensidade muito longe de ser incidental ou originada na aversão pessoal por adolescentes suecas de tranças. Na verdade, isso se relaciona à percepção deles de que o movimento pelo clima é uma ameaça à sociedade industrial moderna baseada no combustível fóssil que tem sido dominada pela marca própria de masculinidade hétero branca. Se os combustíveis fósseis se forem, então a masculinidade vai junto, é o que imaginam[18].

É por isso que tudo fica tão existencial e se tornou uma dinâmica política crucial em muitas sociedades.

Os empregos na indústria do carvão dos Estados Unidos são, em termos econômicos, uma parte insignificante da economia daquele país, mas ainda assim vemos o enorme papel simbólico que os mineiros desempenharam na política econômica do ex-presidente Donald Trump. É estranho que combustíveis fósseis em particular tenham sido imbuídos de tanto significado cultural. Mas, se alguma coisa ficou clara ao longo deste livro, é que a masculinidade muitas vezes depende de coisas aleatórias – de malas sem rodinhas a girar a manivela de carros.

Mas também vimos que as ideias sobre gênero podem mudar. Talvez no futuro possamos rir da luta atual para conseguir que muitos homens adotem um estilo de vida que respeite mais o meio ambiente, da mesma forma que balançamos a cabeça ao lembrar que quarenta anos atrás era impensável para um homem puxar uma mala com rodinhas.

Na verdade, nada indica que os homens não possam continuar homens em casas movidas a energia renovável, mesmo sem comer bifes sangrentos todos os dias. Ao mesmo tempo, entretanto, não devemos subestimar a grande força que as ideias sobre gênero têm no mundo. Para homens que possuem muito pouco, os papéis de gênero podem parecer a última certeza a que podem se agarrar.

Se a questão não for tratada com cuidado, corre-se o risco de a política econômica alimentar ainda mais a dinâmica política das mudanças climáticas já tão enviesada por questões de gênero, de formas que podem se mostrar perigosas. Não se pode tirar de um homem seu emprego bem pago em uma refinaria de petróleo na Escócia, arranjar-lhe um trabalho inseguro em televendas e depois zombar dele no *Guardian* porque, de repente, odeia Greta Thunberg. Isso é uma tragédia, mas pode ser evitada. É aí que a política precisa entrar. É preciso garantir a criação de empregos seguros que paguem pelo menos tão bem quanto aqueles que muitos homens serão forçados a deixar pelo bem do planeta.

Isso é perfeitamente factível: muitos dos "empregos verdes" (denominação um tanto negligente) no setor de energia, por exemplo, são muito bem remunerados e não exigem uma formação mais elevada para ocupá-los[19]. Assim, a transição econômica pode ser feita de modo a evitar que mulheres liberais, ambientalistas e urbanistas se coloquem contra homens brancos vindos de regiões industriais abandonadas, em uma batalha de sexos turbinada com o futuro do planeta em risco.

Não temos tempo para isso.

Nosso entendimento da natureza em si, ainda assim, permanece ligado às ideias de feminilidade ou masculinidade. E isso afeta muito mais do que manifestações populistas de homens brancos de direita protestando contra o fechamento de minas de carvão e taxas de embarque. Isso marca a todos nós. Como pensamos sobre a relação da humanidade com a natureza reflete nossa forma de pensar sobre mulheres e homens, muitas vezes sem percebermos

Dizemos "Mãe Natureza" e, sim, isso soa bem. Mas o que é realmente uma "mãe" em uma sociedade patriarcal? É alguém de quem se espera que dê tudo de si sem reclamar, alguém que não tem necessidades próprias e que vive para os outros. Mamãezinha querida limpa qualquer vestígio de sujeira apenas trocando nossas fraldas, e todas as manhãs quando acordamos a cozinha foi arrumada e o chão está limpo, e podemos continuar a jogar nossos brinquedos para todos os lados sem pensar nem por um segundo em quanto tempo vai ser gasto para recolhê-los. Nossa ideia de mãe é, em essência, a de uma mulher que cuida de nós e nos ama independentemente de como nos comportamos. Essa é a última coisa com a qual o planeta precisa ser comparado agora.

Imaginamos que a Terra existe para nós praticamente do mesmo modo que um bebê que é amado está convencido de que sua mãe existe só para ele. Para uma criança muito pequena, a mãe não é uma pessoa com vontade própria, e *com certeza* não tem necessidades diferentes das do filho. Há uma presunção econômica básica de que as mulheres desempenharão os cuidados domésticos sem pagamento, exigências ou queixas; assim, se a natureza é uma mulher, então é óbvio que tem o mesmo dever de cuidar. Precisa estar sempre presente e cuidar de nós, não importa como nos comportemos, ou então é uma mãe malvada. QUEIME, BRUXA! QUEIME!

Olhamos as fotos da Terra tiradas do espaço, encantados com a beleza da sua esfericidade perfeita ali, na escuridão infinita do universo. Isso, ao contrário de outras coisas, nos faz querer cuidar dela: precisamos transformar o planeta em objeto para conseguir sentir amor por ele. Queremos que a Terra seja linda e vulnerável, e só então ficamos dispostos a protegê-la. Ou, no mínimo, a não mais sufocá-la com poluição. Queremos possuí-la, admirá-la e sermos cuidados por ela. Mas não desejamos compreendê-la em profundidade. Não queremos aceitar sua complexidade. O ideal é saber pouco a seu respeito, a fim de manter o controle e tirar o que desejamos dela.

Isso, em resumo, não é um relacionamento saudável.

Não perseguimos bruxas por causa de sua magia. Não são feitiços, caldeirões e poções que nos incomodam. Veja, nem todas as mágicas são feitas da mesma forma. Basta perguntar a algum alquimista que se preze. Durante séculos os alquimistas tentaram produzir ouro e descobrir a chave da juventude eterna por meio de poções malcheirosas e símbolos misteriosos, mas, diferentemente das bruxas, os alquimistas gozavam de status elevado na sociedade. Ou seja, parecia fazer diferença se a pessoa murmurando palavras místicas sobre um caldeirão borbulhante fosse bruxa ou alquimista. E alquimistas tendiam a ser homens enquanto a feitiçaria em geral era praticada por mulheres.

Alguns dos estudiosos mais brilhantes do mundo eram alquimistas, como o pai da física moderna, Isaac Newton, e o fundador da química moderna, Robert Boyle.

Hoje, Isaac Newton é visto como o primeiro cientista moderno. Foi sua descoberta da gravidade que nos fez ver o mundo através da razão, fria e racional, em oposição ao misticismo e às fantasias divinas que nos ensinavam na escola. Isso, entretanto, não é toda a verdade.

Em 1936, o grande economista inglês John Maynard Keynes conseguiu adquirir pilhas de anotações de Isaac Newton – textos que ninguém havia estudado antes[20]. E quando Keynes os examinou, eles lhe deram uma imagem bem diferente do fundador da física moderna.

Os manuscritos de Newton eram cheios de fórmulas mágicas, símbolos místicos e profecias. Ali estava um homem que havia escrito mais de 1 milhão de palavras sobre alquimia. Newton foi, como observou Keynes, "não o primeiro da era da razão", mas "o último dos magos"[21].

As ideias alquímicas de espíritos invisíveis podem até ter ajudado Newton a visualizar uma força fantástica e invisível como a gravidade e então tentar calculá-la. E isso não nos impede de usar seus princípios matemáticos para lançar foguetes ao espaço. O pai da moderna física era um mago – pelo menos parte do tempo – e, se tivesse sido mulher, parte do tempo seria bruxa e provavelmente acabaria numa fogueira. Sim, cientistas homens foram queimados também, mas em número muitíssimo menor que o das bruxas.

Entretanto, essa comparação não se sustenta, porque se Newton tivesse sido mulher, nunca teria estudado na famosa universidade de Cambridge, o que nos leva a uma das diferenças fundamentais entre magos e bruxas.

Nos contos de fada, os magos são homens bem-educados, dignos, que vivem em grandes castelos ou altas torres. Eles contam com recursos materiais e contatos. Por outro lado, as bruxas, apesar de suas habilidades mágicas, vivem em casebres decrépitos, com telhado de biscoitos de gengibre, nos arredores das florestas. Nisso os contos de fada sem dúvida refletem a realidade: a bruxa, por ser mulher, não tinha acesso ao mundo masculino de livros pesados, conhecimento e educação formal. A bruxa tinha de improvisar com as ervas que conseguisse encontrar nas matas e o conhecimento que herdava da mãe, retirando seu poder dos seus ancestrais, da natureza ou dos animais. Era tudo a que ela tinha acesso.

Hoje, de certo modo, os alquimistas foram reabilitados[22], e muitos historiadores os encaram como uma espécie de primeiros químicos. O que deixa os manuscritos de Newton mais compreensíveis.

Sim, os alquimistas faziam poções mágicas, mas também analisavam metais, sais refinados e produziam tinturas e pigmentos, dizem seus defensores de agora. Os alquimistas faziam vidro, fertilizantes, perfumes e cosméticos, e destilavam e produziam ácidos. De certa forma, o alquimista que faz experiências freneticamente é o arquétipo para a imagem atual do inventor maluco com cabelos eriçados por choque elétrico e diversos líquidos explodindo no bico de um queimador por trás dele.

Mas não existe um arquétipo cultural semelhante para as mulheres. Ou existe?

"*Como vocês se atrevem?*"[23], Greta Thunberg trovejou em seu já clássico discurso de 2019 nas Nações Unidas em Nova York. A sueca ativista do ambientalismo estava se referindo à falta de ação dos líderes mundiais – do passado e do presente – para deter as mudanças climáticas.

A resposta à pergunta de Greta na verdade é bem simples. Os líderes mundiais em geral *se atrevem* a aceitar o risco porque alguns deles acreditam que a tecnologia do futuro será capaz de resolver, pelo menos em parte, o problema das mudanças climáticas. O que se escolhe para fazer ou deixar de fazer em relação à emergência climática está diretamente ligado à visão que se tem da tecnologia.

O jornalista científico estadunidense Charles C. Mann descreveu o debate ambiental das últimas décadas como uma batalha entre "magos" e "profetas"[24].

De um lado, temos os profetas da catástrofe. Eles dizem que, se não respeitarmos os limites do planeta – recuando, conservando, protegendo e parando de consumir –, a Terra logo ficará inabitável.

Do outro, temos os magos. Eles veem as inovações e a tecnologia como a solução para os problemas ambientais: não, não podemos recuar, temos de inventar um jeito de sair dessa crise! A tecnologia é que vai nos salvar, pensam os magos, então não há razão para reclamar. É hora de começar a trabalhar e inventar, porque foi isso que a humanidade sempre fez.

O profeta vê a inventividade humana como um problema em si. Insistimos em inovação constante, à custa do planeta, dos reinos animal e vegetal e de nós mesmos. Em vez disso, deveríamos nos contentar em viver de modo mais simples, em harmonia com a natureza, resmungam os profetas, achando que os magos deviam estar mais bem informados.

Mas, para os magos, as palavras dos profetas sobre recuar e mudar nosso modo de vida são intelectualmente desonestas. É uma traição aos pobres do mundo e, na prática, puro racismo, pensa o mago. Os profetas não passam de ricos ocidentais brancos que pregam miséria e desolação para o resto do mundo, lhes dizendo que talvez nunca experimentem o tipo de prosperidade de que os brancos do Ocidente desfrutam. Receio que vocês não vão ter nem geladeiras nem carros! Azar de quem sonhou com crescimento e riquezas. O mago acha que o raciocínio do profeta é vergonhoso e inteiramente desnecessário: a humanidade sempre foi capaz de inventar e inovar para se ver livre dos problemas, e grande parte da história humana foi voltada para se preocupar em lidar com o mundo natural que está o tempo todo tentando nos matar. Por que seria diferente com a emergência climática?

O profeta por sua vez torce o nariz para a fé ingênua que o mago nutre na humanidade e na tecnologia. Porque na prática, diz o profeta, a comovente ode à tecnologia não passa de uma forma de evitar uma mudança de estilo de vida. O argumento inteiro é corrupto, e o mago está só fornecendo uma fachada para as grandes e más empresas capitalistas que dependem de continuarmos a consumir e encher a barriga sem nos preocuparmos com o mundo. Capitalistas irresponsáveis ficam felizes em esconder sua ganância e falta de visão por trás das belas palavras do mago sobre a salvação pela tecnologia, pensa o profeta. Mas a única coisa que as novas invenções podem fazer nesta situação é lançar o conflito inevitável entre a humanidade e a natureza mais ladeira abaixo, reverbera o profeta. E assim o debate continua.

Então temos os magos no afã de tentar testar o novo no campo da existência enquanto os profetas advertem que estamos nos testando para a morte. Charles C. Mann destaca que tudo isso no fundo gira em torno de valores. O mago vê o crescimento e a inovação como as maiores bênçãos para a humanidade, enquanto o profeta valoriza a estabilidade e a conservação. Os magos são atraídos pelas soluções grandiosas, em larga escala, como enviar espelhos refletores da luz solar para a atmosfera, ou construir usinas nucleares gigantescas. Nesse sentido, o ex-primeiro-ministro britânico Boris Johnson era um mago típico quando se trata de mudanças climáticas; assim como Elon Musk.

O profeta, por sua vez, é atraído pelo que é local e descentralizado, e adoraria cultivar suas próprias plantações e gerar sua energia em casa. O conflito entre o mago e o profeta é, segundo Mann, não um conflito entre o bem e o mal, mas entre dois conceitos diferentes do que é uma vida boa[25]. Será que a liberdade individual é mais importante do que a coerência? E a experimentação mais importante do que a conservação? Devemos recuar ou inventar mais?

Todos reconhecemos esse debate, porque é nele que estamos atolados há muitas décadas. Além disso, tanto magos quanto profetas têm um talento especial para exagerar com algumas visões bem bizarras sobre a Mãe Natureza. O mago com frequência parece vê-la como um fonte inesgotável, à sua disposição para que a explore. A natureza não tem outro valor exceto como matéria-prima para suas máquinas. E se a Mãe Natureza morresse em um dos experimentos do mago, ele pensa que sempre será capaz de encontrar um novo planeta para colonizar. Uma vez esgotada a vítima atual, ele simplesmente a trocaria por um modelo mais novo, e isso, como sabemos, não é jeito de se tratar uma dama.

Enquanto isso, o profeta parece quase sentir prazer no fato de a Mãe Natureza, na sua visão, estar morrendo. Ele fica lá sentado, ao lado do seu corpo ofegante, cantando louvores à sua beleza passiva, que para ele só ganha mais beleza pelo fato dela estar doente. Na verdade, ele só se compromete realmente com essa relação agora que percebe que ela está morrendo. O profeta se arrisca a ficar como Théoden, o rei louco de *O Senhor dos Anéis*, de J. R. R. Tolkien, que lida com um problema concreto – um exército de ogros do lado de fora dos muros da cidade – refugiando-se na ideia de que toda a esperança se foi.

A maioria de nós provavelmente vê que a solução para a emergência climática deveria estar tanto com o mago quanto com o profeta: precisaremos *tanto* inventar *quanto* reformular nosso modo de vida. Em muitos casos são coisas interligadas: somente quando o comportamento mudar em uma direção mais sustentável haverá mais demanda por produtos verdes, e somente então as invenções nesse sentido surgirão. Em geral, é assim que as coisas funcionam. Do mesmo modo, somente quando nos decidirmos a encarar a emergência climática com seriedade e de forma coletiva é que seremos capazes de dirigir recursos por intermédio do Estado para orientar as inovações em direção ao verde. Tudo está ligado.

"*O crescimento econômico não apresenta apenas uma taxa, mas também uma direção*", como escreveu a economista Mariana Mazzucato. Mas magos e profetas tendem a ignorá-la.

Charles C. Mann observa em seu livro sobre magos e profetas: "*O que me incomoda é por quanto tempo esses argumentos têm se estendido sem que a maioria pareça chegar ao meio-termo*". A tendência é ser uma coisa ou outra, cada vez mais entrincheirados em sua respectiva posição, mesmo que os ponteiros do relógio estejam correndo e o gelo derretendo. A razão pela qual permanecemos assistindo ao duelo entre o mago e o profeta é a visão da tecnologia que permeia o entendimento de mundo de cada um deles. Como vimos neste livro, o problemático é a visão dominante que nossa sociedade tem sobre tecnologia.

Estamos acostumados a imaginar a tecnologia como uma força irrefreável que impulsiona a história. No que se refere à inteligência artificial, a narrativa dominante, além dos aspectos ligados a gênero que já foram discutidos, implica que tudo o que a humanidade pode fazer é adaptar a si e à sociedade a ela. Inventamos uma ferramenta e depois outra, e a segunda sempre é maior, melhor e mais eficiente do que a anterior – inovação após inovação em uma cadeia bela e formosa, com cada "geração" de tecnologia levando irrefreavelmente à próxima. Nosso caminho para o futuro é inflexível e as invenções surgem, prontas, saídas do cérebro de diferentes gênios masculinos, apenas para nos conduzir.

A depender da tendência que tenhamos para discuti-las, alguém pode ter a impressão de que as invenções são participantes ativas da história e que a humanidade é a parte passiva.

"*O carro criou o subúrbio moderno*", dizemos.

"*A máquina de lavar libertou a mulher.*"

"A inteligência artificial ameaça os caminhoneiros do mundo."
Imaginamos que as invenções tecnológicas é que fazem coisas pela sociedade e pelos indivíduos que a formam. Como vimos, as coisas não funcionam assim. Quando consideramos um fator como o gênero, fica claro que a tecnologia está sendo constantemente moldada *dentro* das nossas ideias preconcebidas sobre o mundo, a economia e nós mesmos.

Muitos profetas podem alardear que a tecnologia e as invenções não vão nos salvar da ameaça climática, mas, com toda a honestidade, eles não fazem a menor ideia.

O profeta do clima se arrisca a soar como o físico Albert Michelson, ganhador do Prêmio Nobel, que declarou num discurso em 1894: *"As leis fundamentais mais importantes da ciência física já foram descobertas"*. Depois de alguns anos, a teoria de Einstein sobre a relatividade e a mecânica quântica surgiram e mudaram tudo[26].

Não sabemos o que não sabemos.

E isso se aplica a todas as inovações.

Neste caso específico, sabemos muito pouco sobre o que não sabemos, dado o número de pessoas que excluímos e cujas ideias não chegaram a ser desenvolvidas em invenções ou inovações.

De um lado, nossas sociedades louvam as inovações e o empreendedorismo como nunca foi feito antes. Por outro, temos visto que o sistema financeiro exclui as mulheres com eficiência impressionante. Quando 97% de todo o capital de risco vai para homens, alguma coisa está fundamentalmente errada com o modelo inteiro, com a forma com que enxergamos o risco, as inovações e o empreendedorismo.

Quando percebemos quantas pessoas ignoramos por diversas razões, também percebemos quanto potencial humano inexplorado estamos retardando. Vivemos um momento histórico em que grupos cujas experiências não foram consideradas como humanas estão elevando sua voz. Ao ouvir as pessoas em quem não prestamos atenção antes, muitas ideias novas surgirão. É só uma questão lógica, afinal.

O modo como contamos a história da tecnologia não só exclui as mulheres num sentido básico, mas também significa que a definição de tecnologia tem mudado constantemente para excluir o que as mulheres fizeram. Quando homens tricotavam meias, o trabalho era técnico e respeitado; quando as mulheres passaram a fazer isso, tornou-se artesanato. Quando mulheres batiam a manteiga, era só uma tarefa doméstica; no caso de homens, era uma operação técnica. Quando as mulheres programavam os computadores, era considerado como uma coisa que qualquer pessoa poderia fazer, mas, quando os homens faziam isso, de repente a tarefa passava a exigir um tipo muito específico de cérebro nerd que, envolto em toda a sua genialidade, não podia se dar ao trabalho de tomar um banho nem mostrar as habilidades sociais mais básicas.

Ao longo da história, as inovações têm sido retardadas por questões de gênero de todas as maneiras. Vimos que as malas só começaram a rodar quando mudamos nossa visão sobre masculinidade. Que os carros elétricos perderam para os movidos a gasolina em parte porque eram vistos como femininos, e que os materiais macios não eram levados a sério porque eram classificados da mesma forma. A economia atual e sua lógica de caça à baleia continuam a excluir as mulheres. E as condições econômicas mais pobres das mulheres e sua contínua responsabilidade pela casa e pelos filhos significam que não conseguem participar das invenções do mesmo modo. Tudo isso deu forma às máquinas que criamos, às ideias que tivemos e ao mundo que pensávamos ser possível. Ou seja, até este exato momento, estivemos inventando com uma das mãos amarrada atrás das costas.

Imagine o que conseguiríamos realizar se cortássemos essa corda?

Ao mesmo tempo, nenhuma nova "solução tecnológica" aparecerá do nada. Embora muitos magos gostem de imaginar que uma maga vai aparecer de repente com uma tecnologia para a fotossíntese artificial que consiga devorar todo o carbono supérfluo em uma semana, é muito improvável que isso aconteça. A tecnologia quase nunca se materializa dessa forma. Nem mesmo a roda, como já vimos, que exigiu uma série de outros dispositivos e milhares de anos para seu potencial poder ser explorado, desde o macadame a uma sociedade capaz de dividir a responsabilidade pela manutenção da estrada.

E desta vez não temos milhares de anos.

A questão não deveria ser se a tecnologia consegue ou não nos salvar das mudanças climáticas, mas *que tipo* de tecnologia, construída sobre que espécie de premissas, pode nos ajudar mais na atual emergência.

Se vamos resolver a emergência climática, precisamos encontrar novas formas de olhar para tudo, da roupa que vestimos à comida no nosso prato. A inovação evidentemente não se trata apenas de construir gigantescas máquinas zumbidoras ou descobrir um novo combustível para alimentar a mesma tecnologia antiga feita a partir dos mesmos velhos projetos. E não é possível encher de árvores os desertos sem pensar em como os agricultores locais cultivam aquela terra.

Outro problema do duelo climático entre o mago e o profeta é que muitas vezes não se trata de invenções *ou* mudança comportamental. De fato, com frequência a mudança comportamental pode ser a inovação, ou a inovação muitas vezes pode exigir uma mudança comportamental, ou a inovação pode se originar da mudança comportamental. Temos criado falsas dicotomias.

Em retrospecto, parece completamente maluco o fato de não termos colocado rodinhas nas malas antes da década de 1970. Mas, se voltarmos atrás e dermos uma olhada em nossas noções de masculino e feminino da época, vai fazer todo sentido. Isso significa que foram nossas ideias sobre gênero que precisaram mudar para que as malas pudessem rodar? Ou que a mala com rodinhas era necessária para as mulheres a fim de que se sentissem encorajadas a viajar mais sozinhas?

Provavelmente um pouco dos dois.

É assim que muitas vezes os avanços acontecem: trata-se da capacidade de imaginar outro mundo e construir um produto para esse mundo antes que ele exista. Essa será sem dúvida a chave para muitas inovações verdes. Para ter a ideia de fazer um produto possível, acessível e popular, é preciso antes ser capaz de imaginar outro modo de ser.

Como vimos, nossa abordagem da natureza vem das ideias mais básicas sobre gênero: que a tecnologia é feita para subordinar a natureza assim como o homem é feito para subordinar a mulher. Portanto, dá-se prioridade à tecnologia em relação ao mundo natural, do mesmo modo que as qualidades consideradas "masculinas" têm precedência sobre aquelas que aprendemos a olhar como "femininas". Tudo isso nos leva a reduzir a Terra a um gigantesco reservatório de energia. A próxima revolução tecnológica não pode se basear na mesma premissa.

Está na hora de pôr de lado o mago e o profeta. Em vez disso, vamos falar da bruxa.

Existe realmente diferença entre uma bruxa e um mago?

Pode-se dizer que, em geral, magos são homens e bruxas são mulheres. Mas esse não é o caso. Existem bruxos também. *Havia* bruxos também. E eles também foram queimados em fogueiras. Não, a diferença entre bruxa e mago se refere ao relacionamento deles com a natureza. O mago estuda livros volumosos em sua torre. Recolhe o conhecimento que lhe oferecem e aprende a aplicá-lo em um mundo além dos muros do castelo. A bruxa, entretanto, vive na floresta, cavando à procura de ervas mágicas usando apenas suas mãos sujas. Além disso, a bruxa (seja boa ou perversa) também realiza rituais. Ela dança nua na orla da floresta, faz oferendas à pálida luz do luar e pratica ritos com sangue menstrual ou plantas medicinais ou seja lá o que for. Ou seja, há quase sempre um aspecto espiritual relacionado à bruxa.

Que não é encontrado no mago.

Embora Hermione Granger nos livros de *Harry Potter* seja chamada de "bruxa", na realidade ela é uma maga, só que [em inglês] não existe essa palavra, mas deveria haver.

O que separa a bruxa do mago é sua postura em relação à natureza. A bruxa está interessada em conviver com as plantas que lhe dão seus poderes mágicos e entendê-las, não *apenas* porque lhe dão seus poderes, mas porque essa ligação significa algo para ela. O mago, entretanto, não se importa com tudo isso. Ele está interessado na magia pelo poder que lhe dá sobre o mundo exterior, não pelo modo como o conecta consigo mesmo, seu corpo ou o cosmos. Ele está muito mais próximo da visão da tecnologia que domina a sociedade atual. O que explica porque precisamos da bruxa. Não por ser mulher, mas pelo que ela representa: uma estrada ainda não percorrida.

Somos seres tecnológicos do mesmo modo que seres da natureza, e um dos principais desafios dos próximos anos será integrar os dois. Nossa mágica vem da natureza, e, mesmo que possa ser dominada e moldada, isso precisa ser feito sempre de modo sustentável. A bruxa é talvez o único modelo que temos para isso, e pensarmos nela como uma mulher não é coincidência.

O principal problema do mago e do profeta é que ambos se veem separados da natureza. Afinal, é assim que a masculinidade tem sido definida. Você *não* é sua mãe. A natureza está separada de você. Fazer mal à natureza é ferir a nós mesmos, mas isso vai continuar se continuarmos a ver a natureza como "feminina", e tudo o que é "feminino" como algo que precisa ser subordinado às forças masculinas da tecnologia.

Ao longo da história humana, temos feito grandes esforços para criar a narrativa em que os humanos são vistos como uma forma de tecnologia. Fizemos isso ao falar de nós mesmos como se fôssemos tudo, de estátuas hidráulicas a computadores. Essa foi a forma de nos distanciarmos do fato de que fazemos parte da natureza, que a vemos como feminina e, portanto, inferior. É por isso que é tão importante trazer as mulheres de volta à narrativa.

Isso muda tudo.

A imagem que temos hoje da nossa evolução é a de um símio peludo que aos poucos se levanta para se tornar um macho barbudo que segura um pedaço de pau pontiagudo, que ele transforma em lança e começa a apontar à sua volta. Foi assim que surgiu a tecnologia, pensamos, e é essa a história que ainda formata nossa economia.

O mito do símio peludo com sua lança nos levou à narrativa dominante de um pai da invenção violento, que trouxe novas coisas ao mundo por meio do conflito, da competição e da escalada de ideias à custa de tudo ao seu redor. Ele nos diz para nos movermos mais rapidamente e quebrarmos coisas, e que não existe outra forma – esse é o preço que precisamos pagar pela inovação na economia.

Se essa história é verdadeira, então, sim, o único modo para sobreviver neste planeta será fazer o que o profeta nos pede do alto da montanha: PAREM! De crescer, de experimentar, de inventar! Pelo amor de Deus, apenas parem.

Mas, se incluirmos as ferramentas das mulheres na história da tecnologia, seu sentido muda inteiramente, como vimos. Se as primeiras ferramentas não foram instrumentos de caça, mas, digamos, varas de cavar, não se sustenta mais que as invenções da humanidade precisem sempre buscar esmagar, dominar e explorar. Se pararmos de ignorar as mulheres e o que decidimos que as mulheres representam, então a narrativa toda que mantemos sobre nós mesmos, a ecoeconomia e o mundo vão se tornar outra coisa. O solo onde estamos muda: um novo caminho surge.

Eis a mãe das invenções.

Ela diz que está na hora de voltar para casa.

Agradecimentos

Antes de tudo, gostaria de agradecer ao tradutor Alex Fleming, por executar a difícil tarefa de encontrar minha voz em inglês. A tradução em si já é um trabalho difícil, e posso imaginar que deve ser ainda mais complicado quando a autora, como eu, fala fluentemente inglês e sueco e, portanto, palpita sobre tudo.

Gostaria de agradecer à minha agente, Tracy Bohan, da Wylie Agency, por ter feito um trabalho incrível: me encheu de alegria. Gostaria também de agradecer a Caroline Criado-Perez por me apresentar à Tracy.

Agradeço a Arabella Pike, da William Collins, por acreditar no projeto desde o início, e a Grace Pengelly por todo o esforço despendido para tornar o livro inteiro melhor.

Obrigada a Emma Ulvaeus, Simon Brouwers e Olle Grundin, da Mondial em Estocolmo, por tudo que fizeram pelo livro. Torbjörn Nilsson trabalhou (como sempre) nos bastidores como editor não oficial, desempenhando um papel incrivelmente importante para o projeto.

Sou grata a Kerstin Rännar e Margareta Machl por toda a ajuda que deram em Västerås e por compartilharem seu material de pesquisa sobre Aina Wifalk comigo. Obrigada a Alexander Rath e Annika Pedersen, do arquivo regional de Skåne, e a Sara Lagergren, do arquivo e biblioteca do movimento operário sueco. Gostaria de agradecer a Juan Salinas por me explicar pacientemente como funcionam os motores dos carros quando precisei saber sobre a função das manivelas e a Cecily Motley por me ajudar a encontrar um título para o livro em inglês. Agradeço também a Mats Persson.

Joe Sharkey concordou generosamente em responder minhas perguntas sobre malas de viagem com rodinhas, e meu pai, Waldemar Kielos, fez um esforço heroico para ler o material sobre parteiras quando não pude enviá-lo para o Reino Unido durante o caos da pandemia. Obrigada a Elise Kielos pela assistência legal, e um agradecimento especial à minha mãe, Maria Kielos.

Gostaria também de agradecer a todos com quem trabalhei no *Dagens Nyheter*, em especial Pia Skagermark, Björn Wiman e Peter Wolodarski.

Finalmente: muito obrigada à minha família, que significa tudo para mim.

Notas

1. COMO INVENTAMOS A RODA E, DEPOIS DE 5 MIL ANOS, DEMOS UM JEITO DE JUNTÁ-LA A UMA MALA [PP. 11-28]

1. A descrição de como Bernard Sadow teve essa ideia é baseada no artigo de Joe Sharkey, "*Reinventing the Suitcase by Adding the Wheel*", *New York Times*, 4 de outubro de 2010.

Os detalhes da entrevista que Joe Sharkey fez em 2010 com Bernard Sadow foram confirmados com a autora em 11 de agosto de 2020. Uma descrição semelhante do que aconteceu pode ser encontrada no livro de Matt Ridley, How Innovation Works. Essa, também, é baseada na entrevista de Sharkey de 2010. Quando Robert Shiller tratou da invenção no livro de Robert Shiller, The New Financial Order, ele pediu a seu assistente de pesquisa de então para fazer uma entrevista por telefone com Sadow. Parece que não existe uma transcrição da entrevista, mas o relato dos eventos dado no livro é essencialmente o mesmo do artigo de Sharkey de 2010 no New York Times, portanto digno de confiança. Na entrevista com a autora feita em 11 de agosto de 2020, Sharkey declarou que Sadow havia feito objeções a certos conteúdos do artigo do

New York Times depois da sua publicação. Quais foram essas objeções, Sharkey não se lembrava exatamente, mas não se relacionavam a como Sadow era citado ou de que modo as circunstâncias que envolveram sua invenção foram descritas. Até onde Sharkey se lembrava, elas se relacionavam à invenção de Robert Plath também ter sido mencionada.

2. Libby Nelson, "*The US Once Had More than 130 Hijackings in 4 Years. Here's Why They Finally Stopped*", *Vox*, 29 de março de 2016.

3. Há uma certa dúvida sobre onde Bernard Sadow estava exatamente quando teve a ideia. O detalhe de que estava a caminho da alfândega no aeroporto veio da entrevista que Joe Sharkey fez com ele para o *New York Times* em 2010. Em uma entrevista com a autora em 11 de agosto de 2020, Shakey declarou que a transcrição da entrevista não existia mais porque deixara aquele jornal havia muito tempo, mas, até onde se lembrava, era o que Bernard Sadow tinha lhe contado.

4. Existem outras versões de como Bernard Sadow construiu – ou mesmo encomendou – sua mala com rodinhas. Escolhi esta porque é a versão de Joe Sharkey, que se baseia em uma entrevista feita com Sadow em 2010. Muitas outras versões não se baseiam em conversas pessoais com o inventor, e por isso as considero menos confiáveis.

5. Essa questão é apresentada por Steven Vogel em *Why the Wheel is Round: Muscles, Technology and How We Make Things Move*, p. 1.

6. Para um resumo dessas teorias, ver, por exemplo, Richard W. Bulliet, *The Wheel*, pp. 50-9.

7. Aleksander Gasser, "*World's Oldest Wheel Found in Slovenia*". Departamento de Comunicações da República da Eslovênia, março de 2003.

8. Citação extraída da patente US3653474A, do Escritório de Patentes dos Estados Unidos.

9. Há exemplos de malas com rodinhas antes da inventada por Bernard Sadow, como veremos mais adiante neste capítulo. Parece um fenômeno comum que muitas pessoas tenham independentemente uma ideia semelhante, mais ou menos na mesma época. É o caso de muitas invenções. Quem vai ficar como "o inventor" às vezes vai depender da sorte. Na literatura, entretanto, existe algum consenso de que Bernard Sadow deve ser considerado o inventor da mala com rodinhas. Patentes estadunidenses dadas a malas com rodinhas que vieram antes da de Bernard Sadow são, por exemplo, a de Arthur Browning (1969), Grace e Malcolm McIntyre (1949), Clarence Norlin (1947), Barnett Book (1945) e Saviour Mastrontomio (1925).

10. O prêmio de economia não é um Prêmio Nobel "de verdade" porque não constava do testamento de Alfred Nobel. A economia como a conhecemos hoje não existia na época. O nome correto para o prêmio é, portanto, "O Prêmio em Ciências Econômicas do Sveriges Riksbank Prize em Memória de Alfred Nobel".
11. Robert Shiller, *The New Financial Order*, p. 101.
12. De uma entrevista que o assistente de pesquisa de Shiller fez quando trabalhava no livro *The New Financial Order*.
13. "*Todos para quem a mostrei me dispensaram – Sterns, Macy's, A&S, todas as grandes lojas de departamentos*", disse Sadow. "*Pensavam que eu era louco, puxando uma bagagem.*"
14. Matthew Syed, *Rebel Ideas: The Power of Diverse Thinking*, pp. 131-2.
15. John Allan May, "Come What May: A Wheel of an Idea", *Christian Science Monitor*, 4 de outubro de 1951, p. 13.
16. Ver Robert Shiller, *Narrative Economics: How Stories Go Viral and Drive Major Economic Events*, pp. 37-8.
17. Nassim Nicholas Taleb, *Antifragile: Things that Gain from Disorder*, pp. 187-92.
18. Dezessete anos em média. Taleb, entretanto, menciona exemplos mais extremos.
19. Ver, por exemplo, Malcolm Gladwell, "*Creation Myth*", *The New Yorker*, 9 de maio de 2011.
20. O mouse do computador, uma ideia da Xerox que, por sua vez, veio de Douglas Engelbart, engenheiro e inventor estadunidense.
21. Que a roda não mudou o mundo de imediato é uma questão detalhada por Richard W. Bulliet em *The Wheel: Inventions and Reinventions*, pp. 20-4.
22. Essa questão é sugerida por Nassim Nicholas Taleb em *Antifrágil* e tratada em profundidade por Richard W. Bulliet em *The Camel and the Wheel*.
23. Essa é a base para a invenção que Bernard Sadow destaca em seu pedido de patente de 1972. Seu foco é em voos, o que parece refletir o fato de que ele é estadunidense. As discussões europeias em torno de malas e os problemas de carregá-las parecem girar mais em torno do transporte ferroviário.
24. "Looking at Luggage", *Tatler*, 25 de janeiro de 1961, pp. 34-5.
25. "Portable Porter Has Arrived", *Coventry Evening Telegraph*, 24 de junho de 1948.
26. Na década de 1940 havia um produto com o mesmo nome, Portable Porter, nos Estados Unidos, feito por uma empresa diferente: MacArthur Products Inc., Indian Orchard, Massachusetts, EUA.

27. "The Look of Luggage", *The Times*, 17 de maio de 1956, p. 15.
28. *Trinity Mirror*, 19 de novembro de 1967.
29. Terry P Wilson, *The Cart that Changed the World*.
30. Descrição feita por Sylvan Goldman.
31. Richard Bulliet, *The Wheel*, pp. 131-2.
32. A carrocinha do tipo que o anão oferece a Lancelote era também o tipo de veículo em que assassinos e ladrões eram colocados. Tudo para verdadeiramente humilhá-los.
33. Em uma entrevista com a autora feita em 11 de agosto de 2020, Joe Sharkey, que era correspondente do *New York Times* na época, contou que isso causou uma enorme mudança nas viagens de negócio de forma repentina.
34. Os inventores foram Helga Helene Foge e Hans Thomas Thomsen. Obrigada a Roger Ekelund, que forneceu mais informações sobre isso por e-mail.
35. A mala ficou conhecida como Rollaboard, e Robert Plath fundou a empresa Travelpro, que se tornou a principal no ramo. Tudo graças à invenção dele.

2. COMO APRENDEMOS A DAR A PARTIDA NO CARRO SEM FRATURAR A MANDÍBULA [PP. 29-47]

1. A história de Bertha Benz foi contada muitas vezes; ver, por exemplo, Barbara Leisner, *Bertha Benz: Eine starke Frau am Steuer des ersten Automobils* [*Uma mulher forte na direção do primeiro carro*], ou Angela Elis, *Mein Traum ist länger als die Nacht* [*Meu sonho é mais longo que a noite*]. Este último usa elementos ficcionais para dar vida à história, o que obviamente é um dos seus problemas – não sabermos exatamente o que aconteceu na viagem. Chamo a atenção para o fato de que numa fonte mais antiga como St John C. Nixon, *The Invention of the Automobile (Karl Benz and Gottlieb Daimler*, 1936), em nova edição digital da Edizioni Savine de 2016, a viagem a Pforzheim é descrita de modo diferente. No relato de Nixon, ele parece supor que quem guiou o carro foram os filhos de Bertha, e não ela. Isso presumivelmente reflete os valores da época. Com base naquilo que sabemos sobre o envolvimento de Bertha Benz na empresa do marido, não parece que ela, para todos os efeitos, tenha sido uma passageira passiva. Tentei apresentar aqui um relato equilibrado e descrevê-lo como uma colaboração entre Bertha Benz e seus dois filhos adolescentes.
2. No dia 2 de novembro de 1886, Karl Benz recebeu sua patente do Escritório Imperial Alemão de Patente por seu Fahrzeug mit Gasmotorenbetrieb ("veículo movido por motor a gasolina"), Especificação da Patente nº 37435.

3. Esse foi o primeiro carro do mundo construído especificamente como um veículo a motor. Antes, o que se fizera fora motorizar antigas carruagens puxadas a cavalo. Benz fez seu carro com apenas uma roda na frente, o que deixava mais fácil direcioná-lo.
4. No livro de Angela Elis, *Mein Traum ist länger als die Nacht,* ele é descrito como alguém que gostava de "inventar", mas não de "ter inventado".
5. Kenneth Matthews Jr, "The Embattled Driver in Ancient Rome", *Expedition Magazine*, vol. 2, nº 3, 1960.
6. Ver Virginia Scharff, *Taking the Wheel: Women and the Coming of the Motor Age*, pp. 22-3.
7. Para mais informações, ver, por exemplo, Gijs Mom, *The Electric Vehicle: Technology and Expectations in the Automobile Age*, pp. 276-84, ou Virginia Scharff, *Taking the Wheel*, pp. 35-50.
8. Citado em Virginia Scharff, "Femininity and The Electric Car", *Sex/Machine: Readings in Culture, Gender, and Technology*, p. 79.
9. Em 1899, o belga Camille Jenatzy guiou o carro elétrico belga La Jamais Contente nessa velocidade.
10. Anúncio para a Pope-Waverley. Ver Virginia Scharff, *Taking the Wheel*, p. 35.
11. Anúncio para a Anderson Electric Car Company, citado no livro de Virginia Scharff, *Taking the Wheel*, p. 38.
12. Montgomery Rollins, citado no livro de Virginia Scharff, *Taking the Wheel*, p. 42.
13. Carl H. Claudy, colunista de carros da revista estadunidense *Women's Home Companion*, citado no livro de Virginia Scharff, *Taking the Wheel*, p. 41.
14. Ver Virginia Scharff, *Taking the Wheel*, p. 53.
15. Eram chamadas de "alavancas empurra-puxa".
16. *"Para a mulher bem-cuidada, o Detroit Electric oferece um atrativo especial. Nele, ela pode conservar sua toalete imaculada e seu penteado intacto."* Propaganda do Detroit Electric citada no livro de Virginia Scharff, *Taking the Wheel*, p. 38.
17. E.P. Chalfant escreveu isso em 1916. Citado em Gijs Mom, *The Electric Vehicle*, p. 279.
18. *"Era chamado de carro de dama; dizia-se que não subia morros; dizia-se que não alcançava velocidade suficiente."* F.M. Feiker citado em Gijs Mom, *The Electric Vehicle*, p. 280.

19. "*A conotação de ser efeminado, ou de ter essa reputação, não o favorece aos olhos do homem estadunidense. Seja ele 'vigoroso' e 'viril' ou não no sentido físico comum, seus ideais pelo menos são. O fato de que qualquer coisa, de um carro a uma cor, seja do agrado das damas é suficiente para reduzir o interesse à mera tolerância distraída. Tudo isso, evidentemente, é um absurdo já que se aplica ao carro elétrico. Ele é muito mais um carro de homem do que de mulher.*" Do editorial "The Kind of Car a Man Wants", na revista *Electric Vehicles* de 1916. Citado em Gijs Mom, *The Electric Vehicle*, p. 281.

20. Há muita incerteza em torno dessa história. Ela é contada no livro de Thomas Alvin Boyd, *Charles F. Kettering: A Biography*, p. 68, escrito muitas décadas depois da morte de Byron Carter. Ele também é descrito como um homem mais idoso, porém Carter, na verdade, tinha 44 anos quando morreu. Mas ao que parece existe consenso quanto ao fato de que sua morte estava relacionada com algum tipo de acionamento de partida de carro.

21. Thomas Alvin Boyd, *Charles F. Kettering*, p. 54.

22. Charles Duryea, engenheiro estadunidense, citado no livro de Virginia Scharff, *Taking the Wheel*.

23. Robert Casey, *The Model T: A Centennial History*, p. 101.

24. Anúncios citados no livro de Virginia Scharff, *Taking the Wheel*, p. 63.

25. "*Devemos concluir que a influência feminina é responsável em grande parte pelas mudanças mais óbvias que foram feitas ano após ano no projeto do carro a gasolina.*" "*Os materiais de estofamento mais densos e macios, molas melhores, linhas mais graciosas e bonitas, mais proximidade com a automação do acionamento de partida, enchimento dos pneus etc., tudo isso evidencia concessões ao sexo mais frágil.*" "*A cada ano, o carro a gasolina se torna mais elétrico.*" Trechos extraídos de um editorial da revista *Electric Vehicles*, citado em Gijs Mom, *The Electric Vehicle*, p. 282.

26. Gijs Mom, *The Electric Vehicle*, p. 293.

27. Esta é a minha interpretação do que Gijs Mom, por exemplo, discute como "fatores culturais", quase todos ligados a questões de gênero.

28. Ver Alexis C. Madrigal, "The Electric Taxi Company You Could Have Called In 1900", *The Atlantic*, 15 de março de 2011.

29. Essa foi a mesma ideia que surgiu um século depois, quando o empresário Shai Agassi, em Israel, argumentou que, se as baterias do carro eram o problema, então uma infraestrutura tinha de ser construída para tornar a troca mais rápida

e fácil. Essa tentativa usou robôs para substituir uma bateria velha por outra recém-carregada em cerca de cinco minutos. O projeto custou quase 1 bilhão de dólares em fundos, mas logo ruiu quando quase tudo deu errado.

3. COMO SUTIÃS E CINTAS NOS LEVAM À LUA [PP. 51-70]

1. Nicholas de Monchaux, *Spacesuit: Fashioning Apollo*, pp. 118-24.
2. Warren Dean, *Brazil and the Struggle for Rubber: A Study in Environmental History*, pp. 7-23.
3. Nicholas de Monchaux, *Spacesuit*, pp. 123-4.
4. Para mais informações sobre dificuldades com roupas espaciais, ver Kassia St Clair, *The Golden Thread: How Fabric Changed History*, pp. 223-46.
5. Nicholas de Monchaux, *Spacesuit*, pp. 198-9.
6. Citado no livro de Buzz Aldrin, *Magnificent Desolation: The Long Journey Home from the Moon*, p. 44.
7. Nicholas de Monchaux, *Spacesuit*, pp. 209-24.
8. Winston Churchill, *The Gathering Storm*, p. 645.
9. Antony Beevor, *Stalingrad*, p. 28.
10. Esses números vieram de Stephen Schwartz, "The U.S. Nuclear Weapons Cost Study Project", Brookings Institute.
11. Todas as bombas, minas e granadas que os Estados Unidos usaram na Segunda Guerra Mundial entre 1942 e 1945 custaram 31,5 bilhões de dólares. Para as fontes desses números, ver Stephen Schwartz, "*The U.S. Nuclear Weapons Cost Study Project*". Todos os tanques custaram 64 bilhões de dólares. Cálculos feitos com o valor do dólar em 1996.
12. A produtividade dos Estados Unidos diminuiu. Ver Alexander J. Field, "*World War II and the Growth of US Potential Output*", Working Paper, maio de 2018. Em relação ao impacto negativo da Segunda Guerra Mundial sobre as inovações, ver também Michelle Alexopoulos, "Read All about It!! What Happens Following a Technology Shock?", *American Economic Review*, vol. 101, nº 4, junho de 2011, pp. 1144-79.
13. Isso não quer dizer que a tecnologia não tem um papel a desempenhar na guerra, mas apenas que a tecnologia inventada pelos militares raramente é o elemento mais decisivo. Entretanto, a habilidade de um Estado para *usar* a tecnologia é crucial. Ver, por exemplo, Max Boot, *War Made New: Technology, Warfare, and the Course of History – 1500 to Today*, em que o autor descreve, entre outros,

o papel da pólvora nas vitórias suecas em Breitenfeld e Lützen na Guerra dos Trinta Anos. Isso aconteceu nos anos 1600, mas a pólvora já existia como tecnologia muito antes disso. O segredo está no uso, não na invenção.

14. "*É um erro supor que a ciência avança rapidamente numa guerra. Alguns ramos da ciência podem receber um estímulo especial, mas no geral o avanço do conhecimento é retardado.*" Citação extraída do Discurso Presidencial à Associação Britânica para o Avanço da Ciência, em setembro de 1948. Citado no livro de David Edgerton, *Warfare State: Britain, 1920-1970*, p. 215.

15. Ver Autumn Stanley, *Mothers and Daughters of Invention: Notes for a Revised History of Technology*, pp. 9-10.

16. Randall Haas, James Watwon, Tammy Buonasera, John Southon, Jennifer C Chen, Sarah Noe, Kevin Smith, Carlos Viviano Llave, Jelmer Eerkens, Glendon Parker, "Female hunters of the early Americas", *Science Advances*, 4 de novembro de 2020.

17. Citado em Ann-Christin Nyberg, *Making Ideas Matter: Gender, Technology and Women's Invention*.

18. Seu nome era Émilie du Châtelet e o produto era uma espécie de derivativo moderno, um seguro financeiro com base em renda futura. Ela ganhou muito dinheiro com isso e, com os lucros, deu um jeito de livrar Voltaire.

19. Kassia St Clair, *The Golden Thread*, pp. 29-34.

20. Lisa Öberg, *Barnmorskan och läkaren* [*A parteira e o médico*], pp. 285-9.

21. Ver Lena Sommestad, *Från mejerska till mejerist: En studie av mejeriyrkets maskuliniseringsprocess* [De leiteira a leiteiro: um estudo da masculinização da profissão ligada a laticínios], Estocolmo: Arkiv Förlag, 1992.

22. Isso se baseia em um exemplo real apresentado em Lizzy Pook, "Why the Art World is Finally Waking up to the Power of Female Craft Skills", *Stylist*, 2019.

23. Ver, por exemplo, Deborah J. Merritt, "Hypatia in the Patent Office: Women Inventors and the Law, 1865-1900", *The American Journal of Legal History*, vol. 35, n° 3, julho de 1991, pp. 235-306.

24. Anne Cooper Funderburg, "Making Teflon Stick", *Invention and Technology Magazine*, vol. 16, n° 1, verão 2000.

25. Nicholas de Monchaux, *Spacesuit*, pp. 211-2.

4. COMO APRENDEMOS A DIFERENÇA ENTRE CAVALOS DE POTÊNCIA E PODER FEMININO [PP. 71-88]

1. A descrição da palestra de George Stibitz está baseada na transcrição publicada em "The Moore School Lectures: Theory and Techniques for Design of Electronic Digital Computers", *The Moore School Lectures (Charles Babbage Institute Reprint)*.
2. "… *e para lhe dar minha opinião sobre o valor dos computadores automáticos no futuro e a razão para construir tais máquinas.*" Citação extraída de *The Moore School Lectures*, p. 4.
3. *The Moore School Lectures*, p. 11.
4. *The Moore School Lectures*, p. 13.
5. Ver "James Watt (1736-1819)" em Scottish Science Hall of Fame, National Library of Scotland Digital Gallery, https://digital.nls.uk/scientists/biographies/james-watt/index.html
6. "Fråga Gösta: hur många hästkrafter har en häst?" ["Pergunte a Gösta: Quantos cavalos de força tem um cavalo?"], *Allehanda.se*, 27 de outubro de 2005.
7. Ver David Alan Grier, *When Computers Were Human*.
8. Leslie Comrie, "Careers for Girls", *The Mathematical Gazette*, vol. 28, nº 28, 1944, pp. 90-5.
9. Afirma-se que Gaspard de Prony percebeu que o trabalho poderia ser fragmentado dessa forma depois de ler sobre divisão de trabalho no livro de Adam Smith *A riqueza das nações*; ver, por exemplo, David Alan Grier, *When Computers Were Human*, p. 36.
10. Michael Kwass, "Big Hair: A Wig History of Consumption in Eighteenth Century France", *The American Historical Review*, vol. 111, nº 3, 2006, pp. 631-59.
11. Ver Ivor Grattan-Guinness, "Work for the Hairdressers: The Production of de Prony's Logarithmic and Trigonometric Tables", *Annals of the History of Computing*, vol. 12, nº 3, verão 1990, pp. 177-85.
12. David Alan Grier, *When Computers Were Human*, pp. 112-3.
13. "*As mulheres provavelmente constituíam o maior número de computadores, mas a elas se juntavam afro-americanos, judeus, irlandeses, deficientes físicos e os que eram apenas pobres.*" Citação de David Alan Grier, *When Computers Were Human*, p. 276.
14. David Alan Grier, *When Computers Were Human*, p. 214.
15. David Alan Grier, *When Computers Were Human*, p. 276.
16. Ronald Lewin, *Ultra Goes to War: The Secret Story*, p. 76.

17. Michael Smith, *Station X: The Codebreakers of Bletchley Park*, p. 7.
18. Michael Smith, *Station X*, pp. 25-6.
19. Citado em Eugene Tarlé, *Bonaparte*, p. 66.
20. Janet Abbate, *Recoding Gender: Women's Changing Participation in Computing*, p. 21.
21. Existe um persistente mal-entendido indicando o ENIAC estadunidense como o primeiro computador eletrônico do mundo. Isso se deve ao fato de que o Colossus britânico, que veio dois anos antes, demorou para ser classificado. Ver Jack Copeland, "Colossus and the Rise of the Modern Computer", *Colossus: The Secrets of Bletchley Park's Codebreaking Computers*, p. 101.
22. "*Assim, a máquina não passava de um aluno desse tipo [...] Portanto – e digo isso sem me envergonhar – eu sou a melhor programadora do mundo.*" Citado em Jack Copeland, "Colossus and the Rise of the Modern Computer", p. 70.
23. Mar Hicks, *Programmed Inequality: How Britain Discarded Women Technologists and Lost Its Edge in Computing*, p. 21.
24. Mar Hicks, *Programmed Inequality*, pp. 93-4.
25. Harriet Bradley, "Frames of Reference: Skill, Gender and New Technology in the Hosiery Industry", *Women Workers and the Technological Change in Europe in the Nineteenth and Twentieth Centuries*, pp. 17-33.
26. Mar Hicks, "When Winning Is Losing: Why the Nation that Invented the Computer Lost its Lead". *Computer*, vol. 51, nº 10, 2018, pp. 48-57.
27. Entrevista com a autora datada de 7 de abril de 2020.
28. O professor Jack Copeland, especialista em Alan Turing, questionou se a morte dele teria sido mesmo suicídio. A polícia nunca examinou a metade da maçã comida à procura de vestígios de veneno. Copeland acredita que a morte de Turing possa ter sido acidental.
29. Ver, por exemplo, Donald Hoke, "The Woman and the Typewriter: A Case Study in Technological Innovation and Social Change", *Business and Economic History*, vol. 8, 1979, pp. 76-88.
30. Ver, por exemplo, Meta Zimmeck, "The Mysteries of the Typewriter: Technology and Gender in the British Civil Service, 1870-1914", *Women Workers and the Technological Change in Europe in the Nineteenth and Twentieth Centuries*, pp. 52-66.
31. O memorando dele pode ser lido aqui: https://gizmodo.com/exclusive-heres-the-full-10-page-anti-diversity-screed-1797564320

5. COMO FOI FEITA UMA GRANDE INVENÇÃO EM VÄSTERÅS, E PERSISTIMOS NA CAÇA À BALEIA [PP. 91-110]

1. A descrição da doença de Aina Wifalk é baseada nos registros médicos de quando ela foi tratada de pólio em Lund, em 1949. Agradeço a Annike Pedersen, administradora sênior do arquivo regional de Skåne, por sua ajuda para acessar essas informações.
2. Per Axelsson, *Höstens spöke: De svenska polioepidemiernas historia* [O fantasma do outono: a história da epidemia sueca de pólio], p. 68.
3. Agradeço muito a Kerstin Rännar e Margareta Machl pela enorme generosidade ao me dar acesso ao material que usaram ao escrever o livro *Aina Wifalk och rollatorn* [*Aina Wifalk e o andador com rodas*], publicado por Medicinhistoriska Sällskapet Westmannia [Sociedade de História Médica da Westmannia].
4. Meu muito obrigada a Margareta Machl e Kerstin Rännar pelas cópias do primeiro projeto de Gunnar Ekman para o andador com rodas.
5. Ver Göran Willis, *Charter till solen: När utlandssemestern blev ett folknöje* [*Voo charter para o sol: quando as férias no estrangeiro passaram a ser procuradas pelas pessoas*].
6. Existem muitas versões diferentes de como isso aconteceu. Eu me baseei na versão que Margareta Machl e Kerstin Rännar extraíram de sua pesquisa sobre a vida de Aina Wifalk. Detalhes da entrevista com as autoras em Västerås, em 14 de janeiro de 2020.
7. Ver Michael H. Adler, *The Writing Machine*, p. 162. Em 2010, Carey Wallace escreveu sobre esses acontecimentos no romance *The Blind Contessa's New Machine*.
8. "Vint Cerf on Accessibility, the Cello and Noisy Hearing Aids", *Googlers*, 4 de outubro de 2018.
9. Ver Sally McGrane, "No Stress, No Press: When Fingers Fly", *New York Times*, 24 de janeiro de 2002.
10. Nils Levsen, *Lead Markets in Age-Based Innovations: Demographic Change and Internationally Successful Innovations*, pp. 69-78.
11. Elisabeth Jansson, "Ainas idé blir exportprodukt" [A ideia de Aina se torna um produto de exportação], *Metallarbetaren*, nº 35, 1981.
12. UNSGSA, 2018, *Annual Report to the Secretary-General*, p. 12. Informações da Global Banking Alliance for Women 2017, Women's World Banking/Cambridge Associates, 2017.

13. Entretanto, existem alguns países em que mulheres sem filhos ganham mais do que homens sem filhos.
14. Nathan Heller, "Is Venture Capital Worth the Risk?", *The New Yorker*, 20 de janeiro de 2020, e Ross Baird, *The Innovation Blind Spot: Why We Back the Wrong Ideas and What to Do About It*, pp. 11-14.
15. Tom Nicholas, *VC: An American History*.
16. Mas como Ross Baird e outros assinalam, hoje caçamos "unicórnios", isto é, empresas que atinjam um valor acima de 1 bilhão de dólares, e não mais baleias.
17. Miriam Olsson Jeffery, "Nya siffror: Så lite riskkapital går till kvinnor – medan miljarderna rullar till män" [Novos números: Como pouco capital de risco vai para mulheres – enquanto bilhões vão para homens], *DI Digital*, 9 de julho de 2020.
18. Relatório do British Business Bank de 2019, "UK Venture Capital and Female Founders".
19. Ver, por exemplo, Agnieszka Skonieczna e Letizia Castellano, "Gender Smart Financing: Investing In & With Women: Opportunities for Europe", European Commission Discussion Paper 129, julho de 2020, p. 5.
20. Ver, por exemplo, Kate Clark, "US VC Investment in Female Founders Hits All-time High", *TechCrunch*, 9 de dezembro de 2019.
21. Dados da National Association of Women Business Owners, https://www.nawbo.org/resources/women-business-owner-statistics
22. Leonard Sherman, "'Blitzscaling' Is Choking Innovation – and Wasting Money", *Wired*, 7 November 2019.
23. Google lucrou 36 milhões de dólares. A empresa Voi lucrou 85 milhões de dólares em 2019. Fontes: Leonard Sherman, "'Blitzscaling' Is Choking Innovation – and Wasting Money", e Steve O'Hear, "Voi Raises Another $85M for its European E-scooter Service", *TechCrunch*, 19 November 2011.
24. Ver Emma Hinchliffe, "Funding for Female Founders Increased in 2019 – but only to 2.7%", *Fortune*, 2 de março de 2020.
25. Esse assunto é desenvolvido por Jennifer Brandel e Mara Zepada em "Zebras Fix What Unicorns Break", *Medium*, 8 de março de 2017.
26. Foi durante o casamento da princesa Alexandra de Sayn-Wittgenstein-Berleburg, realizado no Gråsten Palace, na Jutlândia, em 1998.

6. COMO INFLUENCIADORAS FICAM MAIS RICAS DO QUE HACKERS [PP. 111-131]

1. Natalie Robehmed, "How 20-Year-Old Kylie Jenner Built a $900 Million Fortune in Less than 3 Years", *Forbes*, 11 de julho de 2018.

2. Em 2020, a *Forbes* revogou sua indicação de Kylie Jenner como "bilionária". Ver Chase Peterson-Whithorn e Madeline Berg, "Inside Kylie Jenner's Web of Lies – And Why She is no Longer a Billionaire", *Forbes*, 1 de junho de 2020.

3. A mãe dela, Kris Jenner, foi casada com Robert Kardashian, que ficou conhecido como o advogado de defesa do astro de futebol americano O.J. Simpson. Ela teve quatro filhos com ele: Kourtney, Kim, Khloé e Rob. Depois ela se casou com o atleta olímpico Bruce Jenner, que se revelou como trans em 2017 e agora se chama Caitlyn Jenner. Eles têm duas filhas: Kendall e Kylie.

4. @KylieJenner, 21 de fevereiro de 2018.

5. Mamta Badkar, "Snap slips after Kylie Jenner tweet", *Financial Times*, 22 de fevereiro de 2018.

6. Citado no artigo de George Packer, "No Death, No Taxes: The Libertarian Futurism of a Silicon Valley Billionaire", *The New Yorker*, 20 de novembro de 2011.

7. A Apple é a única dessas empresas cujo pessoal era 20% formado por mulheres, e a maioria delas era branca.

8. Ver meu livro anterior, *O lado invisível da economia*.

9. L. Zhang, "Fashioning the Feminine Self in 'Prosumer Capitalism': Women's Work and the Transnational Reselling of Western Luxury Online", *Journal of Consumer Culture*, vol. 17, nº 2, 2017, pp. 184-204.

10. O termo é definido no livro de Elizabeth A. Wissinger, *This Year's Model: Fashion, Media, and the Making of Glamour*.

11. Citado no livro de Brooke Erin Duffy, *(Not) Getting Paid to Do What You Love: Gender, Social Media and Aspirational Work*, p. 19.

12. Eva Kaijser e Monica Björk, *Svenska Hem: den sanna historien om Fröken Frimans krig* [Lares suecos: a verdadeira história da guerra da senhorita Friman].

13. Para aprofundar o assunto, ver Charlotte Sussman, *Consuming Anxieties: Consumer Protest, Gender & British Slavery, 1713-1833*.

14. Aqui me refiro à Marcha das Mulheres a Versalhes, também conhecida como a Marcha de Outubro. Ela se deu em 5 de outubro de 1789, quando mais de 6 mil pessoas, principalmente mulheres, marcharam de Paris para o palácio real em Versalhes. O rei se rendeu, abriu os armazéns reais para a massa faminta e foi levado para a capital, onde ficou em prisão domiciliar no Palácio das Tulherias.

15. Em 8 de março de 1917, o protesto das mulheres pediu pão nas ruas de Petrogrado. Esse evento se tornou o estopim da Revolução de Fevereiro, e também é por isso que se comemora nessa data o Dia Internacional da Mulher.

16. Le Bon Marché foi fundado em 1838 e modernizado por Aristide Boucicaut em 1852. É considerada uma das primeiras lojas de departamentos do mundo e existe até hoje.

17. O sistema de preços fixos já existia em algumas lojas de Paris. Ver Robert Tamilia, "World's Fairs and the Department Store 1800s to 1930s", *Marketing History at the Center*, vol. 13, 2007, p. 229.

18. *"Enquanto as igrejas se esvaziavam gradualmente pela perda da fé, eram substituídas por sua loja nas almas agora vazias. As mulheres iam ali para passar suas horas de ociosidade, as difíceis e trêmulas horas que antes passavam numa capela: era uma saída necessária para a paixão nervosa, a batalha revivida de um deus contra o marido, um culto do corpo, com o pós-vida divino da beleza."* Émile Zola, *The Ladies' Delight*, p. 415.

19. *"Surgiu exatamente quando as mulheres passaram a querer andar com as próprias pernas. Elas vinham à loja e concretizavam alguns de seus sonhos."* Citado no livro de Jackie Willson, *Being Gorgeous: Feminism, Sexuality and the Pleasures of the Visual*, p. 109.

20. Emily Hund e Lee McGuigan, "A Shoppable Life: Performance, Selfhood, and Influence in the Social Media Storefront", *Communication, Culture and Critique*, vol. 12, nº 1, março 2019, pp. 18-35.

21. Um exemplo disso é o aplicativo Slyce.

22. Ver George Ritzer e Nathan Jurgenson, "Production, Consumption, Prosumption: The Nature of Capitalism in the Age of the Digital 'Prosumer'", *Journal of Consumer Culture*, vol. 10, nº 1, 2010, pp. 13-36.

23. Na Inglaterra vitoriana, ao contrário do que nos inclinaríamos a associar à dona de casa ideal, a mulher da classe operária precisava trabalhar. Muitas vezes por dez a quinze horas diárias, em qualquer coisa, de trabalho rural a fazer camisas. E faziam esse trabalho somado às tarefas domésticas.

24. Ver, por exemplo, Kara Van Cleaf, "'Of Woman Born' to Mommy Blogged: The Journey from the Personal as Political to the Personal as Commodity", *Women's Studies Quarterly,* vol. 43, nº 3/4, 2015, pp. 247-64.
25. Winston Churchill repetiria essa frase no mesmo dia na Câmara dos Comuns.
26. "Islam is Peace". Discurso feito pelo presidente dos Estados Unidos George W. Bush no Centro Islâmico de Washington, em 17 de setembro de 2001, https://georgewbush-whitehouse.archives.gov/news/releases/2001/09/20010917-11.html
27. Guy Standing, "Global Feminization Through Flexible Labor: A Theme Revisited", *World Development,* Elsevier, vol. 27, nº 3, 1999, pp. 583-602.
28. Barry Lord, *Art & Energy: How Culture Changes.*

7. COMO O CISNE NEGRO ACABA POR TER UM CORPO [PP. 135-154]

1. George Zarkadakis, *In Our Own Image: Will Artificial Intelligence Save or Destroy Us?*, pp. 28-47.
2. Bíblia, Gênesis 2:7.
3. Jessica Riskin, *The Restless Clock: A History of the Centuries-Long Argument over What Makes Living Things Tick*, pp. 44-61.
4. Matthew Cobb, *The Idea of the Brain: A History*, pp. 145-56.
5. L. Ron Hubbard, *Dianetics: The Modern Science of Mental Health*, p. 41.
6. "… e usei isso para ajudar outras pessoas também." Citado em "Celebrity Scientologists and Stars Who Have Left the Church", *US Weekly*, 18 de junho de 2020, https://www.usmagazine.com/celebrity-news/pictures/celebrity-scientologists-2012107/23623-2/
7. Max Tegmark tratou disso no Festival Mundial de Ciência, em 22 de novembro de 2019, no seminário "Ser ou não ser biônico: sobre imortalidade e super-humanismo". Para o argumento de Stephen Hawking, ver, por exemplo, Meghan Neal, "Scientists Are Convinced Mind Transfer is the Key to Immortality", *Tech By Vice*, 26 de setembro de 2013.
8. Nassim Nicholas Taleb, *The Black Swan: The Impact of the Highly Improbable*, pp. xxi-xxii.
9. Discutido em uma entrevista com a autora em 5 de abril de 2020.
10. Ver, por exemplo, Alex Rosenblat, *Uberland: How Algorithms Are Rewriting the Rules of Work.*

11. Noam Scheiber, "Inside an Amazon Warehouse, Robots' Ways Rub Off on Humans", *New York Times*, 3 de julho de 2019.
12. Baseado no livro de Åsa Plesner, *Budget ur balans: En granskning av äldreomsorgens ekonomi and arbetsmiljö* [Orçamento fora de equilíbrio: uma análise do ambiente econômico e financeiro do atendimento aos idosos], pp. 23-4.
13. Johan Nilsson, "500 svenskar döda efter att ha smittats inom hemtjänsten" ["500 mortes por infecção de suecos sob cuidados domiciliares"], *TT*, 6 maio 2020.
14. James Temperton, "The Gig Economy is Being Fuelled by Exploitation, Not Innovation", *Wired Opinion*, 8 de fevereiro de 2018.
15. Parte do serviço de entrega de encomendas pertence ao estado francês. O artigo de James Temperton da nota anterior dá o exemplo de um trabalhador de uma empresa de entrega que morreu ao continuar trabalhando por não conseguir encontrar um substituto.
16. Thor Berger, Carl Benedikt Frey, Guy Levin, Santosh Rao Danda, "Uber Happy? Work and Well-being in the 'Gig Economy'", *Economic Policy*, vol. 34, n° 99, julho de 2019, pp. 429-77.

8. COMO SERENA WILLIAMS DERROTA GARRY KASPAROV [PP. 155-171]

1. Serena Williams (com Daniel Paisner), *My Life: Queen of the Court*, Simon & Schuster, New York, 2009, pp. 38-41.
2. Nick Stockton, "The Mind-Bending Physics of a Tennis Ball's Spin", *Wired*, 9 de dezembro de 2015.
3. James Gleick, *Isaac Newton*, pp. 81-2.
4. O paradoxo de Polanyi é discutido do ponto de vista econômico em David Autor, "Polanyi's Paradox and the Shape of Employment Growth", NBER Working Papers 20485, 2014, Departamento Nacional de Pesquisa Econômica.
5. Missy Cummings, "Rethinking the Maturity of Artificial Intelligence in Safety-critical Settings", *AI Magazine*, 2020.
6. A descrição da partida de Garry Kasparov em Hamburgo é baseada no livro de Garry Kasparov (com Mig Greengard), *Deep Thinking: Where Artificial Intelligence Ends... and Human Creativity Begins*, pp. 1-5.
7. Garry Kasparov em *Deep Thinking*, p. 2.
8. "Algoritmos podem arrasar os humanos quando se trata de fazer previsões baseadas em dados, mas os robôs ainda não conseguem desempenhar as tarefas de

limpeza de uma camareira de hotel. Em resumo, a inteligência artificial é ótima para pensar, mas os robôs mal conseguem mover os dedos." Citação extraída do livro de Kai-Fu Lee, *AI Superpowers: China, Silicon Valley and the New World Order*, p. 166.

9. Essa colocação foi apresentada pelo pesquisador de robôs Hans Moravec e é chamada de "Paradoxo de Moravec". Ele propõe que as coisas que achamos difíceis e que um humano leva muitos anos para aprender, como matemática avançada ou xadrez, o robô acha simples. Por outro lado, os robôs tendem a ter dificuldade para fazer as coisas que as pessoas acham simples, como andar, abrir a porta, pedalar ou pular amarelinha. Tudo isso é inteligência corporal: as coisas que aprendemos por meio da interação do nosso corpo com o que nos rodeia ao longo da evolução. "*Mas, à medida que as provas foram se acumulando, ficou claro que é comparativamente fácil fazer os computadores exibirem o desempenho de um adulto na solução de problemas em testes de inteligência ou em partidas de xadrez, e difícil ou impossível lhes dar as habilidades de uma criança de 1 ano quando se trata de percepção e mobilidade.*" Hans Moravec, *Mind Children: The Future of Robot and Human Intelligence*, p. 15. Entretanto, é preciso acrescentar que Hans Moravec estava convencido de que aos poucos as máquinas seriam capazes de dominar mais ou menos tudo. Ele acreditava que o paradoxo que assinalara em 1988 acabaria por ser suplantado.

10. Carl Benedikt Frey e Michael Osborne, "The Future of Employment: How Susceptible are Jobs to Computerisation?", Oxford Martin Programme on Technology and Employment, 17 de setembro de 2013.

11. Essa questão é apresentada no livro de Roger Bootle, *The AI Economy: Work, Wealth and Welfare in the Robot Age*.

12. "*Julgando pelos projetos escolhidos nos primórdios da inteligência artificial, pensava-se que a inteligência era melhor caracterizada segundo as coisas que os cientistas homens altamente educados achassem desafiadoras.*" Rodney A. Brooks, *Flesh and Machines: How Robots Will Change Us*, p. 36.

13. Rodney Brooks, "Elephants Don't Play Chess", *Robotics and Autonomous Systems*, vol. 6, nº 1-2, junho de 1990, pp. 3-15.

14. Marilyn Yalom, *The Birth of the Chess Queen: A History*.

15. David Foster Wallace, "Roger Federer as Religious Experience", *String Theory: David Foster Wallace on Tennis*.

16. "A caricatura racista de Serena Williams 'não tem nada a ver com raça', diz o jornal", CNN, 2018, https://www.kjrh.com/news/national/serena-williams-cartoon-racist

9. COMO ACABAMOS NOS ESQUECENDO DE PERGUNTAR A MARY [PP. 175-199]

1. Em outubro de 1842, Friedrich Engels tinha acabado de prestar o serviço militar em Berlim.
2. Tristram Hunt, *Marx's General: The Revolutionary Life of Friedrich Engels*, pp. 63-4.
3. Joseph A. Schumpeter, *Capitalism, Socialism and Democracy*, p. 76.
4. Friedrich Engels, *The Condition of the Working Class in England*.
5. Ver, por exemplo, o livro de Erik Brynjolfsson e Andrew McAfee, *The Second Machine Age: Work, Progress, and Prosperity in a Time of Brilliant Technologies*.
6. Ver, por exemplo, Martin Ford, *The Rise of the Robots: Technology and the Threat of Mass Unemployment*.
7. Carl Benedikt Frey, *The Technology Trap: Capital, Labor, and Power in the Age of Automation*, p. 11.
8. Carl Benedikt Frey, Thor Berger e Chinchih Chen, "Political Machinery: Did Robots Swing the 2016 US Presidential Election?", *Oxford Review of Economic Policy*, vol. 34, nº 3, 2018, pp. 418-42.
9. Yuval Noah Harari, *Homo Deus: A Brief History of Tomorrow*, pp. 369-81.
10. Ingressos para uma conferência TED custam 10 mil dólares, mas é possível encontrá-las por 5 mil dólares.
11. Dos quais, Mark Zuckerberg e Elon Musk são os mais famosos.
12. A passagem que se segue é baseada no livro de Friedrich Engels, *The Condition of the Working Class in England*, pp. 154-7.
13. "Men Still Pick 'Blue' Jobs and Women 'Pink' Jobs", *The Economist*, 16 de fevereiro de 2019.
14. Smita Das e Aphichoke Kotikula, *Gender-based Employment Segregation: Understanding Causes and Policy Interventions*, 2019, International Bank for Reconstruction and Development/World Bank.
15. As mulheres dominam o setor de serviços em todas as regiões do mundo (exceto na Ásia Meridional) e os homens dominam a indústria no mundo inteiro.

16. Ver Robert Allen, "Engels' Pause: Technical Change, Capital Accumulation, and Inequality in the British Industrial Revolution", *Explorations in Economic History*, vol. 46, nº 4, outubro de 2009, pp. 418-35.

17. Jay L Zagorsky, "Do You Have to be Smart to be Rich? The Impact of IQ on Wealth, Income and Financial Distress", *Intelligence*, vol. 35, nº 5, setembro/outubro 2007, pp. 489-501.

18. Ver, por exemplo, o artigo de K. Richardson e S. H. Norgate, "Does IQ Really Predict Job Performance?" *Applied Developmental Science*, vol. 19, nº 3, 3 de julho de 2015, pp. 153-69.

19. Carl Benedikt Frey e Michael Osborne, "The Future of Employment: How Susceptible are Jobs to Computerisation?", Oxford Martin Programme on Technology and Employment, 17 de setembro de 2013.

20. Melanie Arntz, Terry Gregory e Ulrich Zierahn, "The Risk of Automation for Jobs in OECD Countries: A Comparative Analysis", *OECD Social, Employment and Migration Working Papers*, nº 189, 2016.

21. Esses números relacionam-se com o mercado de trabalho dos Estados Unidos.

22. Frey e Osborne (2013) tratam de três tipos de gargalos: a habilidade para desempenhar tarefas físicas em um ambiente desestruturado; inteligência cognitiva, isto é, criatividade e capacidade para raciocínios complexos; e inteligência social. Ljubica Nedelkoska e Glenda Quintini, "Automation, Skills Use and Training", *OECD Social, Employment and Migration Working Papers*, nº 202, 2018, discutem gargalos muito semelhantes.

23. Michael Webb, "The Impact of Artificial Intelligence on the Labor Market", Universidade Stanford, 6 de novembro de 2019, mostra que as indústrias onde as mulheres predominam geralmente correm menos risco de automação.

24. Michael Webb, "The Impact of Artificial Intelligence on the Labor Market". Webb (2019) divide o risco de automação em três categorias: trabalhos que são automatizados por robôs; trabalhos que são assumidos por um software novo; e trabalhos assumidos por inteligência artificial. Nessas três categorias, o risco/possibilidade era muito menor em indústrias em que as mulheres predominavam.

25. Paula Asaf Levanon e Paul Allison England, "Occupational Feminization and Pay: Assessing Causal Dynamics Using 1950–2000 U.S. Census Data", *Social Forces*, vol. 88, nº 2, dezembro de 2009, pp. 865-91.

26. Ariane Hegewisch, Chandra Childers e Heidi Hartmann, "Women, Automation and the Future of Work", Institute For Women's Policy Research, 2019.
27. Ver, por exemplo, Sara Reardon, "Rise of Robot Radiologists", *Nature*, 18 de dezembro de 2019.
28. Considero os números dos Estados Unidos relevantes já que os salários pagos na assistência estadunidense são "regidos pelo mercado" de uma forma que não acontece na Europa. Ver Michael Walter, "Radiologists Earn $419K per Year, up 4% from 2018", *Radiology Business*, 11 de abril de 2019.
29. Os economistas gostam de contar essa história. Ver, por exemplo, World Bank Group, "The Changing Nature of Work", *World Development Report 2019*, p. 18.
30. A questão sobre intervenção estatal é levantada por Carl Benedikt Frey no livro *The Technology Trap: Capital, Labor, and Power in the Age of Automation*.
31. Ver Eric J. Hobsbawm, "The Machine Breakers", *Past & Present*, vol. 1, nº 1, fevereiro de 1952, pp. 57-70.

10. COMO DECIDIMOS NÃO PÔR FOGO NO MUNDO [PP. 200-223]
1. Ver, por exemplo, Cynthia Barnett, *Rain: A Natural and Cultural History*, pp. 46-8.
2. O livro se chamava *Daemonologie* e foi publicado em 1597.
3. Como foi declarado em 1484, na bula papal *Summis desiderantes affectibus*, publicada pelo papa Inocêncio VII.
4. Ver, por exemplo, Brian Fagan, *The Little Ice Age*.
5. Emily F. Oster, "Witchcraft, Weather and Economic Growth in Renaissance Europe", *Journal of Economic Perspectives*, vol. 18, nº 1, inverno de 2004, pp. 215-28.
6. John Swain, "Witchcraft, Economy and Society in the Forest of Pendle", *The Lancashire Witches: Histories and Stories*, pp. 73-88.
7. Edward Miguel, "Poverty and Witch Killings", *Review of Economic Studies*, vol. 72, nº 4, outubro de 2005, pp. 1153-72.
8. A situação foi descrita por Chelsea Follett no artigo "How Economic Prosperity Spared Witches", *USA Today*, 28 de outubro de 2017.
9. Soma Chaudhuri, "Women as Easy Scapegoats: Witchcraft Accusations and Women as Targets in Tea Plantations of India", *Violence Against Women*, vol. 18, nº 10, outubro de 2012, pp. 1213-34.

10. Viúvas desinibidas, ou mulheres que ficavam grávidas fora do casamento, por exemplo. Um mecanismo semelhante pode ser visto em algumas regiões de Gana nos anos 1990, onde mulheres eram acusadas de feitiçaria porque a sociedade precisava pôr a culpa em alguém por doenças ou acidentes. Eles então pegavam mulheres mais francas, que muitas vezes viviam fora da aldeia, e as rotulavam de bruxas. Kati Whitaker, "Ghana Witch Camps: Widows' Lives in Exile", *BBC News*, 1º de setembro de 2012.

11. Ele escreveu o livro com Jakob Sprenger.

12. Ver Walter Stephens, *Demon Lovers: Witchcraft, Sex, and the Crisis of Beliefs*, pp. 36-7.

13. Em 1538, a Inquisição espanhola advertiu contra acreditar em tudo o que estava no livro.

14. Silvia Federici, *Caliban and the Witch: Women, the Body and Primitive Accumulation*, pp. 186-7.

15. Cornelius Christian, "Elites, Weather Shocks, and Witchcraft Trials in Scotland", Working Papers 1704, Departamento de Economia da Brock University, 2017.

16. Peter T. Leeson e Jacob W. Russ, "Witch Trials", *The Economic Journal*, vol. 128, nº 613, 1º de agosto de 2018, pp. 2066-2105.

17. A obra feminista mais conhecida em torno desse assunto é, provavelmente, o livro de Carolyn Merchant, *The Death of Nature: Women, Ecology, and the Scientific Revolution*.

18. A expressão "petro-masculinidade" abrange isso. Ver, por exemplo, o artigo de Cara Daggett, "Petro-masculinity: Fossil Fuels and Authoritarian Desire", *Millennium*, vol. 47, nº 1, 2018, pp. 25-44.

19. Mark Muro, Adie Tomer, Ranjitha Shivaram e Joseph Kane, "Advancing Inclusion Through Clean Energy Jobs", *Metropolitan Policy Program*, Brookings, abril de 2019.

20. Daniel Kuehn, "Keynes, Newton and the Royal Society: the Events of 1942 and 1943", Notes & Records, vol. 67, nº 1, 20 de março de 2013, pp. 6725-36.

21. John Maynard Keynes, citado no livro de Richard Davenport-Hines, *Universal Man: The Lives of John Maynard Keynes*, p. 138.

22. Richard Conniff, "Alchemy May Not Have Been the Pseudoscience We All Thought It Was", *Smithsonian Magazine*, fevereiro de 2014.

23. Greta Thunberg, 25 de setembro de 2019, na sede da Organização das Nações Unidas, em Nova York.
24. Charles C. Mann, *The Wizard and the Prophet: Science and the Future of Our Planet*.
25. Charles C. Mann, *The Wizard and the Prophet*, p. 8.
26. Albert A. Michelson, em discurso em 1894 no Ryerson Physics Lab, Universidade de Chicago.

Bibliografia

ABBATE, Janet. *Recoding Gender: Women's Changing Participation in Computing*. Cambridge, Massachusetts: MIT Press, 2012.

ADLER, Michael H. *The Writing Machine*. Londres: George Allen & Unwin, 1973.

ALDRIN, Buzz. *Magnificent Desolation: The Long Journey Home from the Moon*, Londres: Bloomsbury Publishing, 2009. [*Nenhum sonho está longe demais*. São Paulo: Benvirá, 2018.]

ALEXOPOULOS, Michelle. "Read All about It!! What Happens Following a Technology Shock?", *American Economic Review*, vol. 101, nº 4, junho de 2011, https://www.aeaweb.org/articles?id=10.1257/aer.101.4.1144

ALLAN MAY, John. "Come What May: A Wheel of an Idea", *Christian Science Monitor*, 4 de outubro de 1951.

ALLEHANDA.SE, "Fråga Gösta: hur många hästkrafter har en häst?" ["Pergunte a Gösta: Quantos cavalos de força tem um cavalo?"], 27 de outubro de 2005.

ALLEN, Robert. "Engels' Pause: Technical Change, Capital Accumulation, and Inequality in the British Industrial Revolution", *Explorations in Economic History*, vol. 46, nº 4, outubro de 2009, pp. 418-35, https://www.sciencedirect.com/science/article/abs/pii/S0014498309000199

ARNTZ, Melanie; Gregory, Terry; Zierahn, Ulrich. "The Risk of Automation for Jobs in OECD Countries: A Comparative Analysis". *OECD Social, Employment and Migration Working Papers*, nº 189. Paris: OECD Publishing, 2016, https://www.oecd-ilibrary.org/social-issues-migration-health/the-risk-of-automation-for-jobs-in-oecd-countries_5jlz9h56dvq7-en

AUTOR, David. "Polanyi's Paradox and the Shape of Employment Growth". NBER Working Papers 20485, National Bureau of Economic Research, 2014, https://www.nber.org/papers/w20485

AXELSSON, Per. *Höstens spöke: De svenska polioepidemiernas historia (O fantasma do outono: a história da epidemia de pólio na Suécia)*. Dissertação – Universidade de Umeå, Carlsson, Estocolmo, 2004.

BADKAR, Mamta. "Snap slips after Kylie Jenner tweet", *Financial Times*, 22 de fevereiro de 2018, https://www.ft.com/content/161d8b5c-17f7-11e8-9e9c-25c814761640

BAIRD, Ross. *The Innovation Blind Spot: Why We Back the Wrong Ideas and What To Do About It*. Texas: Benbella Books, 2017.

BARNETT, Cynthia. *Rain: A Natural and Cultural History*. Nova York: Crown Publishing, 2015.

BEEVOR, Antony. *Stalingrad*. Londres: Viking, 1998. [*Stalingrado*. Rio de Janeiro: Record, 2002.]

BERGER, Thor, Frey, Carl Benedikt, Levin, Guy e Rao Danda, Santosh. "Uber Happy? Work and Well-being in the 'Gig Economy'". *Economic Policy*, vol. 34, nº 99, julho de 2019, pp. 429-77, https://www.researchgate.net/publication/345435243_Uber_happy_Work_and_well-being_in_the_'Gig_Economy'

BOOT, Max. *War Made New: Technology, Warfare, and the Course of History – 1500 to Today*. Nova York: Gotham Books, 2006.

BOOTLE, Roger. *The AI Economy: Work, Wealth and Welfare in the Robot Age*. Londres: Nicholas Brealey Publishing, 2019.

BOYD, Thomas Alvin. *Charles F. Kettering: A Biography*. Washington: Beard Books, 1957.

BRADLEY, Harriet. "Frames of Reference: Skill, Gender and New Technology in the Hosiery Industry". Groot, Gertjan; Schrover, Marlou (eds.). *Women Workers and the Technological Change in Europe in the Nineteenth and Twentieth Centuries*. Londres: Taylor & Francis, 1995.

BRANDEL, Jennifer; Zepada, Mara. "Zebras Fix What Unicorns Break". *Medium*, 8 de março de 2017, https://medium.com/zebras-unite/zebrasfix-c467e55f9d96

BRITISH BUSINESS BANK. "UK Venture Capital and Female Founders", relatório, 2019, https://www.british-business-bank.co.uk/wp-content/uploads/2019/02/British-Business-Bank-UK-Venture-Capital-and-Female-Founders-Report.pdf

BROOKS, Rodney. "Elephants Don't Play Chess". *Robotics and Autonomous Systems*, vol. 6, nº 1-2, junho de 1990, pp. 3-15, https://www.sciencedirect.com/science/article/abs/pii/S0921889005800259

BROOKS, Rodney. *Flesh and Machines: How Robots Will Change Us.* Londres: Vintage, 2003.

BRYNJOLFSSON, Erik; McAfee, Andrew. *The Second Machine Age: Work, Progress, and Prosperity in a Time of Brilliant Technologies.* Nova York: Norton & Company, 2014. [*A segunda era das máquinas.* Rio de Janeiro: Alta Books, 2014.]

BULLIET, Richard W. *The Camel and the Wheel.* Nova York: Columbia University Press, 1990.

BULLIET, Richard W. *The Wheel: Inventions and Reinventions.* Nova York: Columbia University Press, 2016.

BAMPBELL-KELLY, Martin e Williams, Michael R. (ed.). "The Moore School Lectures: Theory and Techniques for Design of Electronic Digital Computers", *The Moore School Lectures* (*Charles Babbage Institute Reprint*). Cambridge, Massachusetts: MIT Press; Los Angeles: Tomash Publishers, 1985.

BASEY, Robert. *The Model T: A Centennial History.* Baltimore: Johns Hopkins Press, 2008.

BHAUDHURI, Soma. "Women as Easy Scapegoats: Witchcraft Accusations and Women as Targets in Tea Plantations of India", *Violence Against Women*, vol. 18, nº 10, outubro de 2012, pp. 1213-34, https://doi.org/10.1177/1077801212465155

BHRISTIAN, Cornelius. "Elites, Weather Shocks, and Witchcraft Trials in Scotland", Working Papers 1704, Brock University, Departamento de Economia, 2017, , https://econpapers.repec.org/paper/brkwpaper/1704.htm

CHURCHILL, Winston. *The Gathering Storm.* Londres: Penguin Classics, 2005.

CLARK, Kate. "US VC Investment in Female Founders Hits All-time High", *TechCrunch*, 9 de dezembro de 2019, https://techcrunch.com/2019/12/09/us-vc-investment-in-female-founders-hits-all-time-high/?guccounter=1

COBB, Matthew. *The Idea of the Brain: A History*. Londres: Profile Books, 2020.

COMRIE, Leslie. "Careers for Girls", *The Mathematical Gazette*, vol. 28, n° 28, 1944.

CONNIFF, Richard. "Alchemy May Not Have Been the Pseudoscience We All Thought It Was". *Smithsonian Magazine*, fevereiro de 2014, https://www.smithsonianmag.com/history/alchemy-may-not-been-pseudoscience-we-thought-it-was-180949430/

COPELAND, Jack. "Colossus and the Rise of the Modern Computer". *Colossus: The Secrets of Bletchley Park's Codebreaking Computers*. Nova York: Oxford University Press, 2006.

COVENTRY EVENING TELEGRAPH. "Portable Porter Has Arrived", 24 de junho de 1948.

CUMMINGS, Missy. "Rethinking the Maturity of Artificial Intelligence in Safety-critical Settings", *AI Magazine*, 2020, http://hal.pratt.duke.edu/sites/hal.pratt.duke.edu/files/u39/2020-min.pdf

CAGGETT, Cara. "Petro-masculinity: Fossil Fuels and Authoritarian Desire", *Millennium*, vol. 47, n° 1, 2018, pp. 25-44, https://doi.org/10.1177/03058298-18775817

DAS, Smita; Kotikula, Aphichoke. *Gender-based Employment Segregation: Understanding Causes and Policy Interventions*. International Bank for Reconstruction and Development/The World Bank, 2019, https://openknowledge.worldbank.org/handle/10986/31510

DAVENPORT-HINES, Richard. *Universal Man: The Lives of John Maynard Keynes*. Nova York: Basic Books, 2015.

DEAN, Warren. *Brazil and the Struggle for Rubber: A Study in Environmental History*. Cambridge: Cambridge University Press, 1987. [*A luta pela borracha no Brasil*. São Paulo: Studio Nobel, 1989.]

DUFFY, Brooke Erin. *(Not) Getting Paid to Do What You Love: Gender, Social Media and Aspirational Work*. Londres: Yale University Press, 2017.

THE ECONOMIST. "Men Still Pick 'Blue' Jobs and Women 'Pink' Jobs", 16 de fevereiro de 2019, https://www.economist.com/finance-and-economics/2019/02/16/men-still-pick-blue-jobs-and-women-pink-jobs

EDGERTON, David. *Warfare State: Britain, 1920-1970*. Cambridge: Cambridge University Press, 2006.

ELIS, Angela. *Mein Traum ist länger als die Nacht* [*Meu sonho é mais longo que a noite*]. Hamburgo: Hoffmann und Campe Verlag, 2010.

ENGELS, Friedrich. *The Condition of the Working Class in England*. Oxford: Oxford University Press, 1993. [*A situação da classe trabalhadora na Inglaterra*. São Paulo: Boitempo, 2008.]

FAGAN, Brian. *The Little Ice Age*. Nova York: Basic Books, 2000. [*A pequena idade do gelo*. Loures, Portugal: Alma dos Livros, 2020.]

FEDERICI, Silvia. *Caliban and the Witch: Women, the Body and Primitive Accumulation*. Nova York: Autonomedia, 2004. [*Calibã e a bruxa*. São Paulo: Elefante, 2019.]

FIELD, Alexander J. "World War II and the Growth of US Potential Output", artigo acadêmico, maio de 2018, Departamento de Economia, Escola de Administração Leavey, Universidade Santa Clara, https://www.scu.edu/business/economics/research/working-papers/field-wwii/

FOLLETT, Chelsea. "How Economic Prosperity Spared Witches". *USA Today*, 28 de outubro de 2017, https://www.usatoday.com/story/opinion/2017/10/28/economics-witch-hunting-chelsea-follett-cato-column/769544001/

FORD, Martin. *The Rise of the Robots: Technology and the Threat of Mass Unemployment*. Nova York: Basic Books, 2016. [*Os robôs e o futuro do emprego*. Rio de Janeiro: Best Business, 2019.]

FREY, Carl Benedikt. *The Technology Trap: Capital, Labor, and Power in the Age of Automation*. Oxford: Princeton University Press, 2019.

FREY, Carl Benedikt; Berger, Thor; Chen, Chinchih. "Political Machinery: Did Robots Swing the 2016 US Presidential Election?". *Oxford Review of Economic Policy*, vol. 34, nº 3, 2018, https://www.oxfordmartin.ox.ac.uk/downloads/academic/Political%20Machinery_171008_CF5.pdf

FREY, Carl Benedikt; Osborne, Michael. "The Future of Employment: How Susceptible are Jobs to Computerisation?", artigo, Oxford Martin Programme on Technology and Employment, 17 de setembro de 2013, https://www.oxfordmartin.ox.ac.uk/downloads/academic/The_Future_of_Employment.pdf

FUNDERBURG, Anne Cooper. "Making Teflon Stick". *Invention and Technology Magazine*, vol. 16, nº 1, verão de 2000, https://www.inventionandtech.com/content/making-teflon-stick-1

GASSER, Aleksander. "World's Oldest Wheel Found in Slovenia". Government Communication Office of the Republic of Slovenia, março de 2003, https://web.

archive.org/web/20160826021129/http://www.ukom.gov.si/en/media_room/background_information/culture/worlds_oldest_wheel_found_in_slovenia/

GLADWELL, Malcolm. "Creation Myth". *The New Yorker*, 9 de maio de 2011, https://www.newyorker.com/magazine/2011/05/16/creation-myth

GLEICK, James. *Isaac Newton*. Londres: HarperCollins, 2004. [*Isaac Newton*. São Paulo: Companhia das Letras, 2004.]

GOOGLERS. "Vint Cerf on Accessibility, the Cello and Noisy Hearing Aids", 4 de outubro de 2018, https://www.blog.google/inside-google/googlers/vint-cerf-accessibility-cello-and-noisy-hearing-aids/

GRATTAN-GUINNESS, Ivor. "Work for the Hairdressers: The Production of de Prony's Logarithmic and Trigonometric Tables". *Annals of the History of Computing*, vol. 12, nº 3, verão de 1990, https://www.computer.org/csdl/magazine/an/1990/03/man1990030177/13rRUwh80IM

GRIER, David Alan. *When Computers Were Human*. Princeton/Oxford: Princeton University Press, 2005.

HAAS, Randall; Watwon, James; Buonasera, Tammy; Southon, John; Chen, Jennifer C.; Noe, Sarah; Smith, Kevin; Llave, Carlos Viviano, Eerkens, Jelmer; Parker, Glendon. "Female hunters of the early Americas". *Science Advances*, 4 de novembro de 2020, https://www.science.org/doi/10.1126/sciadv.abd0310

HARARI, Yuval Noah. *Homo Deus: A Brief History of Tomorrow*. Londres: Vintage, 2016. [*Homo Deus: uma breve história do amanhã*. São Paulo: Companhia das Letras, 2016.]

HEGEWISCH, Ariane; Childers, Chandra; Hartmann, Heidi. "Women, Automation and the Future of Work". Institute For Women's Policy Research, 2019, , https://www.researchgate.net/profile/Ariane_Hegewisch/publication/333517425_Women_Automation_and_the_Future_of_Work/links/5cf15aca4585153c-3daa1709/Women-Automation-and-the-Future-of-Work.pdf

HELLER, Nathan. "Is Venture Capital Worth the Risk?", *The New Yorker*, 20 de janeiro de 2020.

HICKS, Mar. *Programmed Inequality: How Britain Discarded Women Technologists and Lost Its Edge in Computing*. Londres: MIT Press, 2017.

HICKS, Mar. "When Winning Is Losing: Why the Nation that Invented the Computer Lost its Lead", *Computer*, vol. 51, nº 10, 2018, https://ieeexplore.ieee.org/document/8519666

HINCHLIFFE, Emma. "Funding for Female Founders Increased in 2019 – but only to 2.7%", *Fortune*, 2 de março de 2020, https://fortune.com/2020/03/02/female-founders-funding-2019/

HOBSBAWM, Eric J. "The Machine Breakers", *Past & Present*, vol. 1, nº 1, fevereiro de 1952, pp. 57-70, https://doi.org/10.1093/PAST/1.1.57

HOKE, Donald. "The Woman and the Typewriter: A Case Study in Technological Innovation and Social Change". *Business and Economic History,* vol. 8, 1979.

HUBBARD, L. Ron. *Dianetics: The Modern Science of Mental Health.* Hermitage House, 1950. [*Dianética: a ciência moderna da saúde mental.* Califórnia: Bridge Publications, 2002.]

HUND, Emily; McGuigan, Lee. "A Shoppable Life: Performance, Selfhood, and Influence in the Social Media Storefront". *Communication, Culture and Critique*, vol. 12, nº 1, março de 2019.

HUNT, Tristram. *Marx's General: The Revolutionary Life of Friedrich Engels.* Nova York: Holt Paperbacks, 2009. [*Comunista de casaca: a vida revolucionária de Friedrich Engels.* São Paulo: Record, 2010.]

JANSSON, Elisabeth. "Ainas idé blir exportprodukt" ["A ideia de Aina se tornou produto de exportação"]. *Metallarbetaren*, nº 35, 1981.

JEFFERY, Miriam Olsson. "Nya siffror: Sä lite riskkapital gär till kvinnor – medan miljarderna rullar till män" ["Novos números: Como pouco capital de risco vai para mulheres – enquanto bilhões vão para homens"]. *DI Digital*, 9 de julho de 2020.

KAIJSER, Eva; Björk, Monica. *Svenska Hem: den sanna historien om Fröken Frimans krig* [*Lares suecos: a verdadeira história da guerra da senhorita Friman*]. Estocolmo: Latona Ord & Ton, 2014.

KASPAROV, Garry (com Mig Greengard). *Deep Thinking: Where Artificial Intelligence Ends... and Human Creativity Begins.* Londres: John Murray Press, 2017.

KUEHN, Daniel. "Keynes, Newton and the Royal Society: the Events of 1942 and 1943", Notes & Records, vol. 67, nº 1, 20 de março de 2013, pp. 6725-36, https://royalsocietypublishing.org/doi/10.1098/rsnr.2012.0053

KWASS, Michael. "Big Hair: A Wig History of Consumption in Eighteenth Century France". *The American Historical Review*, vol. 111, nº 3, 2006.

LEE, Kai-Fu. *AI Superpowers: China, Silicon Valley and the New World Order.* Boston: Houghton Mifflin Harcourt, 2018. [*As superpotências da inteligência* artificial: a China, Silicon Valley e a nova ordem mundial. Lisboa: Relógio d'Água, 2019.]

LEESON, Peter T. e Russ, Jacob W. "Witch Trials". *The Economic Journal*, vol. 128, nº 613, 1º de agosto de 2018, https://doi.org/10.1111/ecoj.12498

LEISNER, Barbara. *Bertha Benz: Eine starke Frau am Steuer des ersten Automobils* [Bertha Benz: uma mulher forte no volante do primeiro carro]. Gernsbach: Katz Casimir Verlag, 2014.

LEVANON, Paula Asaf; England, Paul Allison. "Occupational Feminization and Pay: Assessing Causal Dynamics Using 1950-2000 U.S. Census Data". *Social Forces*, vol. 88, nº 2, dezembro de 2009, pp. 865-91, https://academic.oup.com/sf/article-abstract/88/2/865/2235342

LEVSEN, Nils. *Lead Markets in Age-Based Innovations: Demographic Change and Internationally Successful Innovations*. Hamburgo: Springer Gabler, 2014.

LEWIN, Ronald. *Ultra Goes to War: The Secret Story*. Londres: Penguin Classic Military History, 2001, publicado anteriormente em Londres por Hutchinson & Co., 1987.

LORD, Barry. *Art & Energy: How Culture Changes*. Washington, DC: American Alliance of Museums Press, 2014.

MADRIGAL, Alexis C. "The Electric Taxi Company You Could Have Called In 1900", *The Atlantic*, 15 março de 2011, https://www.theatlantic.com/technology/archive/2011/03/the-electric-taxi-company-you-could-have-called-in-1900/72481/

MANN, Charles C. *The Wizard and the Prophet: Science and the Future of Our Planet*. Nova York: Picador, 2018.

MARÇAL, Katrine. *Who Cooked Adam Smith's Dinner?*. Trad. para o inglês Saskia Vogel. Londres: Portobello Books, 2015. [*O lado invisível da economia*. São Paulo: Alaúde, 2017.]

MATTHEWS, Kenneth Jr. "The Embattled Driver in Ancient Rome". In *Expedition Magazine*, vol. 2, nº 3, 1960.

MCGRANE, Sally. "No Stress, No Press: When Fingers Fly", *New York Times*, 24 de janeiro de 2002, https://www.nytimes.com/2002/01/24/technology/no--press-no-stress-when-fingers-fly.html

MERCHANT, Carolyn. *The Death of Nature: Women, Ecology, and the Scientific Revolution*. Nova York: HarperCollins, 1983.

MERRITT, Deborah J. "Hypatia in the Patent Office: Women Inventors and the Law, 1865-1900". *The American Journal of Legal History,* vol. 35, nº. 3, julho de 1991, https://academic.oup.com/ajlh/article-abstract/35/3/235/1799574

MIGUEL, Edward. "Poverty and Witch Killings". *Review of Economic Studies*, vol. 72, nº 4, outubro de 2005, pp. 1153-72, https://doi.org/10.1111/0034-6527.00365

MOM, Gijs. *The Electric Vehicle: Technology and Expectations in the Automobile Age*. Baltimore: Johns Hopkins University Press, 2004.

DE MONCHAUX, Nicholas. *Spacesuit: Fashioning Apollo*. Cambridge, Massachusetts: MIT Press, 2011.

MORAVEC, Hans. *Mind Children: The Future of Robot and Human Intelligence*. Londres: Harvard University Press, 1998. [*Homens e robôs: o futuro da inteligência humana.* Lisboa: Gradiva, 1992.]

MURO, Mark; Tomer, Adie; Shivaram, Ranjitha; Kane, Joseph. "Advancing Inclusion Through Clean Energy Jobs". *Metropolitan Policy Program*. Brookings, abril de 2019, https://www.brookings.edu/research/advancing-inclusion-through-clean-energy-jobs/

NEAL, Meghan. "Scientists are Convinced Mind Transfer is the Key to Immortality", *Tech By Vice*, 26 de setembro de 2013, https://www.vice.com/en_us/article/ezzj8z/scientists-are-convinced-mind-transfer-is-the-key-to-immortality

NEDELKOSKA, Ljubica; Quintini, Glenda. "Automation, Skills Use and Training". *OECD Social, Employment and Migration Working Papers*, nº 202. Paris: OECD Publishing, 2018, https://www.oecd-ilibrary.org/employment/automation-skills-use-and-training_2e2f4eea-en

NELSON, Libby. "The US Once Had More than 130 Hijackings in 4 Years. Here's Why They Finally Stopped". *Vox*, 29 de março de 2016, https://www.vox.com/2016/3/29/11326472/hijacking-airplanes-egyptair

NICHOLAS, Tom. *VC: An American History*. Nova York: Harvard University Press, 2019.

NILSSON, Johan. "500 svenskar döda efter att ha smittats inom hemtjänsten" ["500 mortes por infecção de suecos sob cuidados domiciliares"]. *TT*, 6 de maio de 2020.

NIXON, St John C. *The Invention of the Automobile: Karl Benz and Gottlieb Daimler* (1936). Nova edição digital pela Editora Savine, 2016.

NYBERG, Ann-Christin. *Making Ideas Matter: Gender, Technology and Women's Invention.* (tese de doutorado), Universidade de Tecnologia de Luleå, Departamento de Ciências Humanas do Trabalho, Divisão de Gênero e Inovação, Luleå, 2009, https://www.diva-portal.org/smash/get/diva2:999200/FULLTEXT01.pdf

ÖBERG, Lisa. *Barnmorskan och läkaren* [*A parteira e o médico*]. Estocolmo: Ordfront, 1996.

O'HEAR, Steve. "Voi Raises Another $85M for its European E-scooter Service", *TechCrunch*, 19 de novembro de 2011, https://techcrunch.com/2019/11/10/voi-raises-another-85m/

OSTER, Emily F. "Witchcraft, Weather and Economic Growth in Renaissance Europe". *Journal of Economic Perspectives*, vol. 18, nº 1, inverno de 2004, pp. 215-28, https://www.jstor.org/stable/3216882

PACKER, George. "No Death, No Taxes: The Libertarian Futurism of a Silicon Valley Billionaire", *The New Yorker*, 21 de novembro de 2011, https://www.newyorker.com/magazine/2011/11/28/no-death-no-taxes

PETERSON-WHITHORN, Chase; Berg, Madeline. "Inside Kylie Jenner's Web of Lies – and Why She is no Longer a Billionaire". *Forbes*, 1º de junho de 2020, https://www.forbes.com/sites/chasewithorn/2020/05/29/inside-kylie-jennerss-web-of-lies-and-why-shes-no-longer-a-billionaire/#46ab247d25f7

PLESNER, Åsa. *Budget ur balans: En granskning av äldreomsorgens ekonomi and arbetsmiljö* [*Orçamento fora de equilíbrio: uma análise do ambiente econômico e financeiro do atendimento aos idosos*]. Estocolmo: Arena Idé, 2020.

POOK, Lizzy. "Why the Art World is Finally Waking Up to the Power of Female Craft Skills", *Stylist*, 2019, https://www.stylist.co.uk/life/womens-textiles-crafts-female-skills-sexism-not-seen-as-art-anni-albers-tate/233457

REARDON, Sara. "Rise of Robot Radiologists", *Nature*, 18 de dezembro de 2019, https://www.nature.com/articles/d41586-019-03847-z

RICHARDSON, Ken e Norgate, Sarah H. "Does IQ Really Predict Job Performance?" *Applied Developmental Science*, vol. 19, nº 3, 3 de julho de 2015, pp. 153-69, https://www.ncbi.nlm.nih.gov/pmc/articles/PMC4557354/

RIDLEY, Matt. *How Innovation Works*. Londres: 4th Estate Books, 2020.

RISKIN, Jessica. *The Restless Clock: A History of the Centuries-Long Argument Over What Makes Living Things Tick*. Chicago e Londres: University of Chicago Press, 2017.

RITZER, George; Jurgenson, Nathan. "Production, Consumption, Prosumption: The Nature of Capitalism in the Age of the Digital 'Prosumer'". *Journal of Consumer Culture*, vol. 10, nº 1, 2010.

ROBEHMED, Natalie. "How 20-Year-Old Kylie Jenner Built a $900 Million Fortune in Less than 3 Years", *Forbes*, 11 de julho de 2018, https://www.forbes.com/sites/forbesdigitalcovers/2018/07/11/how-20-year-old-kylie-jenner-built-a--900-million-fortune-in-less-than-3-years/#696d992daa62

ROSENBLAT, Alex. *Uberland: How Algorithms Are Rewriting the Rules of Work*. Oakland: University of California Press, 2018.

SCHARFF, Virginia. *Taking the Wheel: Women and the Coming of the Motor Age*. Nova York: University of New Mexico Press, 1992.

SCHARFF, Virginia. "Femininity and the Electric Car". *Sex/Machine: Readings in Culture, Gender, and Technology*, ed. Patrick D. Hopkins. Bloomington/Indianapolis: Indiana University Press, 1998.

SCHEIBER, Noam. "Inside an Amazon Warehouse, Robots' Ways Rub Off on Humans", *New York Times*, 3 de julho de 2019, https://www.nytimes.com/2019/07/03/business/economy/amazon-warehouse-labor-robots.html

SCHUMPETER, Joseph A. *Capitalism, Socialism and Democracy*. Nova York: Harper Torchbooks, 1976. [*Capitalismo, socialismo e democracia*. São Paulo: Unesp, 2017.]

SCHWARTZ, Stephen. "The U.S. Nuclear Weapons Cost Study Project". Brookings Institute, 1 de agosto de 1998, https://www.brookings.edu/the-costs-of-the-manhattan-project/

SHARKEY, Joe. "Reinventing the Suitcase by Adding the Wheel", *New York Times*, 4 de outubro de 2010, https://www.nytimes.com/2010/10/05/business/05road.html

SHERMAN, Leonard. "'Blitzscaling' Is Choking Innovation – and Wasting Money". *Wired*, 7 de novembro de 2019, https://www.wired.com/story/blitzscaling-is-choking-innovation/

SHILLER, Robert. *The New Financial Order*. New Jersey: Princeton University Press, 2003. [*A nova ordem financeira*. Coimbra, Portugal: Actual, 2015.]

SHILLER, Robert. *Narrative Economics: How Stories Go Viral and Drive Major Economic Events*. Princeton/Oxford: Princeton University Press, 2019.

SKONIECZNA, Agnieszka; Castellano, Letizia. "Gender Smart Financing: Investing In & With Women: Opportunities for Europe". European Commission

Discussion Paper 129, julho de 2020, https://ec.europa.eu/info/sites/info/files/economy-finance/dp129_en.pdf

SMITH, Michael. *Station X: The Codebreakers of Bletchley Park*. Londres: Channel 4 Books, 1998.

SOMMESTAD, Lena. *Från mejerska till mejerist: En studie av mejeriyrkets maskuliniseringsprocess* [*De leiteira a leiteiro: um estudo da masculinização da profissão ligada a laticínios*]. Estocolmo: Arkiv Förlag, 1992.

STANDING, Guy. "Global Feminization Through Flexible Labor: A Theme Revisited". *World Development*, vol. 27, nº 3, março de 1999, pp. 583-602, https://www.sciencedirect.com/science/article/abs/pii/S0305750X9800151X

STANLEY, Autumn. *Mothers and Daughters of Invention: Notes for a Revised History of Technology*. Londres: Scarecrow Press, 1993.

ST. CLAIR, Kassia. *The Golden Thread: How Fabric Changed History*. Londres: John Murray Press, 2018.

STEPHENS, Walter. *Demon Lovers: Witchcraft, Sex, and the Crisis of Beliefs*. Chicago: University of Chicago Press, 2002.

STOCKTON, Nick. "The Mind-Bending Physics of a Tennis Ball's Spin". *Wired*, 9 de dezembro de 2015, https://www.wired.com/2015/09/mind-bending-physics-tennis-balls-spin/

SUSSMAN, Charlotte. *Consuming Anxieties: Consumer Protest, Gender & British Slavery, 1713-1833*. Stanford: Stanford University Press, 2000.

SWAIN, John. "Witchcraft, Economy and Society in the Forest of Pendle". Polle, Robert (ed.). *The Lancashire Witches: Histories and Stories*. Manchester: Manchester University Press, 2002, pp. 73-88.

SYED, Matthew. *Rebel Ideas: The Power of Diverse Thinking*. Londres: John Murray Press, 2019. [*Ideias rebeldes*. Rio de Janeiro: Alta Books, 2021.]

TALEB, Nassim Nicholas. *Antifragile: Things that Gain from Disorder*. Londres: Penguin Books, 2012. [*Antifrágil*. Rio de Janeiro: Objetiva, 2020.]

TALEB, Nassim Nicholas. *The Black Swan: The Impact of the Highly Improbable*. Londres: Allen Lane, 2007. [*A lógica do cisne negro*. Rio de Janeiro: Objetiva, 2021.]

TAMILIA, Robert. "World's Fairs and the Department Store 1800s to 1930s". *Marketing History at the Center*, vol. 13, 2007.

TARLÉ, Eugene. *Bonaparte*. Nova York: Knight Publications, 1937.

TATLER. "Looking at Luggage", 25 de janeiro de 1961.

TEMPERTON, James. "The Gig Economy is Being Fuelled by Exploitation, Not Innovation". *Wired Opinion*, 8 de fevereiro de 2018, https://www.wired.co.uk/article/gig-economy-dpd-courier-taylor-review

THE TIMES. "The Look of Luggage", 17 de maio de 1956.

TRINITY MIRROR, 19 de novembro de 1967.

UNSGSA, 2018. *Annual Report to the Secretary-General*, https://www.unsgsa.org/publications/2018-annual-report-secretary-general

VAN VLEAF, Kara. "'Of Woman Born' to Mommy Blogged: The Journey from the Personal as Political to the Personal as Commodity". *Women's Studies Quarterly*, vol. 43, nº 3/4, 2015.

VOGEL, Steven. *Why the Wheel is Round: Muscles, Technology and How We Make Things Move*. Chicago: University of Chicago Press, 2016.

WALLACE, Carey. *The Blind Contessa's New Machine*. Nova York, Pamela Dorman Books, 2010.

WALLACE, David Foster. "Roger Federer as Religious Experience". *String Theory: David Foster Wallace on Tennis*. Nova York: Library of America, 2016.

WALTER, Michael. "Radiologists Earn $419K per Year, up 4% from 2018". *Radiology Business*, 11 de abril de 2019, https://www.radiologybusiness.com/topics/healthcare-economics/radiologists-radiology-average-salary-2019

WEBB, Michael. "The Impact of Artificial Intelligence on the Labor Market", artigo, Universidade Stanford, 6 de novembro de 2019, https://papers.ssrn.com/sol3/papers.cfm?abstract_id=3482150

WHITAKER, Kati. "Ghana Witch Camps: Widows' Lives in Exile". *BBC News*, 1º de setembro de 2012, https://www.bbc.com/news/magazine-19437130.

WILLIAMS, Serena (com Daniel Paisner). *My Life: Queen of the Court*. Nova York: Simon & Schuster, 2009.

WILLIS, Göran. *Charter till solen: När utlandssemestern blev ett folknöje* [*Voo charter para o sol: quando as férias no estrangeiro passaram a ser procuradas pelas pessoas*]. Estocolmo: Trafik-Nostalgiska Förlaget, 2015.

WILLSON, Jackie. *Being Gorgeous: Feminism, Sexuality and the Pleasures of the Visual*. Londres: I B Tauris, 2014.

WILSON, Terry P. *The Cart that Changed the World*. Norman: University of

Oklahoma Press, 1978.

WISSINGER, Elizabeth A. *This Year's Model: Fashion, Media, and the Making of Glamour*. Nova York: NYU Press, 2015.

WORLD BANK GROUP. "The Changing Nature of Work". World Development Report, 2019, https://openknowledge.worldbank.org/handle/10986/30435

YALOM, Marilyn. *The Birth of the Chess Queen: A History*. Nova York: Harper Perennial, 2005.

ZAGORSKY, Jay L. "Do You Have to be Smart to be Rich? The Impact of IQ on Wealth, Income and Financial Distress". *Intelligence*, vol. 35, nº 5, setembro/outubro 2007, pp. 489-501, https://www.sciencedirect.com/science/article/abs/pii/S0160289607000219

ZARKADAKIS, George. *In Our Own Image: Will Artificial Intelligence Save or Destroy Us?* Londres: Rider, 2015.

ZHANG, L. "Fashioning the Feminine Self in 'Prosumer Capitalism': Women's Work and the Transnational Reselling of Western Luxury Online". *Journal of Consumer Culture*, vol. 17, nº 2, 2017.

ZIMMECK, Meta. "The Mysteries of the Typewriter: Technology and Gender in the British Civil Service, 1870–1914". Groot, Gertjan; Schrover, Marlou (eds.). *Women Workers and the Technological Change in Europe in the Nineteenth and Twentieth Centuries*. Londres: Taylor & Francis, 1995.

ZOLA, Émile. *Au Bonheur des Dames (The Ladies' Delight)*. Trad. para o inglês de Robin Buss. Londres: Penguin Classics, 2001. [*O paraíso das damas*. São Paulo: Estação Liberdade, 2008.]

Projetos corporativos e edições personalizadas
dentro da sua estratégia de negócio. Já pensou nisso?

Coordenação de Eventos
Viviane Paiva
viviane@altabooks.com.br

Contato Comercial
vendas.corporativas@altabooks.com.br

A Alta Books tem criado experiências incríveis no meio corporativo. Com a crescente implementação da educação corporativa nas empresas, o livro entra como uma importante fonte de conhecimento. Com atendimento personalizado, conseguimos identificar as principais necessidades, e criar uma seleção de livros que podem ser utilizados de diversas maneiras, como por exemplo, para fortalecer relacionamento com suas equipes/ seus clientes. Você já utilizou o livro para alguma ação estratégica na sua empresa?

Entre em contato com nosso time para entender melhor as possibilidades de personalização e incentivo ao desenvolvimento pessoal e profissional.

PUBLIQUE SEU LIVRO

Publique seu livro com a Alta Books.
Para mais informações envie um e-mail para: autoria@altabooks.com.br

CONHEÇA OUTROS LIVROS DA **ALTA BOOKS**

Todas as imagens são meramente ilustrativas.

 /altabooks /alta-books /altabooks /altabooks

Compartilhe a sua opinião
sobre este livro usando a hashtag
#MãeDasInvenções
nas nossas redes sociais: